Alfred Hoche

Jahresringe: Innenansicht eines Menschenlebens

SEVERUS Verlag

ISBN: 978-3-95801-222-6
Druck: SEVERUS Verlag, 2015

Der SEVERUS Verlag ist ein Imprint der Diplomica Verlag GmbH.
Bibliografische Information der Deutschen Nationalbibliothek:
Die Deutsche Nationalbibliothek verzeichnet diese Publikation in der Deutschen Nationalbibliografie; detaillierte bibliografische Daten sind im Internet über http://dnb.d-nb.de abrufbar.

http://www.severus-verlag.de
Printed in Germany

Alfred E. Hoche

JAHRESRINGE

Was Leben war, versinkt und wird geschichtet,
das Wesen wird im Niederschlag verdichtet;
so mag der Forscher aus den Spuren lesen,
von welcher Klasse dies Geschöpf gewesen.

SEVERUS

JAHRESRINGE

Innenansicht eines Menschenlebens

Von

Alfred E. Hoche

vordem Professor der Psychiatrie in Freiburg i. Br.

Mit 1 Bildnis

Inhaltsverzeichnis.

Vorwort zu jeder Selbstdarstellung.

... sie schreiben von dem Quark, den sie erlebt haben, und was sie gelebt haben, nehmen sie mit ins Grab. *H. Bang.*

Eine südliche Sonne scheint mir auf das Blatt, während ich dieses schreibe; wenn ich den Blick erhebe, folgt er der sanften Linie der Bucht, in der das Blau des Mittelmeeres sich mit den dunkel begrünten Felsenhängen der Seealpen berührt; noch blüht es vor den Fenstern überall von Rosen; die Palmenwedel regen sich kaum merklich im funkelnden Lichte; des Nordens lastende Novembernebel liegen weit dahinten.

Das äußere Bild gibt den rechten Rahmen ab für den neuen Zustand, der für mich begonnen hat; ich habe endlich einmal, zum ersten Male in meinem Leben, das Recht, nur noch Mensch zu sein; mehr als sechs Jahrzehnte lang bin ich immer irgend etwas gewesen: Volksschüler, Primaner, Examinand, Arzt, Professor, gebunden an Rücksichten und Pflichten, an Verträge, an zwingende menschliche Beziehungen der verschiedensten Art. Das alles ist nun abgefallen, und ich bin frei, unterworfen nur dem, was ich mir selber auferlege, ich bin frei, und ich habe Zeit. Wohlmeinende Freunde waren im Zweifel, ob ich als gesunder, lebhafter, tätiger Mensch den Ruhestand ertragen, wie ich meine Zeit „hinbringen" würde; ihnen schwebten wohl die trüben Beispiele anderer vor, denen das Dasein mit dem Ausfließen des amtlichen Inhalts leer und schwer erträglich wurde. Seid ohne Sorge, ihr Guten; schon lange habe ich nach der Pforte gespäht, die mir den Austritt zu einem neuen Leben öffnen würde, das eigentlich das natürliche sein sollte. Wenigen Begünstigten ist das von Anfang an beschieden gewesen; fast alle sonst erwerben sich mühsam das Recht dazu mit den langen Jahren irgendeiner Frohnde; um das Leben zu haben, mußten sie das Leben selbst verkaufen; und wenn sie angekommen sind, wenn es ihnen endlich einmal gut werden könnte, ist es nur noch ein Ruhen mit müdem Hirne und gelähmten Schwingen.

Ich für meinen Teil bin nicht gesonnen, die Waffen zu strecken; so lange mein Handwerkszeug noch nicht stumpf und rostig ist, will ich es gebrauchen — nicht auf den Bahnen des Tuns, zu dem ich bestellt und abgestempelt war. Vom Standpunkte des Weisen aus gesehen ist es überhaupt nicht sehr wichtig, was man auf diesem Erdball getrieben hat, ob man diplomatische Noten geschrieben, Keilschriften entziffert, seinen Nächsten ins Gefängnis gesteckt oder ärztlich behandelt hat; über alle Gestaltungen und Wandlungen hinweg bleibt nur der Mensch selbst dem Menschen dasjenige, was interessiert, Probleme stellt, Rätsel aufgibt, der Mensch und seine Welt, aus deren Berührung sich das ergibt, was wir als Erlebnis, Schicksal, Charakter verzeichnen.

Von dem, was im anderen geschieht, haben wir keine unmittelbare Kunde; wir sind auf Vermutungen, auf Schlüsse angewiesen, ausgehend von der nicht beweisbaren, aber wahrscheinlich zutreffenden Voraussetzung, daß er in den Grundlinien innerlich ähnlich gebaut sein möge, wie wir; in uns selbst können wir hineinblicken, wenn auch nur durch mannigfach gefärbte Gläser. Wichtig für uns finden wir schließlich nur uns selbst; ich weiß, daß es nicht üblich ist, so etwas auszusprechen. Die Gabe, von seinem eigenen Ich Kunde zu gewinnen, ist nicht allen gleichmäßig beschieden; naive, primitive Seelen werden sich selbst nie zum Fragezeichen, andere wollen ernstlich gar nichts von sich wissen; ich gehöre nicht zu diesen; lebenslänglich habe ich hinter mir gestanden und mir über die Schulter geblickt, darauf bedacht, nicht allen den Täuschungen und Selbstfälschungen zu unterliegen, die unsres Fleisches Erbteil sind.

Von den Ergebnissen dieser Selbstschau will ich in den folgenden Blättern einiges berichten, von dem inneren Sein und Werden eines Menschen, der, aufgeschlossen für alle Bildungsströme seiner Zeit, mißtrauisch gegen sich selbst, skeptisch gegenüber seiner Umwelt, äußerlich erfolgreich nach den Maßstäben seiner Gilde, selbst nie zufrieden mit dem, was er tat, allmählich grau geworden ist.

Ich rücke mit dieser Absicht in die Reihe der Verfasser von Selbstdarstellungen ein, deren Zahl so unübersehbar groß geworden ist, daß man sich entschuldigen muß, auch dazugehören zu wollen; jedenfalls ist man verpflichtet, seinen Passierschein vorzuweisen und seine Ziele klarzulegen.

Den literarischen Niederschlag persönlicher Erinnerungen kann man auf verschiedene Weise versuchen. Die eine Zeitlang beherrschende war die der Memoiren: Geschichtsschreibung im Kleinen (auch Kleinlichen), die vom Standpunkte des Zeitgenossen und Augenzeugen aus die Dinge sieht, beschränkt auf den dadurch umgrenzten Ausschnitt von Beziehungen, ohne den Ehrgeiz allgemeiner Gesichtspunkte, auch ohne künstlerischen Ehrgeiz, meist anekdotenhaft gefärbt. Memoiren gelten Ereignissen, Menschen, Zuständen; die Person des Verfassers bleibt, je nach dem Maße seiner Eitelkeit, im Hintergrund; jedenfalls besteht durchaus nicht die Absicht, das eigenste Innenleben zu offenbaren.

Gerade dieses ist das Ziel der Selbstbiographie, wenn sie diesen Namen verdienen soll; der Schreibende will nicht nur Tatsachen geben; er reiht, wie der Biograph von außen her das auch erstrebt, ein Einzelleben ein in den großen Zusammenhang des geistigen Lebens; er geht dem Wesenskern der Persönlichkeit nach, ihren Quellen, ihrem Wachsen, Wirken und Leiden. So wird die Selbstbiographie von *Augustinus* an über *Rousseau*, *Stendhal* und *Tolstoi* bis zu den neuesten psychologischen Selbstzergliederern zum Bekenntnisbuch. Die Antike kannte Selbstdarstellungen in diesem Sinne nicht; die Fähigkeit und die Neigung der europäischen Seele zur Selbstanalyse ist im Laufe der Jahrhunderte immer mehr gewachsen. Es mußte nicht erst, wie die Eintagsfliegen meinen, die Psychoanalyse kommen, um uns den Weg zu den eigenen Seelenschächten zu weisen. Der Gedanke, daß durch die Beichte der katholischen Kirche das Talent zur inneren Selbstprüfung entstanden und genährt worden sei, ist mehr verlockend als zutreffend; die eindringlichsten Selbstanalysen erwuchsen auf evangelisch-pietistischem Boden.

Selbstbiographie im wahren Sinne ist nicht jedermanns Sache; am meisten liegt sie künstlerisch gerichteten Persönlichkeiten, denen sowohl der Gestaltungsdrang wie die Gabe des Innenblicks verliehen ist; sie wird dadurch oft selbst zum Kunstwerk. Wie sehr bei diesem Prozesse der historische Quellenwert der Darstellung zu kurz kommt, wußte niemand besser als *Goethe*, der in Dichtung und Wahrheit den Urtypus der dichterisch formenden Selbstbiographie geschaffen hat; das künstlerische Moment ist auch das herrschende in den im Roman verkleideten Eigendarstellungen wie im Grünen Heinrich und in David Copperfield.

Die Urform der pathologischen Autobiographie sind *Rousseaus* Bekenntnisse, die neben der eindringlichen Selbstbeobachtung, wie sie dem an Verfolgungswahn leidenden Geisteskranken beschieden war, eine kaum wieder erreichte, auch durch keinen Gedanken an mögliche Beobachtungsfehler gebremste Rücksichtslosigkeit im Enthüllen aufweisen; auch *Nietzsches* Selbstzerlegung im Ecce homo ist ein Produkt aus kranker Zeit.

Wirkliche Selbstbiographien ersten Ranges sind selten; das meiste, was sich so nennt, gehört einer Mischart von Memoiren und Autobiographie an — die Lebenserinnerungen. Viele darunter, namentlich die Jugenderinnerungen, gehen so einfach und bescheiden daher, daß es Unrecht wäre, mit literarischen Maßstäben an sie heranzutreten; wir finden in dieser Gruppe die durch ihre Anspruchslosigkeit liebenswertesten, wie *Kügelgens* Aufzeichnungen.

Die meisten Verfasser von Lebenserinnerungen haben ersichtlich über das Problem der Gestaltung nicht nachgedacht; besonders gilt dies für die Gruppe der schlechthin eitlen Gebilde, wie etwa die von *Possart* oder *A. v. Werner*, bei denen die Selbstgefälligkeit einen Grad erreicht, der in seiner Wirkung auf den Leser durch die Naivität der Schreibenden nur unzulänglich entgiftet wird.

Eine Sonderform bilden die apologetischen Lebensdarstellungen, die insbesondere dann ans Licht treten, wenn in Kriegsmännern und Politikern nach unglücklichen Geschikken der Wunsch lebendig wird, die eigene Haltung zu rechtfertigen oder zu zeigen, wie alles ganz anders gekommen wäre, wenn man nur auf sie hätte hören wollen; seltener sind die erst nach dem Tode des Verfassers erscheinenden, die schon im Leben bei der Niederschrift eine posthume Befriedigung von Rachegelüsten vorweggenießen ließen; Andeutungen solcher Stimmungen hat man wohl in *Bismarcks* Gedanken und Erinnerungen finden wollen, denen man aber schwer Unrecht täte, wenn man die Motivation damit für erschöpft hielte.

Für die Abfassung der meisten Lebenserinnerungen darf man nicht auf heroische oder überhaupt Beweggründe hohen Stiles fahnden; sie entspringt augenscheinlich einem häufigen, fast gesetzmäßigen Drange der gebildeten Alternden. Der Wunsch, die mühsam erworbenen, für wertvoll gehaltenen Lebenserfahrungen nicht umkommen zu lassen, eine reine Absicht der Belehrung, ist wohl nicht allzuhäufig, wenn auch in vielen von uns eine unheilbare Portion vom Schulmeister steckt; die Rechnung wäre auch ganz falsch; wir lernen ja nichts aus dem Rate der Weisen, nicht einmal aus fremdem Unglück; jeder muß alle Dummheiten derer, die vor ihm waren, wieder von neuem machen.

Auch der Gedanke an literarische Wirkung, an Echo und Anerkennung, könnte vernünftigerweise nicht lebhaft sein in Anbetracht der Kürze der Frist, die gewöhnlich, wenn die Phase der Autobiographie da ist, noch zu erwarten steht; aber die Alten unterliegen darin den seltsamsten Täuschungen; es ist ein feiner Zug bei *Stifter*, daß der alte Doktor in der Mappe des Urgroßvaters, wie er, achtzigjährig, ein neues Tagebuch beginnt, den Band genau so dick anlegt, wie derjenige war, der ihm sein ganzes bisheriges Leben gedient hatte.

Manchmal ist das treibende Moment lebhafter Familiensinn, der zwischen den Generationen eine Brücke des Bewußtseins der Zusammengehörigkeit schlagen möchte, manchmal auch nur eine ins Literarische umschlagende greisenhafte Geschwätzigkeit, die sich in ihren alten Geschichten behaglich auszubreiten strebt unter Umständen, unter denen ihr Niemand ins Wort fallen kann.

Viel häufiger aber als alles dies ist die allgemeine menschlichste Eigenschaft der Eigenliebe. Wir interessieren uns, nicht nur die Frauen, für unser Bild; wir sind gespannt darauf, wie eine photographische Aufnahme ausgefallen ist; wir lieben die Reflexe unseres Wesens, die uns von anderen her treffen, das Zitieren unserer Äußerungen, der Anekdoten, in denen wir eine Rolle spielen; wenn wir alle gerne die Bilder früherer guter Stunden in uns lebendig werden lassen, so empfindet der zur Gestaltung Gestimmte das schriftliche Beschwören der Geister der eigenen Vergangenheit an sich schon als eine lustvolle Tätigkeit. Die Lebenserinnerungen stehen darin den ebenso zahllosen Selbstbildnissen der Maler gleich, daß sie, wie jene, die angenehmen Gefühle bei der eindringlichen Beschäftigung mit dem eigenen Ich suchen; der Unterschied, daß das gemalte Selbstbildnis nur den Moment, das geschriebene eine Entwicklung gibt, wird dann ausgeglichen, wenn Maler wie *Rembrandt* und andere aus jeder Lebensphase Eigenbilder hinterlassen. Daß Selbstplastiken von Bildhauern so unendlich viel seltener sind, hat seinen Grund darin, daß wir von uns selbst nur eine sehr unzulängliche räumliche Vorstellung haben; nur mit Hilfe besonderer Spiegelungen vermögen wir uns von allen Seiten zu sehen; schon unsere zwei Profile sind uns überraschend, besonders ihre Ungleichheit; unsere Hinterfront ist uns fremd; vertraut ist uns nur, was wir, wie der Maler auch, unmittelbar im Spiegel vor uns sehen. Wenn wir als das am lebhaftesten drängende Motiv der Selbstdarstellung die Eigenliebe erkennen, wollen wir damit keinen Vorwurf aussprechen. Dank einer stillschweigenden heuchlerischen Verabredung zwischen den Menschen gilt die Eitelkeit des Anderen als eine verwerfliche Eigenschaft, der man selber nicht untertan ist, wenn man auch weiß, daß sie so allgemein ist, wie das Atmen. Wir haben recht, wenn wir als „eitel“ im besonderen Sinne diejenigen bezeichnen, bei denen diese Form der Eigenliebe groteske Formen annimmt; aber wir sollten ehrlich genug sein, um das stärkste der Motive in uns nicht zu verleugnen und zu beschimpfen. Der Drang nach Selbstverewigung gehört zu den larvierten Formen der Eitelkeit, mag er sich nun in der Errichtung von Pyramiden und prunkvollen Bauten, in herostratischen Gelüsten oder im Schreiben von Dichtwerken und Selbstbiographien äußern. Gewiß sind auch andere dunkle, unklare Regungen wirksam: die Angst vor völliger Vernichtung, ein in die Zukunft gerichteter Selbsterhaltungsdrang, aber zugrunde liegt doch schließlich eine falsche, eitle Einschätzung des Eigenwertes, der Gedanke, daß es schade wäre, dieses uns so sympathische Ich völlig verlorengehen zu lassen; die Torheit des Denkfehlers, als ob man irgendwie Mitgenießer des eigenen Nachlebens sein könnte, kommt den meisten bei der allgemeinen Abneigung, sich mit dem Zustande nach dem Tode zu beschäftigen, nicht zum Bewußtsein.

Ist die Eigenliebe die fruchtbarste Nährmutter der Selbstbiographie, so ist sie zugleich ihre größte Feindin; sie ist ein Moment, dessen fälschende Energie größer ist, als die aller anderen Fehlerquellen zusammengenommen; wer es ernst nimmt mit seinem Werke, muß dauernd Wache stehen gegen ihre Einmischung in Wunsch- und Befehlsform. Wenn *Falstaff* ausspricht: „Lieber Gott, was wir alten Leute dem Laster des Lügens ergeben sind“, so hätte er seine These nicht auf das Alter beschränken sollen; wir sind alle — ich will vorsichtig sein und die Selbstgerechten nicht reizen — wir sind fast alle jenem Laster untertan, mindestens im Sinne jener Beschönigungen, Verschiebungen, Färbungen, mit denen wir unserem Selbstgefühl, das im Leben so schmerzliche Stöße erleidet, aufzuhelfen suchen. Erreicht diese allgemeine menschliche Eigenschaft auffallende Grade beim Wiedergeben von früheren Erlebnissen, so sprechen wir von Renommieren. Jeder kennt eine Reihe von Leuten, die bei Windstärke 11 schließlich neben dem Kapitän die einzigen an Bord waren, die nicht seekrank wurden, manchmal standen sie auch neben ihm auf der Kommandobrücke; von den tausend Mann, die mit *Garibaldi* waren, haben mehrere tausend eine Ehrenrente bezogen; 1870 betrug die Zahl der Bräute, die schwarz gingen, ein Mehrfaches der Zahl der Gefallenen überhaupt; es gab mehrere Damen, die sich daran erinnerten, wie *Chopin* in ihren Armen gestorben war.

So kennen wir auch die renommistische Autobiographie, deren klassisches Muster *Casanovas* Erinnerungen darstellen, die von manchen als naiv-ehrliche Bekenntnisse genommen werden. *Casanova* war ein genialer, gehobener Hochstapler, hat vermutlich auch, namentlich, wenn er Geld erspielt hatte, ein den Durchschnitt übersteigendes Glück bei Frauen gehabt, aber die ununterbrochen sich aneinanderreihende Kette höchster Liebeserfolge ist, schon physiologisch genommen, unmöglich; es sind Aufschneidereien, die aus seiner Lage verständlich werden, in der er seine Erinnerungen niederschrieb: ein gestrandeter, zahnloser Gnadenbrödler auf dem Schlosse eines Gönners, der in der Phantasie die Erfolge aufmarschieren ließ, deren Bilder seine armselige Gegenwart belebten und seinem Selbstgefühl wohltaten. Wie oft schon mochte er sich vorher für Wohltaten dankbar erwiesen haben durch die Erzählung seiner schlüpfrigen Abenteuer, die nach und nach immer reicher und schöner wurden.

Wirkte hier und in ähnlichen Fällen die Eitelkeit als stoffbildende Kraft, als Mehrerin der Substanz, so hat sie unter allen Umständen eine ausschließende Tendenz; es gibt im Erzählen und im schriftlichen Berichte eine ganz bestimmte Grenze; wir sind bereit, je nach dem Verständnis und der Vertrauenswürdigkeit der Empfänger, alles Mögliche preiszugeben, liebenswürdige Schwächen, Schrullen, Irrtümer, Fehlgriffe im Affekt, Entgleisungen, auch strafwürdige Handlungen bis zum Verbrechen, aber wir machen Halt — nicht jeder an derselben Stelle — wenn es um Dinge geht, die uns lächerlich machen oder einen verborgenen Zug unseres Wesens enthüllen würden, der uns selbst im Besitze beschämend, vielleicht lebenslänglich ein Gegenstand vergeblicher innerer Bekämpfung gewesen ist; in der Tiefe unserer Seele sind bei uns allen dunkle Kemenaten verborgen, die wir selber nur ungern betreten. Wird diese Grenze in autobiographischer Darstellung überschritten, wird die Selbstzerlegung zur Selbstzerfleischung, wie bei *Rousseau*, so ist dies ein Hinweis auf eine krankhafte Beschaffenheit des Verfassers. Eine beschönigende Auffassung nennt jene Hemmungen Zurückhaltung, Schamgefühl, Selbstbewahrung; auf den Namen kommt es nicht an; im Grunde geht es um Verkleidungen der Eitelkeit, jener elementarsten, zwingenden Regung unseres Ich.

Die „Bescheidenheit" mancher Lebenserinnerungen macht nur scheinbar eine Ausnahme; sie ist ein Kostüm, eine konventionelle Haltung, stilistische Anstandspflicht, ein Trinkgeld an die Adresse des Lesers; man tut gut daran, sie so wenig ernst zu nehmen, wie die übliche abwehrende Handbewegung, mit der wir Lob ins Gesicht zu quittieren pflegen; wahre Bescheidenheit schreibt keine Selbstbiographie. Es ist zudem sehr unklug, eine geringe Selbsteinschätzung zur Schau zu tragen; der gewöhnliche Leser denkt nicht daran, sie zu unseren Gunsten zu korrigieren, im Gegenteil, er greift gerne zu; denn der Verfasser muß es doch wohl am besten wissen, daß nicht viel an ihm dran ist.

Dem Hergange nach anders, der Wirkung nach ähnlich, sind die unfreiwilligen Veränderungen unserer Erinnerungen, die aus unmittelbaren Unzulänglichkeiten der Seelenmechanik entspringen; weder das Wissen um ihr Vorkommen und ihre Gesetze, noch der Wille vermögen daran etwas zu ändern. Wer sich darüber klar ist, daß keine Erinnerung einen zeitlich zurückliegenden Vorgang oder Zustand jemals ganz richtig wiederbringen kann, verzeichnet nur die gröberen Abweichungen, für die jeder für Selbstbeobachtung Begabte Belege in Fülle in sich erlebt.

Das wichtigste der hier wirksamen Gesetze ist dies, daß wir nicht imstande sind, beim Hochkommen oder Rufen von Bildern der Vergangenheit, auch wenn sie selber scharf und richtig erscheinen, die damals begleitenden Gefühle und

Stimmungen mit zu erwecken; Daten, Tatsachen, Szenen folgen unserem Befehl, aber das, was unser innerstes Erleben war, was unseren Entschließungen die Richtung gab, die Gemütsbewegung, kommt nicht mit; es wäre so schön, die alten, süßen, törichten Gefühle bei der Erinnerung an das kleine blonde Mädchen noch einmal erleben zu können; aber sie versagen sich unserem Willen; wir wissen, daß sie einmal lebendig waren, aber sie selbst sind Gespenster geworden, farblos und ohne Blut. Wenn wir kopfschüttelnd vor verflossenen eigenen Taten stehen, wenn wir — nur uns selbst — bekennen: ich verstehe mich nicht mehr, so ist der Grund sehr durchsichtig: das Bild der damaligen Lage ist unvollständig, der entscheidende Teilnehmer der inneren Abstimmung ist tot.

Goethe hätte in der späten Zeit der Niederschrift von Dichtung und Wahrheit, selbst wenn er es gewollt hätte, den Stimmungsgehalt der Sesenheimer Tage in sich nicht wieder erleben können; *Frank Harris* stellt die Betrachtung an: *Goethes* „Autobiographie ist farblos, ja sogar langweilig; und wie faszinierend wäre sie gewesen, wenn er uns die Wahrheit erzählt hätte"; *Frank Harris* irrt; *Goethe* konnte die Wahrheit nicht geben, weil er sie selber nicht mehr besaß; er wußte das sehr wohl und sprach es aus, daß im Alter eine Autobiographie unmöglich sei, wenn man nicht die Einbildungskraft wirken lasse, um das ausbleibende Subjektive von damals zu ergänzen.

Dieser Mangel unseres Erinnerungsvermögens ist in anderer Hinsicht unserem Heile sehr dienlich; wie sollte man leben, wenn man fähig oder genötigt wäre, allen verblichenen Kummer, alle verflossenen Schmerzen in der alten Schärfe immer wieder neu werden zu sehen. An diesem elementaren Verhältnis sieht die Psychoanalyse vorbei, wenn sie unbewußte alte Gemütsbewegungen den heutigen Frieden der Seele stören und ihren Besitzer krank werden läßt; dies Dogma weiß nichts von dem Gesetz des Abklingens der Affekte; sie sind nicht „verdrängt", nicht ins Unterbewußtsein abgeschoben; das mag damals, als sie jung und störend waren, versucht worden sein, aber inzwischen sind sie schon lange gestorben.

Dank jenem Gesetz erleben wir die seltsamsten Überraschungen beim Finden und Lesen vergessener alter Briefe, die wir in gespannten, gereizten oder gehobenen Gemütszuständen geschrieben haben; wir sind uns fremd geworden und würden, wenn die Handschrift nicht wäre, zweifeln, ob wir und der damalige Schreibende dasselbe Ich bedeuten; alte Briefe sind für den Verfasser einer Selbstbiographie das wirksamste Hilfsmittel, um Erinnerungen zu kontrollieren und richtig zu stellen.

Eine vom Einfluß der Affekte freie Fälschung der Erinnerungen ist rein seelentechnischer Art. Im allgemeinen sind wir imstande, von den in uns auftauchenden Gedanken, Bildern, Wortfolgen, zu sagen, woher sie stammen, ob sie gelesen, im Gespräche gehört, geträumt, in der Phantasie oder in Wirklichkeit erlebt wurden. Die seelischen Gebilde tragen an sich keine Merkmale, die uns nötigten, sie in der einen oder anderen Richtung unterzubringen; die Bilder können ganz das gleiche Aussehen, dieselbe Farbe haben. Für gewöhnlich helfen sie uns von sich aus, indem sie beim Erscheinen das Bild der Situation mitbringen, in der sie in unseren Geist einzogen; andere Male suchen wir — oft peinvoll und vergeblich — nach den Bedingungen der Herkunft; phantasievolle Musiker und Dichter geraten in den Verdacht des Plagiates, wenn sie Reminiszenzen und Original-Einfälle verwechseln. Was die Erinnerungen an wirklich Erlebtes für uns in der Regel kennzeichnet, ist ein nicht näher zu zerlegendes eigentümliches seelisches Etwas, ein Gefühl der Realität, das den Bildern anderer Entstehungsart nicht anhaftet. Der Verlust dieses Realitätsgefühls spielt bei den Erinnerungstäuschungen der Geisteskranken eine wichtige Rolle; aber auch der Gesunde kann es gelegentlich einbüßen; *Balzac* bedankte sich bei einem Freunde für das Geschenk eines Pferdes, das er nur geträumt hatte; nervöse Kinder verwechseln Gehörtes und Erlebtes; den hysterischen Charakteren werden Phantasiegeschehnisse zur Wirklichkeit.

Das innerliche Kennzeichen des Realitätsgefühls versagt hier ebenso, wie bei der alltäglichen Erscheinung, daß wir Geschichten, die wir oft genug erzählt haben, schließlich selber glauben; das zunächst künstlich ignorierte Herkunftsgefühl wird allmählich kraftlos; es kommt nach einer Zwischenphase des halb-bewußten Schwindelns schließlich so weit, daß wir auch bei ernster Selbstprüfung Wahres und Falsches nicht mehr zu sondern vermögen; Pate steht hierbei wiederum die Eitelkeit; Erlebnisse werden unter ihrem Segen so gewandelt, wie sie unserer Eigenliebe schmeicheln; peinliche oder beschämende Szenen mit Vorgesetzten nehmen eine befriedigende Wendung, wobei wir es ihm „einmal ordentlich gegeben haben“; Zusammenstöße mit Dritten erfahren eine dramatisch wirksame, dialektische Zuspitzung; sie nehmen die Gestalt an, in der wir sie zwar nicht erlebt haben, aber erlebt haben möchten. Den gestaltenden Einflüssen dieses Vorganges auf historische Bonmots und Anekdoten ist *Hertslet* in seinem Buche über den Treppenwitz der Weltgeschichte in kritischer und amüsanter Weise nachgegangen.

Bei den meisten Selbstdarstellungen ist eine Prüfung der Einzelheiten an der Hand aktenmäßigen Materials nicht möglich — auch nicht notwendig; wie leicht Verschiebungen und Farbänderungen auch in den Erinnerungen der Großen unterlaufen, hat die historische Kritik an *Bismarcks* Gedanken und Erinnerungen gezeigt. — Wenn man alle diese Feinde gut kennt, die eine Selbstdarstellung eines Lebens in ihrer Wahrhaftigkeit bedrohen — und es sind ihrer noch viel mehr — so gehört Mut dazu, um sich an eine solche Aufgabe heranzumachen; tröstlich ist eines, daß es in diesem Punkte keine Bevorzugung gibt; wir kranken alle an demselben Übel; für uns gewöhnliche Menschen kommt es ja auf absolute geschichtliche Wahrheit gar nicht an. Eine Selbstbiographie kann in hundert objektiven Einzelheiten irren und doch in der großen Linie der Entwicklung einer Seele völlig wahr sein; für manches Einzelne an menschlichen Beziehungen bestehen auch äußerliche aber zwingende Einschränkungen durch die Rücksicht auf Lebende und auf das Gefühl von Nachkommen; wir haben nicht das Recht, das Bild von Toten, wie es die Pietät der Nahestehenden gestaltet hat, ohne zwingenden Grund zu trüben.

Ein brauchbares Motto jeder Selbstdarstellung gäbe, was in dem ersten, Anfang August 1914 erscheinenden, Heeresberichte zu lesen stand: „Wir werden nicht alles sagen, aber was wir sagen, wird wahr sein"; diese Zusage zu halten, wird mir weniger schwer fallen, als den deutschen Generalquartiermeistern des Weltkrieges.

Im übrigen gilt der Satz aus den Makkabäern (2. 15 V. 39): „und hätte ich es lieblich gemacht, das wollte ich gerne; ist es aber zu gering, so habe ich doch getan, so viel ich vermochte".

Ospedaletti, November 1933.

Wurzeln des Wesens.

... meinem Ahnherrn diese Hand,
jene meinem Enkelkinde ...,
E. Geibel.

Warum sind bei Pflanze, Tier und Mensch die Kinder den Eltern ähnlich oder gleich? Die Vererbungswissenschaft lächelt zu dieser Frage; das macht nichts aus, es beruht auf Gegenseitigkeit; ich lächle dafür manchmal bei ihren Antworten.

An sich ist es höchst seltsam, daß es so ist, daß von den ungezählten Möglichkeiten der Gestaltung, die bei dem wirbelnden Kreisen der Atome denkbar sind, gerade diejenige verwirklicht wird, die, technisch gesehen, die allerschwierigste ist; oder ist es für die Materie gerade das Bequemste, den Weg des kleinsten Widerstandes zu gehen, immer denselben Gießlöffel zu nehmen und die Sache so zu machen, wie es von ihr schon zehnmal, tausendmal geübt wurde?

Durchsichtig für uns ist die Tatsache der Ähnlichkeit in ihrer Entstehung, wenn bei primitivsten Formen das Mutterwesen sich einfach teilt, und jedes neue Individuum die Originalform wiederholt; auf diesen Urvorgang geht alles Spätere zurück, nur daß bei den höheren Formen den Rapport mit der Zukunft nicht mehr das ganze Wesen, sondern ein verschwindend kleiner Teil von ihm übernimmt, der sich bei der Arbeitsteilung im Organismus zu dieser Aufgabe spezialistisch entwickelt hat. Die Zellen, denen die Rolle zufällt, Träger dieser Beziehungen zu sein, stehen mit den elterlichen Organismen nur in ziemlich losen Beziehungen, und doch tragen diese nur im Mikroskop erkennbaren Bestandteile ein Bild von Vater und Mutter in sich, so bestimmend, daß das Kind einem der beiden bis in kleinste Züge des Leibes und der Seele gleichen kann. Es ist nicht denkbar, daß die Linien jenes unsichtbaren Bildes, gleichviel wie man sich die Form ihres Daseins vorstellen mag, erst durch Einflüsse des fertigen Organismus gezogen sein könnten; sie sind schon mit ihm gleichzeitig dagewesen, er hat sie nicht geschaffen. Die Betrachtung dieser Verhältnisse führt zu einer bestimmten Anschauung: die Keimzellen, die sich in ewiger Kette die Hand reichen, sind das Wesentliche, das Machtvolle, darüber schweben die von ihnen abhängigen flüchtigen Gestaltungen der Menschengebilde, die aufschießen und verwelken, während in der Tiefe der Strom des Lebens gleichmäßig weiterfließt.

Die Natur jedenfalls steht auf diesem Standpunkte; ihr ist das Fortbestehen der Gattung alles, das Einzelwesen nichts; sie treibt eine ungeheure Verschwendung mit Keimen, aber das Individuum, nachdem sie ihm — dem reifgewordenen — Gelegenheit gegeben hat, Keimzellen in die Zukunft weiterzugeben, läßt sie achtlos fallen; es ist für ihre Zwecke ohne Wert. —

Wir sinnen diesen Rätseln vergeblich nach; unsere Erbforschung muß, soweit es um den Menschen geht, bescheiden sein; was wir erstreben können, ist nur etwas Vorläufiges, Äußerliches: Regelmäßigkeiten, wenn es geht, Gesetzmäßigkeiten, zu finden, die in dem Weitergeben der Eigenschaften von Generation zu Generation bestimmend sind.

Ich weiß nicht, wann zuerst ein Menschenhirn den Problemen der Erblichkeit planmäßig nachgegangen ist; gemessen am Alter der Menschheit sind Gedanken dieser Art allerjüngstes Gut, und mit anderen allerjüngsten Gütern haben sie das gemeinsam, daß Interesse und Liebe sich ihnen ganz besonders zuwenden, und daß ihr Wert eine Weile überschätzt wird; wir leben jetzt in einer Phase der Blüte aller um die Vererbung kreisenden Fragen, seitdem für einfache Formen überraschende Gesetzmäßigkeiten gefunden worden sind.

Für den Menschen sind, gleichviel wie er geraten mag, immer Vater und Mutter die unmittelbaren Wurzeln seines Wesens; daß es damit nicht getan ist, daß auch Einflüsse vom Vater und von der Mutter dieser beiden und so immer weiter rückwärts bei dem Werden der äußeren und inneren

Form eines Menschen mitreden, hatte schon längst die Beobachtung des Wiederauftauchens von Ahnenzügen im Laufe der Familiengeschichte gelehrt; manches daran ist Fabel, manches Zufall, aber im ganzen bleibt doch ein sicherer Kern von Beobachtungen. Das Wiederkehren des ganzen Gesichts, nicht nur einzelner Bestandteile, eines vor Jahrhunderten verstorbenen Vorfahren bei einem Gegenwartsmenschen ist von Dichtern als wirksamer Zug verwendet worden, so in reizvoller Weise von *Stifter* in einer seiner liebenswertesten Geschichten, der Narrenburg; *Conan Doyle* in seinem Hund von Baskerville macht davon kriminalistischen Gebrauch. Ich glaubte nicht an solches Vorkommen; aber eine Künstlerin, die in alten Adelssitzen Porträts malt, versicherte mir, gar nicht selten in Ahnengalerien die überraschendsten Ähnlichkeiten mit ihrem heutigen Objekte, mit Überspringung mehrerer Generationen, gefunden zu haben.

Ginge es genügend schematisch her, so müßten die beiden Großväter und Großmütter mit je einem Viertel, die Urgroßeltern mit je einem Achtel Beigabe vertreten sein; daß die Sache so einfach nicht läuft, ist bekannt; wir erleben die Fortdauer charakteristischer Züge in Enkeln und Urenkeln und ihr Erlöschen, ohne zu wissen, warum. Wir sehen auch in einem Heranwachsenden manchmal das Ringen der verschiedenen Einflüsse um die Vorherrschaft, wenn jahrelang bald diese, bald jene Ähnlichkeit deutlicher wird, um dann zurückzutreten.

Wären uns die Gesetze des Weitergebens der Eigenschaften bekannt, so könnte unsere Zeit, die alles planmäßig zu organisieren trachtet, darangehen wollen, hervorragende Qualitäten durch geeignete Auswahl von Paaren hervorzubringen; einstweilen würde es bei dem Fiasko bleiben, das — aus anderen Gründen — *Wedekinds* Verein zur Züchtung von Rassemenschen erleiden mußte (auch *Aage Madelung* in Zirkus Mensch behandelt das Problem). Den besten Maßstab für die Sicherheit unseres Wissens auf dem Gebiet des Naturgeschehens gibt die vorhandene oder fehlende Möglichkeit, den zukünftigen Verlauf zu prophezeien; treten wir zu dieser Probe, wie die weiland Feen, an die Wiege eines Neugeborenen, dessen ganze Erbmasse klar vor uns liegen möge, so müssen wir gestehen: wir haben keine Ahnung, was für ein Geschöpf sich aus diesen rosigen Möglichkeiten entwickeln wird; über eine gewisse Wahrscheinlichkeit der Vermutung kommen wir nicht hinaus. Es ist auch nicht so, daß besondere Eigenschaften eines heute Lebenden ihm nur aus der Kette der Vorfahren zugeflossen sein könnten; es gibt Neuschaffungen überraschender Art, nicht nur Mischungen aus alten Vorräten — Gott sei Dank. Jeder Nachdenkliche, der von seinen Ahnen Kunde hat, wird zu erkennen versuchen, was ihn innerlich mit den Verschollenen verbindet; wir reichen den „silbernen Gestalten“ der eigenen Vorwelt die Hand und wissen, daß die andere, wenn wir Kinder haben, irgendwo drunten in der Geschlechterfolge unseres Blutes auch wieder ergriffen werden wird.

Ich selbst bin zum Nachdenken über die Wurzeln meines Wesens ziemlich früh durch die große Verschiedenheit meiner Eltern geführt worden, die schon der Abkunft nach vorhanden war. Die väterliche Reihe der Vorfahren führt nicht zu dem französischen General *Hoche*, wenn auch von einer romantisch gestimmten Tante und auch sonst, halb spielend, ein Kultus mit dieser Idee getrieben wurde; so hing z. B. ein Stich seines Denkmals — man sieht es Neuwied gegenüber oben am linken Rheinufer — in meines Vaters Zimmer; ein juristischer Schwager hat den Mythus aktenmäßig zerstört; das Geschlecht läßt sich in Kirchenbüchern bis ins 16. Jahrhundert verfolgen: es waren Bauern an den Abhängen des Harzes, aus denen dann, in der von *Gustav Freytag* beschriebenen Weise, Vertreter geistiger Berufe erwuchsen. Wer an die Vererbung erworbener Eigenschaften glaubt, könnte die mir ohne mein Zutun beschiedene Leichtigkeit öffentlichen Redens auf Vorfahren zurückführen wollen, die auf der Kanzel heimisch waren. Wann zuerst literarische Neigungen in der Familie aufgetreten sind, weiß ich nicht; aus meiner Jugend schwebt mir ein alter schöngeistiger Band vor, herausgegeben von „*Nachtigall* und *Hoche*“ (dem Großvater); auch *Schulze*, der Dichter der einst berühmten „Bezauberten Rose“ wurde uns als Ahne von der weiblichen Seite her vorgestellt. Sicher ist, daß zwei Schwestern meines Vaters erfolgreich geschriftstellert haben; die eine, zuerst an einen Engländer *Aston* verheiratet, war nach dem Urteil von Zeitgenossen eine bezaubernde und geistreiche Frau; sie wurde 1848 wegen zu freier Haltung ihrer Schriften aus Preußen und, der Reihe nach, aus anderen Staaten ausgewiesen, um schließlich in zweiter Ehe als Frau des Physikus in Bremen zu landen — zu stranden vermutlich nach ihrem Gefühl; die andere — *Eulalie Merx* — schrieb bis in ihr hohes Alter, sie wurde 97 Jahre, Romane, die viel gelesen wurden.

Mein Vater war ein spät Nachgeborener, dessen Jugendzeugnisse auf große Begabung hinweisen; er war ein stattlicher, dunkler Mann von ernstem Wesen, mit tragender Sprechstimme und etwas traurigen braunen Augen; viele Frauen haben für ihn geschwärmt; meine Knabenfüße haben einen Riesenteppich zertreten helfen, der sich aus zwölf Quadraten zusammensetzte, die von ebensoviel Offiziersdamen in Neiße gestickt waren. Im Verhältnis zu seinen glänzenden Anlagen hatte mein Vater äußerlich nicht das erreicht, was ihm zugänglich gewesen wäre, wenn er es darauf abgesehen hätte; er hatte für sich selbst keinen Ehrgeiz. Er hat zwar immer neue Generationen von Knaben — Söhne und Pensionäre — für die oberen Klassen des Gymnasiums vorbereitet und war darin von größter Beharrlichkeit und Aufopferung; aber sonst ließ er vieles gehen, wie es wollte. Ich glaube nicht, daß ich ihn jemals ein Buch habe lesen sehen, wohl aber konnte er halbe Tage rauchend zum Fenster hinauslehnen und in den Garten blicken. Er war weltfremd, gutmütig, leicht zu betrügen, und er wurde betrogen. Ich kenne ihn außerhalb der Unterrichtsstunden fast nur als zerstreut und gedrückt; äußere Gründe dafür, die ihm schweren Kummer zufügten, lagen jahrelang genügend vor; sie haben auch seinen Lebenswillen und seine Widerstandskraft untergraben, so daß er einer an sich nicht tödlichen Krankheit mit 58 Jahren erlag. Sein Wesen, wie es in seinen guten Jahren gewesen sein muß, kam nur selten einmal zutage, wenn im Kreise von Amtsgenossen, denen er weit überlegen war, bei Tische sein Witz und sein Humor aufblitzten. Wie er tiefstens zu den religiösen Fragen stand, ist mir, auch nachträglich, nicht klar geworden; in der Predigt und im Unterricht bewegte er sich, wie es nach Ort und Zeit natürlich war, auf positivem Boden; die Karfreitage sind mir in schrecklicher Erinnerung, weil wir als Knaben immer wieder vergaßen, daß ein Trauerflor auch um unsere Stimmen liegen sollte. Bei seiner weichen, innerlich lyrischen Art glaube ich nicht, daß er religiöse Probleme mit skeptischer Energie zu Ende gedacht hat; eine poetische Einfühlung in das Bild Christi z. B. lag ihm wohl näher. Unduldsame Äußerungen habe ich nie von ihm gehört. Religion gehörte zur Ordnung des Daseins, aber viel geredet wurde nicht darüber. Ich bin natürlich keine ganz sichere Quelle; ich war 12 Jahre, als ich aus dem Hause kam und 13, als er starb; ich glaube, daß ich mich mit ihm, wenn er meine reiferen Jahre erlebt hätte, gut verstanden haben würde.

Aus härterem Holze war meine Mutter geschnitzt. Der französische Stammbaum ihrer Familie, *von Renouard*, ist bis ins 15. Jahrhundert rückwärts belegt; die Familie lief in zwei Zweigen; der katholische, *Renouard de Bussière*, existiert noch in Frankreich; bei Straßburg trug ein Landgut diesen Namen; ein Vertreter des protestantischen Zweiges, *Josué Renouard de Viville*, wanderte nach Aufhebung des Edikts von Nantes 1686 nach Deutschland aus und trat als Offizier in preußische Dienste; ich weiß nicht, ob man historisch der Bereicherung nachgegangen ist, die das alte Preußen durch böhmische, Salzburger und französische Emigranten erfahren hat. Das hugenottische Bewußtsein, die protestierende Ader und das Rechtsgefühl, sind in der Familie nie erloschen. Der Eintritt der Söhne in das Heer blieb die Regel; mein Urgroßvater *Renouard* war Oberst eines Regiments in Halle, das seinen Namen trug. Mein Großvater, 1797 geboren, war mit dem alten Kaiser gleichaltrig, der es nicht vergaß, daß sie 1813 zusammen in Frankreich gewesen waren; es war für mich von eigentümlichem Reize, noch in den achtziger Jahren des vorigen Jahrhunderts einen leibhaftigen Teilnehmer der Befreiungskriege von seinen Kriegsfahrten, die er als sechzehnjähriger Fähnrich begann, erzählen zu hören; viel später, als mich die Probleme des Schlafes beschäftigten, wurde mir einer seiner Berichte auch wissenschaftlich wichtig, daß sie beim Marschieren nachts tatsächlich zeitweise schliefen und sich gegenseitig davor bewahrten, in das Bajonett des Vordermannes zu fallen. Ein verwundeter französischer höherer Offizier, mit dem ich im Kriege, wenn ich ihn in meinem Lazarett besuchte, viele menschlich freie Gespräche geführt habe, war stolz darauf, daß der Name seines Großvaters am Triumphbogen in Paris eingehauen sei; ich konnte ihm als Gegengabe den meinigen präsentieren, der darunter eingezogen war.

1848, als Landwehrkommandeur in Berlin, war er zeitweise in Gefahr, vom Pöbel Unbill zu erleiden; meiner Mutter flogen die in das Fenster seiner Wohnung geworfenen Steine auf das Schulheft, in dem sie schrieb; sie erzählte, wie damals ein jüngerer Bruder von ihr „Revolution" spielte, und, in Verkennung der Bedeutung des immer wieder gehörten Wortes, eine seiner Figuren sagen ließ: „Verhafte mir diesen Pöbel und seinen Sohn".

Mit Glücksgütern war nie jemand in der Familie gesegnet; ihre Mitglieder waren Vertreter von Zucht, Ordnung und Sparsamkeit in den Zeiten, in denen Preußen sich groß gehungert hat. Der Großvater legte sich am Tage nie hin; ich entsinne mich aus seiner Berliner Wohnung gar keiner Möglichkeit dazu; das äußerste war ein Nickerchen in einem nur aus rechtwinkligen Flächen bestehenden ungepolsterten Lehnstuhl, der mit dem braunen Fell seines letzten Reitpferdes bezogen war. Er hatte in späteren Jahren gichtisch geschwollene Füße, war aber nicht zum Anlegen weichen

Schuhwerks zu bewegen; wenn ihm in seinen Lederstiefeln das Gehen auf der Straße unerträglich wurde, suchte er eine unauffällige Erholungspause, indem er sich vor eine Litfaß-Säule stellte und so tat, als ob er die Anzeigen studierte. Er war politisch von einer für einen alten preußischen General bemerkenswert liberalen Gesinnung; auch religiös war er völlig frei; seine Bemerkungen z. B. über die unbefleckte Empfängnis waren für die Enkel durchaus unpädagogisch. Mit der Großmutter lebte er in einer durch zarte gegenseitige Rücksicht mustergültigen Ehe; sie hatten jung geheiratet, feierten goldene und diamantene Hochzeit, riefen sich aber immer noch, wie in ihrer Jugend, mit der Anrede „Kerlchen". Stundenlang saßen sie sich am Parterrefenster der Königgrätzerstraße gegenüber, sie stickend, er unter anderem damit beschäftigt, an der alle 5 Minuten vorüberfahrenden Pferdebahn die Zahl der Schimmel festzustellen; er kannte sie alle, da dieselben Wagen, nachdem sie in anderthalb Stunden ihren Rundweg um die alte innere Stadt vollbracht hatten, immer wiederkamen.

Die Großmutter stammte aus der Familie *von Bernuth*; politisch bekannt war einmal ihr Vetter, der Justizminister *v. Bernuth*, der in der liberalen Ära des alten Kaisers, die *Bismarcks* Zeit vorausging, eine Rolle gespielt hatte. *Graf Platen*, der Dichter, war ihr Onkel; ich besitze ein formvollendetes anmutiges Sonett von ihrer Hand, das sie ihrem Bräutigam beim Empfang des Verlobungsringes gewidmet hat. Sie war eine zarte sensible Frau von unerschöpflicher Güte und kindlichem Glauben an Menschen; ihre dichterische Begabung enthüllte sich in der feinen Art, in der sie den Kindern Geschichten und Märchen erzählte. Ihr Wesen dämpfte wortlos alles Unzarte, was ihr entgegentreten wollte; ich glaube, daß sie die in des Großvaters Zimmer hängenden leichtfertigen französischen Stiche im Stile *Bouchers* nur mit Kummer gesehen hat; es durfte auch von der Herkunft einer Kaminuhr in Marmor und Gold nicht gesprochen werden; sie stammte von einer, im Sinne der Familie entgleisten, *Gräfin Platen*, die, soweit ich mich erinnere, die Geliebte eines hannoverschen Königs gewesen war. Wenn sie nachts wach war, saß sie stundenlang im Dunkeln strickend neben dem schlafenden Großvater im Bette auf; als virtuose Leistung wurde erwähnt, daß sie so auch „Hacken abnehmen" konnte; Leserinnen werden das besser ermessen können als ich. Die Lebenshaltung war schlicht; die Tageseinteilung lief, unabhängig von Schwankungen des Befindens, in minutenfestem Gleichtakt. *Philemon* und *Baucis* alterten unmerklich vor sich hin; ich sah nie eine Veränderung an ihnen; die Zeit schien in diesem Frieden still zu stehen. —

Meine Mutter hatte mehr ihres Vaters Art geerbt; sie war klug und klar, scharf und kritisch; die nüchterne, praktische Anlage hatte sich verstärkt in einem Leben, in dem sie gefühlsmäßigen Impulsen widerstehen und immer das Notwendige vor das Wünschenswerte stellen mußte. Wir Kinder empfanden ihre Art manchmal als erkältenden Reif, der auf die Blüten unserer Phantasie und unserer Wünsche fiel. Ich entsinne mich sehr lebhaft einer solchen Szene; ich hatte weit draußen in einer von Wald umschlossenen Wiese ein dunkles Wasserauge entdeckt, dessen Lage mir wie die Verkörperung der Einsamkeit erschien; ich gab dem zu Hause lebhaften Ausdruck: gewiß sei seit Jahren kein Mensch an jene Stelle gekommen; die Mutter dämpfte meine Begeisterung mit der knappen Frage: „Und wer schneidet das Gras?" Mit Falkenblick durchschaute sie jede formale oder innerliche Unwahrheit; wir hatten den Eindruck, daß sie beim Entdecken unserer Missetaten um die Ecke sehen konnte. Sie hatte Energie und Mut; beides hatte sie nötig, als sie mit drei unerwachsenen Kindern und 1800 Mark Jahreseinkommen Witwe wurde. Mein Studium der Medizin, zu dem keine Mittel da waren, sollte durch meine Aufnahme in die militärärztliche Pépinière ermöglicht werden; bei der letzten entscheidenden Untersuchung wurde ich aber abgelehnt, weil man — sehr mit Recht — das schmale blasse Gewächs für den Einjährigen-Dienst in einem Berliner Garderegiment für untauglich hielt. Es war ein harter Schlag, und die adlige Verwandtschaft, die sich gegenüber der alleinstehenden Frau zur Rolle des Aufsichtsrates verpflichtet und berechtigt fühlte, drängte darauf, mich in den Postdienst zu geben; der starken Entschlußkraft meiner Mutter, die, ich weiß nicht wie, immer wieder einen Weg fand, verdanke ich es, daß ich nicht als Markenverkäufer hinter die Glasscheibe gesetzt wurde.

Ihre Energie brauchte sie auch zur Überwindung vielfacher körperlicher Anfälligkeiten, schwerer erblicher Migräne u. dgl., in denen aber ihre Fürsorge für die Umgebung nicht matt wurde. Ihre überlegene Art kam einmal in einer anekdotenhaft netten Form zutage; der Vater litt an Bronchitis und nahm nachts Morphiumtropfen, die von der Mutter verwaltet wurden, weil er dazu neigte, die Dosis zu steigern; die Mutter verreiste und mußte die Arznei herausgeben. Bei der Heimkehr meldete der Patient voll Befriedigung, daß er mit guter Wirkung und ohne Schaden die doppelte Anzahl Tropfen genommen habe; die Mutter schwieg lächelnd; sie hatte das erwartet und die Morphium-Lösung mit der Hälfte Wasser verdünnt.

Sie hat, wie sie sich vorgenommen hatte, das hohe Alter ihrer Eltern erreicht. —

Diese ganze Erbmasse, die ich hier ausgebreitet habe, stand bei meinem Werden zur Verfügung; alle jene einzelnen Eigenschaften hatten ungefähr die gleiche Aussicht, in mir wiederzuerscheinen; von der Dosis, die von der Natur aus jedem der verschiedenen Töpfe entnommen wurde, um eine neue Mischung herzustellen, hing meine körperliche und seelische Gestalt ab. Sie hat so ziemlich aus allen Töpfen genommen, aber doch eine harmonische Verschmelzung nicht erzielen können; die Erbforscher — falls es ihnen lohnt, an einem von außen und innen offenliegenden Menschenexemplar ihre Theorien nachzuprüfen — mögen darüber befinden.

Von dem Standpunkte des beharrlichen Selbstbeobachters aus, der ich immer gewesen bin, lag die Schwierigkeit einer wirklichen Amalgamierung der verschiedenartigen Erbsubstanzen in der grundsätzlichen Unversöhnlichkeit der weichen, träumerischen, trübe gestimmten väterlichen Art und der hellen, energischen, kritikscharfen Natur der Mutter; in mir selbst haben lebenslänglich dieselben Schwierigkeiten bestanden, wie seinerzeit zwischen meinen Eltern. Als Student fuhr ich einmal rheinabwärts; im linksrheinischen Gebiete waren starke Gewitterregen niedergegangen, und die Mosel floß bei Koblenz lehmgelb in den grünen Strom; die Fluten vermengten sich nur zögernd, und bis Bonn war rechts vom Dampfer grünes, links gelbes Wasser; ich sah mein eigenes Wesen symbolisch vor mir. Jeder dieser Bestandteile in mir wußte Bescheid um den anderen; mein Ich war bald der eine, bald der andere; es stand bis zu einem gewissen Grade in meinem Willen, wer ich sein wollte; ich konnte, berlinisch gesprochen, an der einen oder anderen Strippe ziehen und tat das je nach den Erfordernissen der Stunde. Es ging nicht immer ohne ein Ringen zwischen den widerstrebenden Elementen ab, dessen Ausgang nicht jedesmal von vorneherein fest stand; manchmal redete das eine dem anderen auch nur ein Wort darein, immerhin genügend vernehmlich, um die Reinheit einer Stimmung zu stören.

Der Wirkung nach, soweit es sich um die praktische Lebensführung handelte, war zu meinem Heile das mütterliche Erbe stärker; für das innerliche Erleben gab mir der Vater mehr. Der Besitz dieser zwei Fronten mußte natürlich nach außen hin auf das Urteil der Umstehenden Einfluß üben; die Notwendigkeit, mich im Leben zu behaupten, ließ die härteren Facetten in erster Linie hervortreten; so bin ich denn vielfach ungerecht beurteilt, als kalter Verstandesmensch, als schroffer Charakter, als Zyniker abgestempelt worden; wir streben ja immer danach, die Menschen um uns her auf eine einfache, vor allem aber auf eine bequeme Formel zu bringen, und der einmal aufgedrückte Stempel haftet; Näherstehende oder Tieferblickende kennen auch die andere Seite.

Der Drang zur Gestaltung, der sich in mancherlei flüchtigen dilettantischen Anläufen geäußert hatte, um schließlich nur nach Beherrschung der deutschen Sprache in ihren verschiedenen Gangarten zu streben, kam aus der Ahnenreihe von beiden Seiten; die Verwandtschaft mit *Platen* war mir, als ich nach dem Kriege im Insel-Garten zu Konstanz die Sonettenreihe „Deutsche Nacht“ schrieb, nicht gegenwärtig, später von erbtheoretischem Interesse.

Die Selbstbeobachtung läßt nach und nach die als Niederschlag des Lebens erwachsenden Gefühle, Stimmungen und Strebungen unterscheiden von den aus der Uranlage stammenden, die an ihrer dunklen Überzeugungskraft und an ihrer anmaßlichen Stärke erkennbar sind; je länger man in sich hineinblickt, um so mehr wächst die Sicherheit der Einsicht, daß unsere Seele ein Schauplatz ist, auf dem zwischen den Tagesgebilden die Geister der Vorfahren ihr Wesen treiben.

Kleine Chronik.

Die Zeit trägt einen Ranzen auf dem Rücken,
worin sie Brocken wirft für das Vergessen . . .
Troilus und Cressida.

Armselige Geschöpfe wären wir, Kinder des Augenblicks, wenn es die Erinnerung nicht gäbe, die zwischen heute und irgendwann die Fäden spinnt; sie verbindet die Jahresringe, aus denen sich unser inneres Leben aufbaut. Indem sie Früheres in die Höhe bringt, das auf demselben Schauplatz spielte wie das Jetzt, Früheres, das wir als unser eigen erkennen, schafft sie in uns das Bewußtsein — vielleicht ist es auch eine Illusion — eines über die Zeiten hin zusammenhängenden, wesensgleichen Ich; für uns ist es derselbe Mensch, der vor 40 Jahren eine große Liebe und vor 30 Jahren jenen großen Schmerz erlebte, und der jetzt beides in seiner eigenen Ferne sieht.

Die Erinnerung wählt und scheidet aus durch Vergessen; sie ist genießerisch und weilt gern dort, wo es gut war; sie ist ungleich und launisch, treu und verräterisch, schmeichlerisch und unerbittlich bis zur Grausamkeit. Sie täuscht sich und uns; ihre Mängel verhüllt sie, ohne daß wir es gewahr werden, und oft genug gibt sie uns, wenn sie nichts zu geben hat, Ersatz kraft eigener Erfindung. Sie möchte uns weismachen, daß sie ein leitendes Band ist, das ohne Unterbrechung in die Vergangenheit zurückläuft; dabei ist sie doch nur ein dünner Faden, an dem hier und da kärgliche Bruchstücke aufgereiht sind.

Das Vergessen breitet sich wie eine graue Sintflut über unser früheres Leben; nur hier und da ragt etwas hervor, scharf gezeichnet oder mit trüben Konturen, sonnenbeschienen oder düster beleuchtet, und je weiter wir in die Anfänge unseres bewußten Seins zurückgreifen, desto seltener werden diese aufragenden, kleinen Inseln, getrennt von dem, was vorher und nachher war, durch lange Strecken völliger Dunkelheit.

Es sind aus der ersten Zeit, an die unser erinnernder Wunsch hinreicht, immer nur Momentbilder, die aufblitzen, Szenen vor allem, gesehene Dinge, die durch die Überraschung der Neuheit, durch Schreck oder Freude einen besonderen Akzent erhielten. Die Idee der Psychoanalyse, daß die Erinnerung an die vom Kinde während des Passierens der mütterlichen Wege ausgestandene Angst den Menschen lebenslänglich in dunkel-bewußtem Zustande begleiten und zum Nährboden aller späteren Angstzustände des Erwachsenen werden solle, gehört zu den grotesk-phantastischen Dogmen jener Lehre; die nüchterne Beobachtung zeigt, daß aus den ersten zwei Lebensjahren nur ganz selten Erinnerungen bleiben, aus dem dritten ab und zu und aus dem vierten mit großer Häufigkeit. Dieses späte Einsetzen der Möglichkeit der Wiedererweckung von Bildern ist bemerkenswert, da ein normales zweijähriges Kind doch schon der Schauplatz lebhaften geistigen Geschehens und Träger der frischesten Empfänglichkeit zu sein pflegt.

Es ist ein scherzhaft anmutender Zug an vielen Selbstdarstellungen, daß die Verfasser bemüht sind, ihre ersten Erinnerungen möglichst weit zurückzudatieren, als ob damit ein die Eigenliebe befriedigender Beweis für besondere geistige Begabung erbracht würde; tatsächlich besteht ein solches Verhältnis nicht. Zudem ist nichts unsicherer als der Wirklichkeitswert vermeintlicher Erinnerungen aus den ersten Jahren. Dank der im ersten Kapitel dargelegten Mechanik gewinnen die oft gehörten Dinge, Anekdoten am Familientisch aus dem Munde der Großmütter und Tanten, ein trügerisches Realitätsgefühl des selbst Erlebten; auch eigene Phantasiebeschäftigung liefert so Trugbilder; ich sehe noch heute außen vor dem Fenster, nachts, den vom Zimmer her scharf beleuchteten roten Schnabel des Storches, der dem Vierjährigen eine Schwester gebracht hatte.

Leidlich sicher sind nur solche früheste Erinnerungen, die wegen der Eigenart des szenischen Erlebens nicht gut eine andere Erklärung als die der Wirklichkeit zulassen, so z. B. *Bismarcks* früheste Kindererinnerung an die Berührung seiner

Hände mit der Fensterscheibe des Berliner Hotels, die vom Brande des gegenüberliegenden Schauspielhauses heiß geworden war. Für meinen frühesten Besitz an Erinnerung halte ich das Bild einer Szene, die mir niemand erzählt haben kann: ich im Kinderwagen bei sinkendem Tag und schwerem Himmel, das Halbrund meines Korbdachs erhellt von blauen Blitzen, darüber das angstvolle Gesicht des Kindermädchens, das eine verbundene Hand bei hastigem Schieben des Wagens nur unvollkommen gebrauchen konnte; die Richtigkeit dieser besonderen Konstellation ist von mir später durch Nachfrage erhärtet worden; meine sehr lebhaften Gefühle dabei waren nur mir bekannt; ich muß sehr jung gewesen sein, wenn ich noch im Wägelchen gefahren wurde. —

Den äußeren Rahmen der ersten sechs Kinderjahre bildete die karge Umgebung eines kleinen Dörfchens, Wildenhain, dessen paar hundert Einwohner so arm waren, daß sie, wie es hieß, sich nur am Sonntag für einen Pfennig Heringslake zu ihren Pellkartoffeln kaufen konnten. Die Verbindung mit der Welt, die für uns durch das ferne, unvorstellbar große und wunderbare Torgau repräsentiert wurde, hielt eine alte Botenfrau aufrecht, die mit Briefen und Paketen die zwei Meilen hin und her trabte. Erste Eindrücke haben die Macht, bei sensibelen Naturen lebenslänglich die Richtung von Gefühlen und Stimmungen festzulegen; meine Liebe zu sandiger Heide mit Kiefern, zu unbegrenztem Horizonte, entstammt jenen Jahren; als ich später bei *Mathias Claudius* die Zeile las:

der Wald steht schwarz und schweiget,

wurde sie mir unter heimatlichen Schauern sogleich plastisch durch die Erinnerung an die Waldflecke, die abends dunkel und ruhig um unsere Felder standen.

Auf jenen flachen Sandwegen kamen mir auch die ersten kosmischen Einsichten; ich entsinne mich des tiefen Eindrucks, den die Beobachtung auf mich machte, daß es auf freier Bahn, fern vom Walde, auch Wind geben konnte, der für mich bisher immer durch das Schütteln der Baumkronen um unser Gehöft herum erzeugt worden war; auch die Erkenntnis der Abhängigkeit des Tageslichts von der Sonne kam mir mit jäher Entdeckerfreude plötzlich draußen, als ich auf der Heide die Verdunkelung der Landschaft durch ziehende Wolken beobachtete; das klingt seltsam; aber das Wissen um jenen Zusammenhang ist ja im Kinderhirn nicht sofort da; Tag und Nacht gehen regelmäßig ihren Weg; die Sonne ist manchmal da, manchmal auch nicht; aber daß sie es ist, an der dieser Wechsel hängt, ist auch erwachsenen primitiven Gemütern nicht immer gegenwärtig; wie könnte es sonst im Kirchenliede ohne komische Wirkung heißen:

Wo bist du, Sonne, blieben?
Die Nacht hat dich vertrieben,
die Nacht, des Tages Feind.

Alles das sind zusammenhangslose Momentbilder, die in scharfem Lichte dastehen, ebenso wie das erste bewußt erlebte Untergehen der Sonne, vor deren roter Scheibe sich die Flügel einer Windmühle schwarz abzeichneten, Momentbilder auch der Jauchetümpel im Hofe, auf dem die älteren Brüder sich in einem Waschfasse, das als Kahn dienen mußte, herumstängelten, und das hölzerne Gerüst hinten im Garten, von dessen Plattform der Blick über den Zaun hinweg frei nach Westen über Wiesen hin schweifte.

Das elterliche Haus, die Pfarre, war ein unansehnlicher Bau, errichtet im Armutsstil der alten preußischen Sparsamkeit; die Fenster schlossen nicht; im Winter war es mit dem allein zur Verfügung stehenden Torf nicht zu erheizen (mit dem Tragen von Torfkörben in das obere Stockwerk verdiente ich meine ersten Pfennige). Einmal sah ich mit Entzücken, das größer war als das meiner Mutter, die zarten Fährten von Mäusepfoten, die sich auf der eben zufrierenden, aber schon tragenden Fläche der Milch erhalten hatten; ich habe später, wenn mir in geologischen Darstellungen die in Stein und Schiefer erstarrten Spuren der Tatzen der urweltlichen Geschöpfe vor Augen kamen, immer an jene paläographische Milchschüssel gedacht. Die Anwesenheit der von den Mäusen abgegebenen Visitenkarten im Reis und im Grieß war selbstverständlich; als ich später in der biblischen Geschichte vom Koriandersamen hörte, sah ich ihn immer, ich weiß nicht warum, in Gestalt der kleinen schwarzen Mäusedreckchen unseres Küchenschranks.

Ein Zimmer nur war einigermaßen warm zu bekommen, und da wir viele Köpfe waren, wurden mit Kreidestrichen auf dem Fußboden die räumlichen Rechte des einzelnen abgegrenzt. Vor kurzem habe ich, nach 64 Jahren, wieder durch die Fensterscheibe geblickt, gegen deren Fläche damals die ersten mit Sehnsucht erwarteten Schneeflocken wie große träge Hummeln antaumelten; das Gefühl heimlicher Geborgenheit, das dabei die Kinderseele füllte, war noch nicht ganz verschüttet.

Das Gehöft zeigte noch die Spuren der von Amtsvorgängern geübten Landwirtschaft; in einer großen Scheune, an deren Flügeltor, zur Warnung, ein Hühnerhabicht angenagelt war, wurde von Nachbarn gedroschen; ihr Bild tauchte mir regelmäßig auf, wenn ich später in kleinen Ortschaften vor der Zeit der Dreschmaschine den friedevollen Viertakt der Dreschflegel hörte; auch die Worfschaufel der Bibel, die Spreu und Weizen, Gerechte und Ungerechte sondert, wurde noch verwendet. An vierbeinigem Inventar muß eine Ziege dagewesen sein; ich sehe mich unter ihr am Boden liegen und ihre Milch an der natürlichen Bezugsquelle trinken; dann streicht noch ein strohfarbener, gutmütiger Pinscher durch meine Erinnerungen, der mir ein Träger überraschender Möglichkeiten wurde, als er an einem Sommertage eines schneeweißen, wunderlangen Bandwurms genas.

Die Hühner wurden regiert von einem cholerischen Hahn, der nackte Beine nicht mochte und bei den Dorfkindern unbeliebt war, weil er sie in die Waden hackte; meine Schwester trägt noch heute auf der Backe die Narbe von einem seiner Schnabelhiebe; als er schließlich wegen antisozialen Verhaltens sein Leben lassen mußte, sprang der Rumpf nach Abschlagen des Kopfes noch im Hof herum. Ich hörte bei dieser Gelegenheit zum ersten Male die Geschichte von dem

Räuberhauptmann, der das auch gekonnt hatte und dadurch den in einer Reihe aufgestellten Genossen, an denen er noch vorbeikam, das Leben rettete.

Unsere Autorität für solche Geschichten war Male, die Magd, ein helles Kind des Dorfes, die für mich das wurde, was die oberhessische Großmutter für die Gebrüder *Grimm* gewesen war; unsere Seelen haben bei ihren Gruselgeschichten nicht den heute pädagogisch vorgeschriebenen Schaden genommen, auch nicht bei der schönsten, wie der Bursche sich renommierend vermißt, um Mitternacht das an der Kirchentür angenagelte Gerippe zu holen, und wie ihm dieses auf den Rücken springt und sich an ihm mit Knochenfingern ankrallt — wohl ein volkstümliches Gegenstück zu *Goethes* Totentanz. Ein mit Gruseln gemischtes Interesse weckte auch ein Beil, das im Nachbardorfe Mockrehna außen im Turmhelm unterhalb des Hahns eingehauen war; ein zur Hinrichtung Geführter hatte es hinaufgeschleudert und so sein Leben gerettet; ich habe vor kurzem gesehen, daß es noch immer da ist; von seiner wirklichen Geschichte habe ich nichts Sicheres erfahren können.

Gegen billige Schauer waren wir abgehärtet, weil der Kirchhof, in den unsere Fenster gingen, unser natürlicher Spielplatz war; er war eingehegt von einer zerbröckelnden Mauer, auf deren dicken Moospolstern die Gräser im Winde nickten; die Mauer, über die Romulus — oder war es Remus? — sprang, sah ich später immer in jener niedrigen Form vor mir. Hinter Grabsteinen läßt es sich ausgezeichnet Verstecken spielen. Eine Passion für Kirchhöfe ist mir wohl aus jener Zeit geblieben; ich besuche sie immer an fremden Orten; zudem erkennt man die Lebenden an der Art, wie sie sich begraben lassen.

Eine ins Düstere spielende Nachwirkung von Dauer hat ein einmaliges Erlebnis gehabt. Wir hatten einen Backofen alten Bauernstiles; es war ein steinerner Kuppelbau mit enger Türe, der so viel Fläche bot, daß ein halbes Dutzend Kuchenbleche gleichzeitig Platz fanden; im Herbst wurde er zum Dörren der blauen Pflaumen verwendet, von denen sich dann manche in den schwer zugänglichen seitlichen Partien des Ofens verloren. Da trat ich in Aktion; in einen waschbaren Anzug gesteckt, wurde mein kleiner Körper wie ein Brot in den noch warmen Ofen geschoben, wo ich die Pflaumen zusammensuchte. Ich weiß nicht mehr, dank welcher Neugier ich das Schließen der Tür verlangte; jedenfalls befielen mich in der drückenden Einsamkeit der Höhle Beklemmungen, die wohl durch das Wissen um die von meinem Willen abhängige Dauer des Zustandes gemildert wurden, aber doch die Folge hatten, daß bis heute fast alle Angstträume meines Lebens die Situation des hoffnungslosen, luftlosen Kriechens in engen Schächten und Kanälen bringen.

Von dunklem Reize war auch der Torfschuppen, in dessen Winkeln wir — gegen Prämien — die Stellen aufstöberten, an denen die Hühner, in berechtigtem Interesse, das Gelege ihrer Eier zu verbergen suchten; in dem diesen Raum immer erfüllenden, ganz eigenartig riechenden Torfstaub schufen die durch die Luke einfallenden Sonnenstrahlen leuchtende Balken, in denen die winzigen Staubkörperchen, vom Hauche bewegt, reizvolle Reigen tanzten; diese an sich tröstlichen Lichtwirkungen waren mir darum unbehaglich, weil ich sie aus einer Geschichte kannte, in der Gottes Auge in dieser Form ins Dunkle sah und naschende Kinder aufstörte.

Zeichnet sich in meinen Erinnerungen aus jener Zeit irgendwie ein medizinisches Interesse ab? Ich glaube: ja. Mein dringendes Verlangen, die Wunde des Storchbisses am Bein meiner Mutter zu sehen, konnte wohl allgemeine kindliche Neugier sein; anders stand es um die Schnitte, die ich nach Impfung der Schwester in der gleichen Anordnung den Tannen des Gartens zufügte, um dann das Ausquellen des Harzes in Parallele mit den Veränderungen am schwesterlichen Arm von Tag zu Tag zu beobachten.

Ein ärztliches Lob für zweckmäßiges Tun trug ich davon, als ich für den alten Doktor im Holzstall nach Schindeln suchte, die für den Schienenverband am gebrochenen Bein des Vaters geeignet waren; weniger Glück hatte ich ein anderes Mal: beim Nachbar kam eine Kuh nieder; es war eine Querlage, und die eigenen Hilfskräfte reichten nicht aus, um die Sache zu Ende zu führen. Bei uns im Gehöfte arbeiteten Maurer, die nun nebst unserer Magd gerufen wurden. Ich stürmte mit in den Stall und beobachtete mit brennendem Interesse alle Vorgänge, das Anlegen der Stricke, das angestrengte Ziehen der Menschen, bis schließlich das zitternde Geschöpf von der ausgepumpten Mutter mit zärtlichem Lecken begrüßt wurde. Bei Tische war ich noch voll von der Geschichte und gab sie in Gegenwart einer Backfischschwester und halbwüchsiger Pensionäre mit allen Einzelheiten zum besten; ich begriff nicht, warum ich damit so wenig Gegenliebe fand. Dem gleichen verlegenen Schweigen mit Ablenkungsversuchen begegnete ich einige Jahre später bei einer anderen Gelegenheit: zwischen unseren schwarzen Hühnern lebte auch ein rotes; vermutlich weil es abweichend in der Farbe war, wurde es verachtet — nach Menschenart; auch der Hahn mied es; vom Futtertrog wurde es weggebissen — nach Menschenart; mich interessierte das arme Geschöpf, das nebenbei noch den Makel trug, keine Eier zu legen. Als es geschlachtet wurde, fand ich mich ein und entdeckte, daß eine irgendwann verschluckte Nähnadel quer durch den Ausführungsgang der Eier stak und ein absolutes Hindernis abgab; Eier waren in allen Stufen der Entwicklung, nur noch ohne Kalkschale, vorhanden; die weibliche Berufsunfähigkeit war also kein Charakterfehler gewesen; auch diesmal waren meine Ausführungen über den Eierstock bei Tische sichtlich unwillkommen.

Von Krankheiten aus jenen Jahren ist mir außer der Erinnerung an wilde Fieberträume und das unangenehme Gefühl von heißem Öl auf geleimter Watte beim Mumpsumschlag nichts haften geblieben, vom Keuchhusten, dessen Anfälle ich vergessen habe, als sympathisch die Behandlung mit Teeranstrich des Brustkastens; ich habe später an Häfen mit Segelschiffen nie den für sie charakteristischen Teergeruch eingeatmet, ohne des alten Doktors zu gedenken, der auch eine andere originelle Anordnung getroffen hatte.

Ich sollte von einer Flanell-Unterjacke, die ich in der Rekonvaleszenz trug, entwöhnt werden, und das geschah so, daß jeden Tag am unteren Rande und an den Ärmeln ein fingerbreiter Streifen abgeschnitten wurde; das hatte den prickelnden Reiz, zu erleben, daß ein organisiertes Gebilde auch einmal ohne mißliche Folgen zerstört werden durfte; daneben bot das Verfahren mir die Befriedigung eines schon damals lebhaften Ordnungssinnes, der darauf bestand, daß das Abschneiden konsequent so lange fortgesetzt wurde, bis nur noch ein schmaler Flanellkragen um Hals und Arme übrig blieb.

Einen Torgauer Militärarzt begleitete ich auf seinen Dienstwegen von Hof zu Hof; die Cholera, die 1866 in Österreich grassierte (und ein Faktor in *Bismarcks* politischen Erwägungen geworden war), hatte auch nach Königreich und Provinz Sachsen übergegriffen; in der Pfarre starb der Hauslehrer; nun wurden nachträglich alle Brunnen untersucht und die verdächtigen geschlossen; die entscheidende Feststellung bestand darin, daß man das Brunnenwasser mit übermangansaurem Kali versetzte; blieb die Lösung rot, war alles gut; nahm sie eine blaue Farbe an, so wurde versiegelt; die Absicht jedenfalls war löblich.

Was für ein brüderliches Verhältnis hat man doch als empfängliches Kind zu den Dingen um uns her; man steht in stummem Einverständnis mit Tier und Pflanze gegenüber der fremden Welt der Erwachsenen. Ich habe z. B. niemals den üblichen Abscheu vor Mäusen verstanden; als legitime Genossen bevölkerten sie das alte Haus, in jedem Zimmer hatten sie ihre Zufahrtslöcher, die übrigens erzieherisch verwertet wurden. Das Loslösen wackelnder erster Zähne wurde dadurch reizvoll gemacht, daß man den Zahn der Maus opferte, indem man ihn abends in eines ihrer Löcher legte; die Maus zeigte sich erkenntlich, indem sie uns morgens ebenda Schokolade finden ließ. Schon rein räumlich ist das Kind den Gegenständen so viel näher, dem warm-bitteren mittäglichen Geruch des Buchsbaums, dem süßen Duft der sonnengeglühten Himbeere, dem Ölfarbenaroma des Anstrichs der Haustüre, der in der Sommersonne barst, dem Ozongeruch des Schnees, der auch, bei dem flacheren Einfallswinkel des Lichtes, für das erdennahe Kind ganz anders glitzert.

Den um das Pfarrhaus ausgebreiteten landschaftlichen Frieden habe ich in voller Empfänglichkeit genossen: die sonnigen Wege zwischen Kornfeldern mit einem singenden Lerchenhimmel darüber, den zugefrorenen Bach, auf dem mich die älteren Brüder im Schlitten zogen, besonders aber die sonntägliche Stille, wenn alles, was älter war als ich, in die Kirche gegangen war; in Hof und Garten, die mir dann allein gehörten, war nichts als das Krähen des Hahnes und der Sonnenschein; als ich zwanzig Jahre später *Mörikes* alten Turmhahn las, dessen eigenartiger Reiz vielen verschlossen ist, war mir die das Gedicht durchleuchtende Stimmung eigenste Erinnerung.

Die Person der Eltern nahm man in jenen Jahren als selbstverständlich hin; sie waren da wie anderes auch; der Vater schwebt mir nur in unpersönlicher Wirkung vor; die Mutter lebte mit mir in meinen Interessen. Lesen hatte ich schon vor dem Schulbesuch auf eigene Faust an den Unterschriften von Bildern und am Struwelpeter gelernt; die Mutter förderte das in sehr praktischer Weise; wenn ich ihr e i n e Seite im Robinson vorgelesen hatte, las sie mir s e c h s, und so heizte das brennende Interesse am Weitergang der Geschichte meine Energie zur Bewältigung meines Pensums.

In den letzten Abschnitt jener ersten sechs Jahre fiel der Krieg mit Frankreich; in Erinnerung geblieben ist mir, wie der Vater aus der Zeitung die Namen gefallener Offiziere vorlas, von denen er aus seiner Zeit als Kadettenlehrer und Garnisonprediger eine große Anzahl persönlich kannte; von einer besonderen Stimmung unter dem Einfluß der Ereignisse, die ja nicht entfernt so ins Leben griffen wie der Weltkrieg, ist mir nichts in Erinnerung geblieben, auch nicht von Sorgen, die um die Person des im Felde als aktiver Offizier stehenden ältesten Bruders kreisten, wohl aber von endlosem Zupfen von Charpie, das uns besonders unsympathisch war, weil die Mutter dabei ein unbequemes Maß von Reinlichkeit der Hände forderte. Persönlichen Kontakt mit Frankreich brachte mir ein Besuch der Festung Torgau, an deren Straßenecken, wie heute nur noch auf den Wällen von Monaco, runde Kanonen-Vollkugeln zu Pyramiden aufgeschichtet lagen. Auf den flachen, rasigen Ufern der Elbe lagerten gefangene Franzosen, mit denen wir unter Gegengabe von Eßwaren um Uniformknöpfe handelten. Ich sehe noch scharf vor mir den Farbenkontrast der roten Hosen mit dem Grün der Uferhänge.

Das erste Schuljahr hat mir keine störenden Erinnerungen hinterlassen; was an Lesen, Schreiben und Rechnen zu lernen war, brachte ich von Hause mit.

Im ganzen liegen jene Wildenhainer Jahre in meiner Erinnerung da als eine glückliche, sonnenbeschienene Zeit; nichts Fremdes beeinträchtigte den lustvollen Prozeß des Einziehens der bunten Welt in eine offene Kinderseele.

Die Übersiedlung nach Egeln, Januar 1872, brachte nicht nur äußerlich eine Wandlung; die Tür des Kinderlandes fiel hinter mir zu, und die Auseinandersetzung mit der Welt begann.

Egeln, ein Städtchen von etwa 5000 Einwohnern, liegt ganz eben, in gleicher Entfernung von Magdeburg und Halberstadt; die Gegend ist äußerst nüchtern. Die damals seit einiger Zeit gebaute Zuckerrübe war mit dem fetten, schwarzen Boden sehr zufrieden; im Winter blieben bei Wegen über Land die Gummischuhe darin stecken. Größere Wälder und Heide gab es nicht; auf den schlammigen Landstraßen sah man im Herbste zwischen den entblätterten Pappeln lange Reihen von Gespannen auf dem Wege zu den Zuckerfabriken, gezogen von mächtigen Paaren belgischer Percherons, deren Muskeln allein diesem klebenden und saugenden Boden gewachsen waren. Das einzige romantische Element in der Landschaft war die blaue Linie des Brockens, die in einem großen Teile der Provinz Sachsen irgendwo den Horizont beherrschend durchschneidet.

Die Stadt war in dem reizlosen Stile erbaut, in dem in Norddeutschland nach den Verwüstungen des Dreißigjährigen Krieges wieder angefangen werden mußte; Steinpflaster war vorhanden, ein mörderisches; daneben stagnierte in den Gossen ein schwarz glänzender Modder, dessen übler Geruch besonders am Samstag Abend unter dem Vorwand der Reinigung aufgestört wurde. Dies besorgte mit ihrem Besen, den sie außer Dienst wie ein Gewehr schulterte, *Gustchen Harsch*, eine armselige, grausträhnige, stammelnde Idiotin, die mich darum besonders interessierte, weil ihr eine tiefe, haarlose Narbe über den Schädel von der Stirn in der Längslinie bis zum Hinterkopf lief; in der Jugend, so hieß es, war ihr ein Schiefer vom Turmdach mit der scharfen Kante auf den Kopf gefallen; meine Erinnerung an ihre heroische Diensttreue wird wohl das einzige Denkmal sein, das ihr geworden ist. Am Wochenende pflegte sich der Gemeinde-Süffel, *Fritze Piep-Hahn*, in seinem fälligen Schnapsrausch am Boden zu wälzen, umtanzt von johlenden Kindern, die einen unzarten Vers auf ihn gedichtet hatten.

Zwei Polizeidiener sorgten am Tage für die Ordnung in der Stadt, die zu stören übrigens niemand Lust hatte, *Kummer* und *König*; ihr Äußeres stand im umgekehrten Verhältnis zu ihren Namen; *Kummer* war ein alter Soldat von königlicher Haltung und Gesinnung, *König* ein kummervoller, rotnasiger, kleinlicher Murkel. Es gab auch einen Nachtwächter, aber blasen tat er nicht; wenigstens haben mir die Meistersinger nie die Erinnerung an die Nächte jener Jahre geweckt. Das beliebteste Blasen im Städtchen besorgten die Münzenberger, eine herumziehende Truppe aus einer kleinen Stadt am Harz, die in grünen Anzügen, mit Federn am Hut, in jedem Jahre an den Straßenecken konzertierten; ich habe ihrer immer gedacht, wenn ich in Konzerten der Münchener Bläservereinigung saß, deren Mitglieder nicht so schön angetan sind, aber besser blasen.

Ab und zu erschien auf dem Marktplatz ein Karussell — einmal ein faszinierendes mit Fahrrädern statt der Holzpferde — oder ein jämmerlicher Embryo von Zirkus; einer ist mir in lebhafter Erinnerung geblieben, weil sich, angesichts der gestellten klassischen Gruppen in marmorweißen Trikots, in dem Knaben das erste Interesse an den Besonderheiten des weiblichen Körpers regte; die lebenden Figuren standen auf der Peripherie einer großen hölzernen Scheibe, die sich unter den Klängen von *Webers* Gesang der Meermädchen dicht an uns vorüberdrehte.

Zu unserer Freude brannte es oft; wir hatten es schon damals herausbekommen, warum die Scheunen mit Vorliebe am Sedanstag und an Königs Geburtstag — Kaiser sagte man noch nicht — Feuer fingen; dann war die ganze wehrhafte Männerschicht trinkend draußen vor der Stadt im Schützenhause, und der Brand hatte Zeit, sich in zweckentsprechender Weise auszubreiten, während die Löschmänner erst nach Hause gehen und ihre Kostüme anlegen mußten.

Die Bevölkerung war ganz überwiegend evangelisch; es machte mir Eindruck, als ich zum ersten Male einen Katholiken sah, und noch mehr, daß er aussah wie andere Leute. Konfessionelle Gesichtspunkte spielten keine Rolle; etwaigen stimmungsmäßigen Anläufen dazu wirkte schon das Verhalten der Vertreter der beiden Kirchen entgegen; mein Vater und der katholische Geistliche traten in der Öffentlichkeit freundschaftlich nebeneinander auf; ich schätzte an dem katholischen geistlichen Herrn besonders die großen Eierpflaumen seines Gartens; es gab sonst keine in der Gegend.

Die Stadt wurde in zwei ungleiche Hälften geteilt durch die Bode, die, nachdem sie in jungen Tagen zwischen Roßtrappe und Hexentanzplatz mit Felsbrocken gespielt und Sagen erzeugt hatte, als zahmes Flüßchen die Gegend durchlief. So ganz ohne Tücken war sie nicht; an der Strecke, an der wir uns frei schwammen, lag das Provisorloch, ein Name, der die Erinnerung an den nassen Tod eines hoffnungsvollen Apothekers wach erhielt. Wenn im Harze die Schneeschmelze im Gange war, reichte das Bodebett im Flachlande nicht aus, trotz der Regulierung, die schon *Napoleon* versucht hatte; es kam zu Überschwemmungen von vielen

Quadratkilometern Ausdehnung; kehrte dann der Frost noch einmal zurück, so gab es eine Eisbahn von idealer Beschaffenheit; Punschzelte wurden draußen errichtet, der Briefträger lief auf Schlittschuhen nach Westeregeln (wo damals die ersten Kali-Bohrtürme aufwuchsen); die Einsamkeit einer, namentlich im Nebel, geheimnisvollen Landschaft umfing den Läufer, der sie suchte. Bei Tauwetter trat dann eine geologische Wirkung auf, an die ich bei der Beschreibung des Eistransportes erratischer Blöcke oft gedacht habe; wenn die Wasser verlaufen waren, lagen hier und da herausgerissene Rasenstücke, zimmergroß, auf Feldern oder Wegen, wo sie nicht gewachsen sein konnten; auf den flachen Wiesen waren die Gräser in das Eis eingefroren; wenn bei neuem Anschwellen der Fluten das Eis sich hob, nahmen die Schollen das Rasenstück unter sich mit in die Höhe, wie man eine Katze an den Nackenhaaren aufhebt, trugen es fort, um es dann bei eigenem Schmelzen irgendwo fallen zu lassen. —

Die zweitürmige Kirche war von weißgekalkter Nüchternheit und ohne Geheimnisse, wie die meisten protestantischen Gotteshäuser; phantasiebeflügelnd waren mir nur die Braut-Totenkränze und die schwarzweißen Namenstafeln der Gefallenen von 1813/15; ihren Text, geschrieben in altmodischen Buchstaben, habe ich jahrelang falsch gelesen; er fing an: „In diesem Kirchspiel starben . . .“, der Ausdruck war mir fremd, ich las es „Krichspiel“, was mir trotz der falschen Schreibweise geläufig war; nur wunderte mich diese Bezeichnung für eine so ernste Sache.

Das Altarbild, Christus am Kreuz, war das Werk der Hände eines kunstbeflissenen Amtsvorgängers; ich möchte wünschen, daß sein Kanzelwort besser war als sein Pinsel; als ich später in den Lehrbüchern der Chirurgie die ersten Abbildungen von Verrenkungen sah, standen mir sofort die Konturen der beiden Schächer vor Augen.

Die Orgel war nicht mehr jugendfrisch und gab, namentlich im Winter, seltsame Nebentöne von sich; vielleicht lag dies auch daran, daß die kalte Luft der Windgebläse zwischen Tasten und Pedalen hervorquoll und dem Organisten Hände und Füße erstarren ließ. Das Spiel der Blasebälge war meine besondere Freude; sie standen, drei nebeneinander, in einem düsteren Raume des Turmes und wurden so bedient, daß man sich auf einen hölzernen Arm stellte, der beim Heruntergehen den ledernen Riesenbalg zusammendrückte; es kam darauf an, daß immer mindestens einer der Bälge Druck hatte, sonst wäre das Orgelspiel drinnen verstummt; so sprang man in der Höhe an einer Haltestange von einem der Arme zum anderen; mein Gewicht reichte gerade eben aus. Es war ein eigentümlich schöpferisches Gefühl, wenn die von meinem Tun abhängigen Töne gedämpft in die Turmkammer drangen. Den Unterschied des Luftverbrauchs, je nachdem die großen vielfüßigen oder die kleinen Orgelpfeifen angeblasen wurden, hatten wir aus der Tonhöhe schätzen gelernt und richteten unser Springen danach ein; wenn die Tonflut der Orgel zum Schluß in vollen Akkorden einherstürmte, mußte man sich daranhalten, damit ihr nicht der Atem ausging; ich darf nicht leugnen, daß diese Form des Gottesdienstes mir lieber war als das passive Sitzen drinnen in den Bänken.

Die Turmkammer hatte noch andere, düstere, Reize; ein vermutlich durch das Altarbild verdrängter, lebensgroßer hölzerner Christus drohte aus dem Halbdunkel, beklebt mit echtem blondem Haar; wir waren überzeugt, daß nun auch die rote Farbe um die Wundmale echtes Menschenblut war. Daneben hing an einer schweren eisernen Kette eine Riesenrippe von vielleicht 2 Meter Spannweite; ich weiß heute, daß es eine Mammutrippe war, die aus der Eiszeit stammte, gefunden wahrscheinlich in einer der uns wohlbekannten Kiesgruben draußen, Endmoränen des nordischen Gletschers, der einmal bis hierher reichte; die Erklärung des „Bälgetreters“, der die Honneurs der Turmkammer machte, daß es die Rippe eines gefallenen Engels sei, befriedigte mich nicht; allerdings kannte ich damals noch nicht die jetzt in den Apokryphen des alten Testamentes bekannt gewordenen Riesen-Ellenmaße jener Revolutionäre und Emigranten des Himmels. Auch die Rippe wird früher im Innern der Kirche gehangen haben, wie man ja an der Küste die Skelette seltener Wassertiere auch in Kirchen anbrachte.

Zugang zu diesen, anderen Leuten verschlossenen Geheimnissen verschaffte uns die Eigenschaft der Ober-Pfarrerskinder, die im Bereiche des Kirchenwesens Sonderrechte genossen; vermöge dieser mehr angemaßten als bewilligten Rechte — zu Hause schwiegen wir davon — war uns auch jederzeit der Glockenstuhl zugänglich; die dunklen, steilen, ausgetretenen Treppen, die hinaufführten, atmeten den ganz eigenen, erstickenden Geruch des totendürren, geborstenen Holzes, das jahrhundertelang im abgeschlossenen Raum nur den Umgang von Staub, Spinneweben und Bohrwürmern genossen hatte. Oben hingen drei Glocken; die kleine verachteten wir wegen ihres dünnen, jämmerlichen Tones, während wir die größte bewunderten. Wer nicht dabei war, macht sich keine Vorstellung von dem überwältigenden, sinnverwirrenden Dröhnen einer Glocke, unter der man so steht, daß der Klöppel gerade eben über den Kopf hinstreift; es ist dabei noch der Reiz der Gefahr, daß das schwere eiserne Ding sich von seinen Lederhaltern lösen könnte; unmittelbar gefährlich war ein besonderer Sport: bei vollem Ausschwingen der Glocke reichte sie bis dicht an die Turmmauer; es kam nun darauf an, während sie drüben war, an ihr vorbeizuspringen, ohne daß der Kopf zerschmettert wurde. Die Eltern wußten von diesen bedenklichen Unternehmungen nichts, auch nicht von dem Klettern im Gebälk unter den Schiefern des Turmhelmes, wo wir der brütenden Schleiereule ins Nest sahen. Schöner als alles dieses war in besonderen Stunden der freie weite Blick aus den Turmluken über das in Sonnenruhe liegende, schweigende Land; von der objektlosen Sehnsucht, die mich dort anfiel, habe ich unten nie gesprochen; wer hätte es verstanden:

> . . . so bleib' ich ewig euch ein Tor,
> die niemals droben waren.

Vom Turme her weckte uns in dem unmittelbar darunterliegenden Pfarrhause unter gemischten Schauern, in denen aber das Angenehme weit überwog, das Feuerläuten der mittleren Glocke; der Küster, der dies besorgte, hatte eine mich besonders befriedigende Technik; das Tempo der aufeinanderfolgenden Schläge sank und stieg mit der Höhe der Flammen des Brandes, an dessen dramatischem Verlaufe ich so auch im Bette teilnehmen konnte; einen schönen nächtlichen Brand besuchte ich mit dem Vater; bei der Heimkehr stellte die Mutter mit Befriedigung fest, daß ich in dem erregenden eiligen Aufbruch meine Weste genau so exakt wie sonst zugeknöpft hatte.

Das Pfarrhaus stand auf altem Kirchhofsboden; in der Jasminlaube, die im Sommer den Mahlzeiten diente, stand ein großes viereckiges, eisernes, völlig verrostetes Grabdenkmal eines, wer weiß wann, gestorbenen Amtsvorgängers, das man bei Einebnung der anderen Gräber in besonderer Pietät hatte stehen lassen; die Oberfläche des „alten Mälhard“ war breit genug, um sie zur gegebenen Abstellfläche für Eßgeräte zu machen. Als wir im hinteren Garten, der, unter Verzicht auf seinen Zweck, uns ganz ausgeliefert war, ein „Bergwerk“ anlegten, kamen wir beim Graben des Schachtes durch die Bestattungszone mit den Lagerstätten der mürben Knochen, die uns nicht störten; die Schädel stellten wir auf, bis die Mutter protestierte; einen besonders langen sauberen Oberschenkelknochen habe ich lange besessen und mir später mit Hilfe eines Haares meiner Schwester ein Hygroskop darauf montiert. Auch der Brunnen lag im Kirchhofbereich; es machte mir, als der gelegentlich scherzhaft gestimmte Hausarzt unser Trinkwasser als Leichenbouillon bezeichnete, keinen nachhaltigen Eindruck, weil ich als erfahrener Buddler wußte, daß der Wasserspiegel noch tief unter dem Niveau der Knochen lag.

Die Schutzengel hatten viel zu tun, um uns zu hüten; von dem senkrechten Schachte aus hatten wir, unter der Bodensohle der alten Gräber, eine Höhle gegraben, die wir natürlich nicht abstützten und ohne einen Gedanken an die Gefahr der Verschüttung wohnlich einrichteten; die Strohauskleidung, die wir anbrachten, war um so bedenklicher als dort unten auch die ersten Rauchversuche angestellt wurden; aber es ging alles gut, ebenso wie — merkwürdigerweise — in der Werkstätte für Herstellung von Schießpulver und Feuerwerkskörpern, die wir in dem nur durch Klettern erreichbaren Dachraum eines verlassenen Gartenhäuschens eingerichtet hatten.

Alles dies fiel indes schon in etwas spätere Jahre; der Beginn der Egelner Zeit steht mir in trüber Erinnerung: in Winterkälte, morgens, im Dunklen, mitten im Semester als Eindringling in eine Klasse voll hartgesottener Bengels hineingesetzt, vor denen ich mich scheute, meine Buttersemmel aus dem Ranzen zu nehmen; Minderwertigkeitsgefühle mit hemmenden Wirkungen, wie ich sie hier zum ersten Male erlebte, haben mich in solchen Lagen — neu zu sein in einer geschlossenen Vielheit — lebenslänglich begleitet, nur daß ich später gelernt habe, sie so zu verbergen, daß sie mir niemand glaubte. Ich stieg bald aus der vorletzten in die mittlere Klasse auf, in welcher der erwähnte Organist *Urbach* das Szepter führte oder vielmehr den Rohrstock. Es war damals noch die Glanzzeit der Schulprügel, die nach einem vorher festgesetzten und bekannten Tarif nicht nur für Trotz, Faulheit und ähnliche moralische Mängel, sondern im Verhältnis zur Fehlerzahl usw. ausgeteilt wurden; ganze Stunden vergingen in einer für die gerade Unbeteiligten unterhaltenden Weise, wenn einer nach dem anderen aufgerufen oder aus der Bank gezogen, übergelegt und auf den strammgezogenen Hosen mit dem Rohrstock bedacht wurde. Voll Dankbarkeit und Bewunderung blickten wir auf den kleinen *Asmus*, ein gelbliches, schwarzhaariges, schwächliches, aber zähes Kerlchen, das sich weigerte, zum Empfang seiner Dosis aus der Bank herauszukommen; es gab einen regelrechten Zweikampf zwischen *Urbach* und *Asmus*, der sich mit Händen und Füßen anklammerte und dies eine ganze Weile durchhalten konnte, weil der Stock immer nur entweder die Hände oder die Füße erreichte. Ich grüße den kleinen *Asmus*, wenn er noch im Lichte wandelt; ich denke, er wird auch peinliche Lagen seines späteren Lebens mit

Härte und Energie gemeistert haben. Andere Bruchstücke von Stunden vergingen mit ewigem Platzwechsel; nach jeder Antwort wurde neu gesetzt; „100 weniger 75 ist — falsch — falsch — falsch — falsch — richtig, setz' dich viere rauf"; dann packte man seinen Ranzen und zog um; so wanderte man von Bank zu Bank und hatte immer neue Nachbarn. Die öde Langeweile mancher Stunden versüßte ich mir, wenn die anderen an ihren Sätzen herumstammelten, mit der Lektüre der den späteren Schuljahren zugedachten inhaltsreicheren Stücke in der zweiten Hälfte des Lesebuchs; ein Satz darin, den ich noch heute weiß, war so kompliziert, daß ich ihn immer wieder las, ohne ihn grammatisch kleinzukriegen; diese unerlaubten Abschweifungen bargen ein besonders förderndes Moment in der Notwendigkeit, doch immer mit einem halben Ohr beim Klassenpensum zu sein, um nötigenfalls, selber aufgerufen, an der richtigen Stelle einsetzen zu können. Wir hatten auch „Naturgeschichte", die in einer Zigarrenkiste enthalten war, in der einige Käfer und Quarzstücke herumfuhren.

Urbach wurde in dieser Zeit auch mein Klavierlehrer; die Stunden fanden je nach der beiderseitigen wackelnden Gesundheit bei ihm oder bei uns zu Hause statt. Er besaß eine Frau, deren Beschränktheit so herrlich war, daß sie dem Neunjährigen als beachtlich auffiel. Es war die Zeit des keimenden Telephons; *Urbach* las aus der Zeitung vor, daß der *Post-Stephan* mit jemandem durch einen Draht auf eine halbe Stunde Entfernung gesprochen hatte; die Frau quittierte das: „Ha, da brauchten se ja man bloß beieinander zu jehn"; ich dachte an ihre entlastende Unbildung mit Milde zurück bei der Antwort eines Freiburger Bürgermeisters — er ist nicht mehr im Amt —, den ich darauf aufmerksam machte, daß in einer Konzerthalle die als Notausgang bezeichnete Tür fest verrammelt war: „Seien Sie überzeugt, mein Herr, wenn die Not da ist, wird die Tür offen sein" — vermutlich nach einer schriftlichen Eingabe an den Stadtrat beim Beginn der Panik.

Urbach verfaßte damals für ein Ausschreiben eine sehr

bekannt gewordene Klavierschule, die nach Monaten des Harrens, an dem ich teilnahm, den Preis davontrug; sie brachte ihm einen Ruf an ein Hamburger Konservatorium, den er aber auf Befehl seiner Frau ablehnen mußte, weil es in Hamburg, wie sie wußte, keine Kartoffeln gab; so wird er sich also wohl auch weiterhin an Wintersonntagen auf der Orgelbank die Finger erfroren haben. Ich verdanke ihm die erste Berührung mit *Wagner*; bei einem Konzert in *Lambrechts* Gastwirtschaft spielte er den Einzug der Gäste auf der Wartburg und zwar mit einem Panaritium am Daumen, das er sich beim Üben zugezogen hatte; die Beobachtung der Schon-Manöver seines Daumens beeinträchtigte wohl meine Aufmerksamkeit auf das Stück; es ist mir nichts davon in Erinnerung geblieben. In *Lambrechts* Saal sah ich auch mein erstes Theaterstück: „Die Kinder des Kapitän Grant"; es war eine groteske Idee, an dieser Stelle ein Ausstattungsstück zu geben, und es nahm ein schlimmes Ende; die Hauptdekorationen fielen um und konfrontierten meine Begeisterung mit der enttäuschenden Rückenansicht der Kunst. —

Mit acht Jahren wurde ich aus der Volksschule genommen, um zu Hause zusammen mit einem gleichaltrigen Pensionär für das Gymnasium vorbereitet zu werden; die Personalunion von Lehrer und Vater habe ich in schmerzlicher Weise als ein unglückliches Verhältnis erlebt. Der Vater war ein ausgezeichneter Philologe mit glänzender Lehrbegabung, für mich erfüllt von brennendem Ehrgeiz; aber leider war er Choleriker, abhängig von seiner Stimmung, und wenn diese schlecht war, von unbegrenzter Heftigkeit. Anerkennung gab es eigentlich nie; wenn ein lateinisches Extemporale ohne Fehler war, bekam ich die Note „befriedigend"; ich habe nie den Mut gehabt zu fragen, was ich denn nun eigentlich tun müsse, um eine bessere Zensur zu bekommen; hatte ich einen oder zwei Fehler, wurde mir Neinstedt, die Idiotenanstalt der Provinz, als Endschicksal in Aussicht gestellt. So wurde der Vater für mich von einem Wall der Furcht umgeben, durch den ich zu dem weichen Kern seines Wesens nicht durchdringen konnte. Ich lernte leicht und gern, war pflichttreu, und die Härte jener Jahre wäre ganz überflüssig gewesen. Die väterliche Befriedigung, bei der Aufnahmeprüfung im Gymnasium einen Sohn abliefern zu können, der mit zwölf Jahren die Reife für Untersekunda besaß, war teuer bezahlt, auch gesundheitlich; ich war ein blasses, zartes Geschöpf mit ewigem, schwerem Nasenbluten, das nach damaligem Lebensstil als Schicksal genommen und nicht behandelt wurde; gelegentlich wurde ich unfreiwilliger Zeuge von Auseinandersetzungen zwischen den Eltern, wenn die Mutter sich schützend vor mein Dasein zu stellen versuchte. Jene harte Frühdressur hat mir nicht einmal zeitlich im späteren Leben etwas genützt; ich erledigte die verschiedenen Abschnitte früh, ich war daher immer hinter dem Lebensalter der Gleichstehenden zurück, immer der Allzujunge und mußte das fühlen; auch in akademischen Aspirantenjahren wurden mir nicht meine Semester gutgeschrieben, sondern meine Lebensjahre vorgerechnet; „er ist jung und darf sich nicht beklagen". Einen Vorteil hat mir die sorgfältige Schule des Vaters gebracht, eine feste Grundlage des Wissens in Geschichte und alten Sprachen; ich habe auf dem Gymnasium darin kaum mehr zu arbeiten brauchen und bis heute die Breite und Sicherheit der klassischen Vorbildung als wertvollen Besitz in dankbarer Erinnerung auch an die harte Zucht jener Tage empfunden. In Geschichte kam es natürlich im Niveau des Verständnisses eines zehn- oder elfjährigen Jungen nur auf Zahlen an; ich glaube, daß ich alle Zahlen im *Ploetz* auswendig wußte einschließlich der Regierungszeiten aller englischen und französischen Könige; dieses Training des Gedächtnisses mag die Leichtigkeit verstärkt haben, mit der ich lebenslänglich Daten der verschiedensten Art, Gedichte usw. habe behalten können.

Ich entsinne mich aus jener Zeit ausgesprochener Depressionen, in denen ich mir den Tod wünschte; etwas Glauben hatte ich wohl noch, denn ich sehe mich in dunkler Abendstunde — es muß Winter gewesen sein, denn die Plejaden standen oben am Dachrande – im Garten umhergehen und vor mich hinsagen: „es ist ja nur die Erde." Weniger ernst war das Verhältnis zu einem kleinen Götzen, den wir selbst aus Wachs geknetet und in einer verborgenen Mauernische aufgestellt hatten; wir machten ihn haftbar für unser Schicksal im Unterricht, und wenn es uns schlecht ergangen war, bekam er auch sein Teil.

Natürlich gab es auch lichtere Tage, und sobald wir frei waren, strichen wir, in Knabenweise auf Unfug bedacht, draußen herum; ich denke, daß wir in der Nachbarschaft ziemlich verrufen waren; jedenfalls kam Polizeidiener *König*, als im Dunkeln auf der Straße Passanten von Schroten unbekannter Herkunft getroffen wurden, sogleich auf uns als Täter; wir hatten vom Garten aus mit selbstgemachten Gummi-Katapulten geschossen. Ich war voll Bewunderung für das Verhalten meiner Mutter bei dieser Gelegenheit: wir waren kaum im Hause, als der Uniformierte erschien und inquirieren wollte; meine Mutter schnitt das ab, indem sie, blitzschnell entschlossen, sagte: „die Jungens sitzen seit einer Stunde hier bei mir im Zimmer"; dann allerdings warf sie im gleichen Tempo die Schießwerkzeuge ins Feuer und bemerkte uns das, was zu sagen war; besonderen Eindruck machte mir die Schwankungslosigkeit, mit der die Mutter den Konflikt zwischen der Erzieherin, die das Lügen mißbilligen mußte, und der Beschützerin der Jungen zu unseren Gunsten löste.

Die Stunden, in denen ich dem Vater am ehesten näher kam, waren die des Samstagabends. Eine Predigt schrieb er in jener Zeit niemals auf; er konnte sich darauf verlassen, daß das Wort zur rechten Zeit da sein würde; das ging mir schon früh auf, als ich offensichtliche Improvisationen z. B. über ein gerade daherrollendes Gewitter in seiner Rede beobachtete; den Inhalt der Predigt bedachte er Tags zuvor auf Spaziergängen in der Dämmerung, zu denen er mich mitnahm; er war dann milde und zugänglich, aber zerstreut; ich merkte, daß seine Antworten oft meine Frage gar nicht trafen und lernte schweigend neben ihm zu wandern, nicht wissend, daß ich später dieselbe Art der Vorbereitung auf öffentliche Reden üben würde. Auf einem dieser Abendwege, die auch einmal an anderen Wochentagen stattfanden, wurde ich Zeuge des unerhört grandiosen Sternschnuppenfalls vom 27. November 1872; etwas ähnliches habe ich nie wieder erlebt. Der Himmel wurde durchquert von leuchtenden Streifen in allen Abstufungen von weiß über gold bis rot, die so dicht gesät waren, daß ich den Versuch des Zählens sofort aufgab; dazwischen schwebte auf dem dunklen Hintergrunde ein immer erneuter, flimmernder goldener Staub, den die sprühenden Meteore auf ihrer Bahn zurückließen; es war wie der Schluß eines festlichen Feuerwerks, wenn alle aufgesparten Raketen auf einmal losgelassen werden. Das Seltsamste an der Erscheinung war die völlige Lautlosigkeit, die instinktiv zum Anhalten des Atems drängte. Sehr viel später habe ich festgestellt, und die Heidelberger Sternwarte hat es mir bestätigt, daß ich die Reste des aufgelösten *Biela*schen Kometen gesehen hatte, die in dieser harmlosen, aber gewinnenden Art unsere Erdbahn kreuzten.

Einen Lichtpunkt in unserer trostlosen Landschaft bildete der alte Park des „Amts", einer königlichen Domäne, zu dem man Zutritt hatte; das Haus war ein Herrensitz mit urdicken Mauern; alte Riesenbäume standen auf Rasenflächen an Wasserarmen, über die kleine, geschwungene Holzbrücken führten; was etwa an Poesie auf einige Quadratmeilen hin aufzutreiben war, lag hier beisammen. Den eigentümlichen, in unzähligen Bildern festgehaltenen Reiz schweigender alter Parks mit dunklen Gewässern, auf denen in der Herbstsonne rote Blätter treiben, habe ich hier zuerst genossen.

Auf diesen Gartenwegen war es auch, daß ich, zehnjährig, meine erste Liebe absolvierte (eine frühere war nicht viel gewesen); ihr Ende war das einer richtigen Liebe — Abschied; meine Verzweiflung suchte *Male*, die mit uns übergesiedelt und auf eigenen Liebeswegen erfahren geworden war, mit der philosophischen Betrachtung zu dämpfen: „Heule nicht, Junge, das wirst du noch oft erleben; ich kann dir sagen, es ist immer dasselbe." Im Augenblick hat mir das Wort nicht geholfen; Liebeskummer wird von fremder Hand nicht geheilt; aber im weiteren Leben ist es mir nützlich geworden; ich muß gestehen, daß mir spätere Lieben immer nur Wiederholungen in der Gefühlsskala jener ersten gebracht, mich nichts Neues gelehrt haben. Ich bin dem Gegenstande der tiefen Leidenschaft, die inzwischen längst verblaßt war, später als Student auf einem Berliner Ball wieder begegnet; Funken glühten in der alten Asche nicht mehr auf; ja, die junge Dame brachte die Lage gleich für mich ins reine mit der für mich schmerzlichen Bemerkung, dies sei wohl mein erster Ball. Es war nicht so; aber sie hatte Anlaß, das ungewandte Benehmen des Achtzehnjährigen, der keine Lackschuhe, dafür aber einen für drei Mark im Verleihgeschäft geborgten Frack anhatte, so zu deuten.

Meine Empfänglichkeit für landschaftliche Stimmungen war wohl meiner Umgebung doch nicht ganz entgangen; ich sprach mit der Verschlossenheit des Knaben, der sein Bestes nicht betastet sehen will, zwar nie davon, hörte aber eines Tages nach Ablieferung eines Aufsatzes, der die „Nacht" behandelte, den Vater zur Mutter sagen: „Alfred hat eine poetische Ader". Dieser Begriff war mir fremd, Ader im körperlichen Sinne aber geläufig; ich fing also an zu suchen und meine sichtbaren Adern mit denen der anderen zu vergleichen; als abweichend und nur bei mir vorhanden entdeckte ich schließlich eine kleine blaue, quer über die Nasenwurzel verlaufende Vene, die ich dann lange für meine poetische Ader gehalten habe.

Das alte Pfarrhaus selbst, im Vergleich zu meinem Geburtshause ein weitläufiger Bau, hatte keinen poetischen Reiz; eine Zufälligkeit der Anlage empfand ich allerdings so, das Blechdach eines Vorbaus, auf dem nachts der Regen gleichmäßig trommelte, während die Dachrinnen gurgelten; dieser Eindruck vertiefte das Gefühl sicherer Behaglichkeit im Bette; später habe ich diese Wirkung so nur noch einmal erlebt, wenn uns in den Fliegerzeiten Freiburgs das Rauschen eines Dauerregens eine störungsfreie Nacht zusicherte. Eine belächelte Merkwürdigkeit des Hauses war ein einstöckiger Flügel, der in einer Flucht eine Reihe gleichgroßer Zimmerchen enthielt; ein Vorgänger hatte für jede neue Tochter, die ihm, wie das vorkommt, in gewissen Abständen zuwuchs, ein neues Zimmerchen angelegt. Das Beste an den Gärten waren die Birnbäume, Träger der besten und seltensten Sorten, deren ich zum Teil später nie wieder habhaft werden konnte; mich betrügt dabei nicht der vergoldende Einfluß der Erinnerung; ein Vorgänger war ein leidenschaftlicher Züchter mit glücklicher Hand gewesen; er hatte z. B. einen Birnbaum hergestellt, der vier verschiedene Sorten trug. Die besten wurden für den Vater in einem verschlossenen Keller verwahrt; wir bekamen Obst genug, aber das Verbotene lockte doch so, daß wir eine Methode ersannen, um auch diesen Birnen beizukommen; ich empfehle sie bösen Buben als bewährt: an einer langen Bohnenstange wurde ein Messer angebunden, mit dem wir, von einer Kellerluke aus, die sichtbaren Exemplare anspießten und heraufholten. Den Betrachtungen bei Tisch über den rätselhaften Schwund des Birnenlagers war unsere geschulte Miene gewachsen.

In dem Gipfel eines alten Birnbaums war ein zum Sitze gebogener Ast, in dem ich lesend, von niemand gesehen, meine besten Stunden verbrachte, während der Baum sich im Winde wiegte und die Blätter im Sonnenschein glänzten; besonders sind mir hier die Räuber und Ekkehard eindrucksvoll geworden, die eigentlich noch jenseits des Interessenkreises meines Jahresringes lagen. Unser Schlafzimmer befand sich über des Vaters Stube, in welcher der Flügel stand; am Tage spielte er nie und abends mit Vorliebe im Dunkeln; er war sehr musikalisch. Die Schwester und ich lagen dann oben im Nachthemd auf dem Fußboden mit dem Ohr auf den Dielen und hörten zu. Ich habe da zuerst die eigentümliche gefühlssteigernde Wirkung der Dämpfung durch Zwischenwände empfunden, die imstande ist, auch solche Musik reizvoll werden zu lassen, die weniger gut ist, als die uns damals gebotene; für die Stimmung bedeutet Ahnung mehr als Wissen. Musik im Dunkeln, nebenan, zu hören, ist mir das feinste Genießen geblieben. Ein Konzert mit seinem brutalen Lichte und seiner Öffentlichkeit bleibt ein Notbehelf, auch wenn man sich durch Schließen der Augen absondert. *Hanslick*, für den die Musik anfing, unmoralisch zu werden, sobald sie solche Freude gab, wie eine Landschaft oder ein schönes Gesicht, würde mein lebenslänglich gleichbleibendes Verhältnis zu ihr stark mißbilligt haben. —

Um die Gesundheit der Einwohner bemühten sich vier Ärzte, eigentlich nur drei, weil einer, der älteste, Philosoph und Homöopath, kaum mehr praktizierte. Wir hatten eine Schildkröte, für deren Verdauungsstörungen er uns Kindern Ratschläge gab; da er nicht Arzt der Familie war, erregte es Aufsehen, als er sich vor Zeugen lebhaft nach dem Befinden „seiner Patientin“ erkundigte. Mit spürendem Interesse verfolgten wir eines Morgens Blutspuren, die von einem Arzthaus zum anderen führten; ein nachts bei einer Stecherei Verletzter hatte angeläutet und war dann augenscheinlich, weil nicht gleich geöffnet wurde, weitergerannt; aus der Größe der Blutlachen auf den Schwellen im Vergleiche mit den beim Laufen verlorenen Tropfen schlossen wir, in Vorwegnahme der Methode von *Sherlok Holmes*, auf die Dauer des Wartens vor den Türen. —

Im ganzen liegen jene zweiten sechs Jahre meines Lebens trotz der helleren Momente, die wir uns meist selbst schufen, für mich unter einem dämpfenden Schleier; es waren zum Teil materielle Nöte, deren Reflexe, auch wenn nicht davon die Rede ist, einem feinfühlenden Kinde doch nicht entgehen, zum Teil seelische Schwierigkeiten, die ich ahnte; sie erwuchsen vor allem aus dem Nebeneinander von Kindern aus den zwei Ehen des Vaters; ich will daran nicht rühren. Die Mutter sagte später einmal mit der scharfen, auch verletzenden Ehrlichkeit, die ich von ihr geerbt habe: „Eine Frau, die behauptet, Stiefkinder ebenso lieb zu haben wie die eigenen, ist eine Lügnerin.“ Sie hatte in jeder Hinsicht hart zu kämpfen und war darüber, dem äußeren Anscheine nach, selber hart geworden. Um so mehr erschütterte mich geradezu ein zufälliger, unerlaubter Einblick in ihr anderes Wesen; ich stöberte, wie schon oft, auf dem Speicher herum und geriet an einen Haufen lose gebündelter, offen daliegender Briefe; ich griff instinktiv hinein und fing an zu lesen, was obenauf war, um schon nach den ersten Zeilen das Bündel voll Scham und Schreck wegzuwerfen; es war aus der ersten Verlobungszeit ein Liebesbrief der Mutter; trotz meiner Kindlichkeit überlief mich ein quälendes Gefühl für den Wandel der Dinge, wenn es möglich war, daß solche Blätter unbeachtet und ungehütet herumlagen. Nie wieder in meinem Leben habe ich in einen offenen Brief, der nicht für mich bestimmt war, einen Blick geworfen.

Frühe Enttäuschungen.

Selig sind, die nichts erwarten; denn sie können nicht enttäuschet werden.

(Nicht aus der Bergpredigt.)

Als der Schöpfer dies Geschlecht der Menschen auf die Beine gestellt hatte, verletzlich und schwach, hilflos gegenüber den Elementen, ertränkt in täglicher Furcht und Sorge, lebenshungrig und zum Tode verurteilt, bedacht gerade mit soviel Lust als nötig, um das Weltwesen in Gang zu halten, besah er sich — zu spät — die Glücksbilanz seiner Geschöpfe und fand sie schlecht: das Erleben guter Stunden die Ausnahme, das Unglück die Regel, jede Erfüllung ärmer als die Hoffnung und Erwartung, das Dasein so trübe und schwer, daß das Nicht-Dasein für die Wertvolleren das bessere Teil. Er wurde von Mitleid erfaßt — wiederum zu spät — und beschloß, den zweibeinigen Wesen ein Geschenk zu machen, das ihnen das Leben ertragbar gestalten sollte. Auf dem Wege des materiellen Geschehens, dessen Gesetze er, auch für ihn selbst unabänderlich, festgelegt hatte, ging es nicht; so kam er auf den Gedanken, in ihre Seelen etwas zu senken, das den Dingen umher ein besseres Aussehen verlieh; er gab ihnen die Illusion. Er begegnete dabei einer Schwierigkeit; seine Geschöpfe hatten im Kampfe mit der Not ihren Verstand so entwickelt, daß die Klügeren unter ihnen das Trügerische dieser Gabe wohl durchschauten; er mußte die Illusion so stark machen, daß sie nicht getötet werden konnte und nach jeder Niederlage in jedem Menschen immer wieder ihr Haupt erhob. So wurde sie die ständige Begleiterin unseres Geschlechts, Schwindlerin und Trösterin, ein hohes Gut und ein leeres Nichts. Wir nennen den, der ihr den

Rücken kehrt, nachdem er ihr fest ins Auge gesehen, einen Weisen, und einen Toren den, der ihr hörig bleibt; Dichter sind Toren und Weise zugleich; sie haben ihr zu Ehren die Bilder erdacht von *Avalun*, aber auch vom trügenden Schleier der *Maja*, von dem Wirklichkeitsblick der *Medusa*, der erstarren macht, von der Brille des *Spallanzani* und von dem Propheten, dessen Antlitz so häßlich war, daß er nicht ohne Verhüllung gehen durfte.

Die heutigen Menschen, die übrigens nicht anders sind als die vor zwanzigtausend Jahren, sind der Illusion nicht alle in gleichem Maße untertan; die Gabe, sich von ihr gewinnen zu lassen, ist von der Uranlage her verschieden; es gibt, wie man sagt, geborene Optimisten und Pessimisten.

Sicher ist eines: was wir „Reifwerden", „Erwachsenwerden" nennen, besteht vor allem im zunehmenden Gewinnen der Einsicht für den illusionären Charakter der meisten unserer vermeintlichen Glücksgüter; ein großer Philosoph hat drei Viertel seines Lebens darauf verwandt, diese Einsicht zu erhärten und anderen zu vermitteln; wir blicken mit Lächeln, aber mit neidischem Lächeln, auf den Alternden, der sich den kindlichen Glauben an das Glück über die Zeiten hin hat retten können. Das gesunde Kind ist Optimist, und je mehr es das ist, je mehr seine Seele offen und bereit ist, allem, was wärmt und glänzt, Einlaß zu gewähren, um so schwerer wird sein Weg durch die Wirklichkeit.

Der Heranwachsende entdeckt bald den Wurm gerade in der Birne, die zuerst reift, den Regentag nach rotglänzendem Sonnenuntergang, die Reue nach der Lust und die Strafe; er erfährt, daß es nichts ist mit dem Walten der Gerechtigkeit, mit der Dauer der eigenen Gefühle, mit der Verständigung zwischen den Seelen; er erlebt, daß es in der Welt auf ganz andere Dinge ankommt als auf saubere Gesinnung und reine Hände; er sieht den Gerechten untergehen und den Kehricht obenauf schwimmen. Der eine, praktisch und erfolgreich, beschließt mitzutun, der andere bleibt, unter Leiden und belacht als Narr, der, der er war, der dritte entwickelt allmählich in sich die philosophisch entgiftende Resignation der Einsicht in die Gesetzmäßigkeit alles dessen, was geschieht. Mir, dem geborenen Optimisten, dem das Leben die Schwingen beschnitten hat, sind die ersten Phasen dieser Entwicklung besonders scharf in Erinnerung geblieben. Alles, was ich als Kind ergreifen wollte, war anders als ich dachte. Die schönen weißen, festen Wolkenballen, auf denen ich zu sitzen und mitzuziehen wünschte, waren nichts als ein nasser Nebel, der nicht einmal eine Feder tragen konnte; die hängenden Gärten der *Semiramis* hingen gar nicht schaukelnd an Bändern oder Ketten in der Luft; es waren einfach Terrassen, allenfalls mit hängenden Blumen; der Rennsteig, der nach dem Lesebuch „über die Gipfel des Thüringer Waldes" läuft, war kein schmaler Steg, der sich frei von Bergspitze zu Bergspitze schwang, sondern ein ganz gewöhnlicher Fußweg, auf dem man erst wieder ins Tal herab mußte; die Propheten konnten, was doch selbstverständlich sein sollte, gar nicht prophezeien; es waren unfreundliche alte Schulmeister und Eiferer.

Der Küster in Egeln fiel, so hieß es, „vom Turm"; das war doch noch etwas — aus dem Schalloch außen an der Mauer herab; er war aber nur eine der alten Stiegen herabgerumpelt, ein Erlebnis, das mir geläufig war; er sollte ein „Loch im Kopf" haben, das ich mir ansehen ging; ich dachte mir das wie die Öffnung an einem zerbrochenen Blumentopf, durch die man in das Innere blicken konnte; es war aber nur eine blutende Hautwunde. Wenn ich vom Birnbaum hoch herabsprang mit dem aufgespannten Regenschirm in der Hand, so ließ er mich, trotz seiner Fallschirmbestimmung, unsanft am Boden aufschlagen. Ich hatte, im *Robinson* glaube ich, von der Selbstentzündung des Heues gelesen und wollte das auch erleben; ich schichtete Gras zu einem Häufchen und sah jeden Morgen voll Spannung nach, ob die daraufgelegten trockenen Hölzchen Feuer gefangen hatten; aber immer wieder war es nichts. Einmal war die Bode abgelassen, ich weiß nicht mehr, warum; bei meinen guten Beziehungen zu allem, was im Städtchen technisch die Hand regte, hatte ich die Stunde erfahren, zu der sie wiederkommen würde; ich setzte mich in einem kleinen Gehölz auf Wache, um das in Ruhe mitanzusehen; ich dachte mir, die Fluten würden, wie die des Roten Meeres nach dem Durchzug Israëls, in voller Wasserhöhe wie eine Wand anrauschen, und mußte nun Zeuge werden, wie ein kleines, dünnes Rinnsal gelaufen kam, das stundenlang nicht wachsen wollte; ich hielt nun auch vom Roten Meere nicht mehr viel.

Ich hatte einige besondere geheime Wünsche, zu deren Verwirklichung ich aber keinen Weg sah, bis eines Tages bei Tisch der Vater, als ich behauptete, keine Mohrrüben essen zu können, kurz entschied: „der Wille kann alles". Das Wort schlug wie der Blitz bei mir ein; nun sah ich den Weg; an meinem Willen sollte es gewiß nicht fehlen. Ich ging in der stillen Nachtischstunde, in der ich mir selbst überlassen war, im Garten daran, tüchtig zu wollen. Einer meiner Wünsche war, wie *Jehova* Menschen zu machen; an Lehm mangelte es nicht; so richtete ich mir einen schönen Kloß her und blies ihm, immer wollend, Odem ein; aber er regte sich nicht. Vielleicht war das zuviel verlangt, weil es nur Gott gekonnt hatte, und ich ging zu dem zweiten Wunsche über.

Wir hatten einen Band griechischer Sagen mit Abbildungen; *Polyphem* saß nackend und rot da, zappelnde Menschlein zwischen den Fingern; das Beste an ihm war aber ein einziges Riesenauge mitten in der Stirn; das wollte ich auch haben; ich begab mich in seine Pose und wollte, mit angestrengter Konzentrierung meiner Aufmerksamkeit auf die Stirn; auch das schlug fehl. Nun blieb noch das dritte, das Fliegen; ich kannte es aus dem Traum, kein Schweben in den Wolken, sondern ein lustvolles Dahingleiten über Kornfeldern und Wiesen in Baumeshöhe; ich stellte mich auf alle Viere, bereit, mich dem Elemente hinzugeben, sobald mein Wille mich in die Höhe tragen würde; es wurde nichts. Ich war nach diesem dreifachen Mißlingen reicher geworden um die Erkenntnis der Grenzen des Willens, ärmer durch die Einsicht, daß die pädagogischen Aphorismen auch nichts wert sind.

Auch sonst war der Alltagsweg mit zerbrochenen Illusionen gepflastert; der versprochene Schnee kam nicht zu Weihnachten, angesagte Ausflüge kamen, trotz guten Wetters, nicht zur Ausführung; Logierbesuch vergaß, mir etwas mitzubringen, obgleich ich ihn noch beim Packen zur Abreise umkreiste für den Fall, daß er es noch im Koffer finden würde; *Urbach* hielt seine Zusage nicht, daß ich ein bestimmtes Bild bekommen würde, wenn ich die Tonleitern ohne Fehler spielte; *Onkel Eduard* lud uns ein, in der Konditorei, zum ersten Male in unserem Leben, Eis zu essen; es gab dort gar kein Eis, und wir bekamen für einen Groschen alten Kuchen, den wir schon aus dem Schaufenster kannten. Leuchtend hebt sich auf diesem dunklen Grunde ein Mann ab, der anders war als die anderen: Rechtsanwalt *Robolski* aus Wanzleben; er war irgendwie beruflich im Hause, begegnete mir, hörte, daß Jahrmarkt war, und gab mir — das Glück fällt überraschend aus der Wolke — vier gute Groschen (es gab den Silbergroschen zu 12 Pfennig Wert und den guten Groschen zu 15 Pfennig); alle Möglichkeiten lagen mir nun offen vom Bückling über das Schmalzgebakkene bis zum Karussell; Gelegenheit, ihm öffentlich zu danken, finde ich erst heute nach sechzig Jahren; genannt habe ich seinen Namen immer, wenn ich von freundlichen Einwirkungen auf mein Leben sprach; er wird mich nicht mehr hören. —

Diese Betrachtungen gelten meiner Kinderzeit; ich will den Stationsweg der Enttäuschungen nicht weiter verfolgen; sie wurden seltener, je mehr ich mich übte, im Sinne des Mottos über diesem Kapitel, nichts mehr zu erwarten. Niemand hört wohl ganz auf, um die Illusion zu werben, niemandem versagt sie sich ganz. Man lernt es auch besser mit ihr umzugehen, ihren Reiz zu genießen, auch wenn man ihr nicht glaubt, wie bei einer flüchtigen Liebe.

Klosterschule.

Gesunde Beeren reifen und gedeihn
am besten neben Früchten schlechterer Art.
Heinrich V.

Unsere äußere Zeit wird durch die Gestirne geregelt und durch die emsige Schar ihrer Dienerinnen, die Uhren; unsere innere Zeit, die wir mit jener nur künstlich in Übereinstimmung bringen, hängt an unserem Erleben; inhaltsarme Zeiträume dehnen sich im Hinbringen, sind kurz in der Erinnerung; reich gefüllte Zeiten rauschen flink daher, aber im Rückblick erscheinen sie als lange Fristen. Unabhängig von den äußeren Gestaltungen der Schicksale hat jeder Lebensabschnitt sein eigenes subjektives Tempo; fünf Jahre zwischen zehn und zwanzig sind etwas anderes als zwischen fünfzig und sechzig; jene Spanne ist in der Erinnerung lang, weil sie voll ist von neuen Eindrücken und seelischen Wandlungen, diese kurz, weil der Trott des abgeschlossenen, lebensgewohnten, irgendwo angespannten Menschen in seinem monotonen Gleichmaß rückwärts gesehen nur wenig haftenden Inhalt bot. Keine Lebenszeit ist so reich an inneren Veränderungen wie die Phase der körperlichen Entwicklung vom Kind zum Jüngling oder zum reifen Mädchen; für die Insassen von Gymnasien bedeutet das die vier bis fünf Jahre, die den Tertianer vom Studenten trennen; das ist ein anderer Sprung als vom Regierungsrat zum Oberregierungsrat. Verläuft diese Epoche im Elternhause, so ist ein gleichbleibendes und ausgleichendes Moment in der Gemeinsamkeit des Familiendaseins gegeben; anders ist es für die Zöglinge von Internaten, die völlig den Einflüssen und Gesetzen der eigenartigen Verhältnisse an solchen Instituten überlassen oder auch ausgeliefert sind; sie werden, nach meinen Beobachtungen, in ganz anderem Maße von der ihr ganzes Dasein umgreifenden Lage gepackt und geschüttelt, als Knaben und Jünglinge in großen Städten, die nebenbei auch aufs Gymnasium gehen; sie erleben inhaltlich mehr.

Es ist viel darüber gestritten worden, welche Erziehungsform für die heranwachsenden Söhne vorzuziehen sei; was meine eigenen Erfahrungen darüber zu sagen haben, wird sich aus der Schilderung meiner Alumnatszeit ergeben.

Die Thüringer Gegend besitzt drei derartige Schulen: Ilfeld, Schulpforta, Roßleben; Schulpforta, die Jugend-Bildungsstätte zahlreicher, namentlich philologischer Gelehrter, ist weltbekannt wegen der gründlichen humanistischen Bildung, die sie ihren Zöglingen mitgibt; für mich kam, als der Zeitpunkt da war, so sehr Schulpforta in seiner Art der Richtung meines Vaters entsprochen hätte, aus besonderen Gründen nur Roßleben in Frage; diese Gründe waren sehr gewöhnlicher, aber gewichtiger Art: ich konnte dort eine Freistelle bekommen.

Roßleben ist eine Stiftung der Familie *v. Witzleben*, und da die Mutter meines Großvaters diesem Geschlecht entstammte, baute ihr Segen dem Knaben ein Haus — im Gegensatz zu der Rolle, die heute die Großmütter spielen. Der Staat übte eine entfernte Aufsicht über die Schule insofern aus, als zu den Abiturientenprüfungen regelmäßig ein königlicher Kommissar und alle paar Jahr ein höherer Schulmensch zu einer Besichtigung erschien; die Regelung des Innenlebens, auch des finanziellen Unterhalts des Betriebes, war der Schule selbst überlassen, die eine große Landwirtschaft im Gange hatte. Ein *Witzleben*, zu meiner Zeit ein Oberpräsident, dann ein alter Offizier, war als „Erbadministrator" die formale Spitze der Verwaltung, wie der Kurator an Universitäten. Die Klosterschule hatte mannigfache Schicksale hinter sich; 1554 gegründet, war sie in den Nöten des Dreißigjährigen Krieges 1639 aufgegeben und erst 1675 wieder aufgetan; nach einem Brande 1686 stand sie wieder lange öde, bis 1743 ein Neubau die Eröffnung wieder möglich machte. Eine große Zahl von Zöglingen entstammte immer dem Adel; von den von 1854 bis 1904 aufgenommenen 1204 Schülern waren 704 vom Adel. Nach meiner Schätzung war für meine Zeit, 1878 bis 1882, das Verhältnis der Adligen zu den Bürgerlichen etwa wie 1 zu 1. Der durchschnittliche Jahreszugang betrug in den 284 Betriebsjahren 19. Im geschlossenen Alumnat wohnten 80 Zöglinge, zu denen noch für den Unterricht eine ganze Reihe von Pensionären der Lehrer und die Söhne des Dorfpredigers dazukamen, so daß der Gesamtbestand etwa 120 betrug; Quarta war die unterste Klasse, das Mindestalter für die Aufnahme 12 Jahre. Die starke Quote von Abkömmlingen des Adels gab dem seelischen Klima eine besondere Färbung; ein Teil von ihnen kam schon von anderen Schulen und hatte dies und das erlebt; es saßen in Prima immer auch Kerle von 21 Jahren, die menschlich gar nicht mehr in den Schulrahmen paßten. Viele waren echte Junker, gesund, frisch, vom Lande stammend, aufgewachsen mit dem Gewehr, mit Pferden und Hunden, von einer Mißachtung allen gelehrten Wesens erfüllt, wie sie dem Soldatenkönig gefallen haben würde; nach dem Beifall der Lehrer zu streben galt als verächtlich. Prächtige Jungen waren darunter, aber auch dünkelhafte und grausame. Eine innerliche Trennungslinie, die zweifellos bestand, lief nicht zwischen bürgerlich und adlig; es war mehr so, daß einerseits die Herkunft von Gütern und aus wohlsituierten Verhältnissen, andrerseits die aus geistig gerichteten Elternhäusern, die zugleich gewöhnlich die ärmeren waren, die sich bildenden Freundschaftskreise zusammenführte. Die Möglichkeit der Bildung solcher Gruppen hatte ihre Grenze in dem strengen Kastenwesen, das unverbrüchlich fortbestand; die zu einer Klasse vereinigte Prima, die Sekunda, und was dann noch kam, waren in sich abgeschlossene Gebilde, aus denen man, auch außerhalb des Klosters, nicht freundschaftlich in fremdes Gebiet hinüberwechseln durfte.

Als Primaner war man ein freier Mann; die jedesmal ältesten bildeten das Gremium der „Inspektoren", die zwar Schüler, zugleich aber Träger der Klosterjustiz waren; sie waren Aufsichtsorgane, mußten anzeigen, was sie an Ordnungswidrigkeiten wahrnahmen, verhängten aber auch aus eigener Vollmacht kleinere Strafen, die von der Lehrerkonferenz anerkannt und verkündet wurden; gleichzeitig vertraten sie aber — eine gerade an dieser Stelle amüsante Vorwegnahme des Systems der Betriebsräte — korporativ die Schülerschaft gegenüber der feindlichen Instanz der Lehrer. In dem Pflichtbewußtsein der Inspektoren hatte es Platz für niedliche Jesuitereien; man mußte anzeigen, was man sah; also ging man — so galt es für anständig — rückwärts in fremde Wohnräume hinein, um Zeit zum Verbergen von Konterbande — Pfeifen, Biergläser, Skatkarten — zu geben. Die Anzeigepflicht wurde auch außer Kraft gesetzt gegenüber den Klassengenossen in Prima, so daß diese machen konnten, was sie wollten. Sekunda hatte eine sorgsam gehütete und respektierte Zwischenstellung, keine Rechte, aber auch keine Gehorsamspflicht gegenüber Primanern, während Tertianer und Quartaner rechtlose Heloten waren, in jeder Hinsicht dem Willen und den Einfällen der Primaner ausgeliefert; ein Gedanke an Auflehnung war völlig ausgeschlossen. Planmäßige Roheiten sind mir nicht in Erinnerung geblieben; der allgemeine Gebrauch des „Sie" als Anrede — nur innerhalb der Klasse duzte man sich — schuf schon eine gewisse formale Distanz. Eine normierte offizielle und öffentliche Portion Prügel bezog jeder „Neue" bei dem traditionellen Akte des „Einbeißens". Im Walde, unserem täglichen Ziele, stand eine Eiche, aus deren Rinde der Novize ein vorher gelockertes Stück ausbeißen mußte; dreimal mußte er dann die Eiche mit der Rinde im Munde umlaufen, während alles, was Hände hatte, auf ihn einschlug; es war ein ganz eigentümliches Gefühl, als ob ein schwerer, schmerzender Sack getragen werden müßte; hatte man seinen Bukkel voll, wurde man vom primus omnium mit einem Fußtritt hangabwärts befördert und war nun ein legitimes Mitglied der Gemeinschaft; die Prozedur war nicht so roh, wie sie sich in der Beschreibung ausnimmt, wenn auch blutende Nasen vorkamen; daß sie jeden betraf, nahm dem Vorgang den persönlichen Stachel. Im einzelnen kamen wohl unkontrollierbare Härten vor. Wir wohnten, dem alten Klosterbegriff entsprechend, in „Zellen“ zu je 4—5 Insassen; Zellobrer — Haushaltungsvorstand — war ein Primaner; mein erster, ein gutmütiger Mensch, war ein Spezialist im Messerwerfen; ich habe gesehen, wie er mit einem feststehenden Messer auf mehrere Meter Abstand eine laufende Maus am Boden festnagelte; seine Fertigkeit übte er an uns; abends beim Zubettegehen mußte ich mich mit nackten Beinen so auf einen Stuhl setzen, daß ein fingerbreiter Streifen Holz neben meinem Oberschenkel frei blieb; in diesen warf er aus Zimmerentfernung sein Messer so, daß es hart an meinem Fleisch vorbei in das Holz fuhr; es ging immer gut ab; aber ich fühle heute noch das kalte Eisen an meiner Haut. (Ich war nur ein halbes Jahr in Obertertia und auch das nur, weil man den Zwölfjährigen noch nicht in die Untersekunda stecken wollte.) Die Tertianer hatten die Bedienung zu besorgen; Wasserleitung gab es nicht; auf dem Tabulat — so hießen die weißgekalkten Korridore — waren Blechkästen; sie wurden von den Hausdienern mit Wasser gefüllt, das in Bütten von unten aus dem Brunnen heraufgeschleppt wurde; aus diesen Kästen zapften wir Kleinen in unseren Lasen das Wasser für den Bedarf der Zelle, während die Älteren im Bette blieben. Noch heute, wenn ich das eigentümliche Steigen des Tones beim Vollaufen eines Kruges höre, kommt mir die ganze jammervolle Stimmung wieder, in der ich ihn morgens um fünf, unausgeschlafen, fröstelnd, mit Heimweh im Herzen, hörte. Wir hatten als kleine Kerle nie genug Schlaf; es war ein Wahnsinn, Jungens von 12 Jahren nur von 10 bis 5 Uhr schlafen zu lassen; ich denke mit Schrecken an mein dauerndes Schlafdefizit zurück; bis 1/2 10 Uhr abends saßen wir an unseren Pulten und mußten wach sein; ich nahm dann etwas in die Hand, was mich durch sein Fallen weckte, wenn ich doch einschlief. Ich vermute, daß die Schlafordnung von dem lateinischen Spruch beeinflußt war: Sex septemve horas dormisse sat est — weiß aber, daß die Lehrer selbst sich ihr Schlafpensum gönnten.

Die Zellgemeinschaften, deren Zusammensetzung auf freier Verabredung beruhte, die von den Lehrern respektiert wurde, konnten, wenn es gut ging, etwas von Familie an sich haben; Zeichen eines guten Verhältnisses in einer Zelle war es, wenn die den einzelnen von zu Hause zufließenden Eßwaren als Gemeingut behandelt wurden; für den, der aus dem Helotenstande heraus war, konnte sich auch Behagen und Lebensfreude einstellen; ich entsinne mich, namentlich aus meiner Primanerzeit, vieler sympathischer Eindrücke und guter beschwingter Stunden; das Schönste war, wenn wegen Dauerregens der Spaziergang ausfiel und man freie Stunden zum Lesen der Bücher hatte, die zwischen den geistig Interessierten allseitig ausgetauscht wurden.

Es bestand in der ganzen Schule ein ausgesprochener Korpsgeist; die 120 Schüler waren den Lehrern gegenüber eine geschlossene, einheitliche, fugenlose Masse; „petzen" eines einzelnen war undenkbar, nicht nur wegen der Unmöglichkeit, dann in der Gemeinschaft noch weiter zu existieren, sondern wegen des gleichmäßigen Bewußtseins der Anstandspflicht gegen die Gesamtheit; Versuche im Sinne von „divide et impera" wurden von den Lehrern gegenüber Kollektiv-Taten gar nicht erst unternommen; auch durch die Söhne der Lehrer, die dabei eine Gefahr für uns hätten werden können, ist nie etwas „herausgekommen". Charakteristisch für die merkwürdige pädagogische Gesamtlage war eine die Revolte streifende Demonstration; ein Lehrer hatte das Mißfallen seiner Klasse erregt; er unterrichtete zwar nur in den untersten Klassen, aber die ganze Schule machte die Sache der Kleinen zu der ihrigen. Es wurde beschlossen, ihm abends von 9 bis $9^1/_4$ Uhr ein Konzert zu bringen und zwar auf den im Sommer leeren, dröhnenden Heizröhren, die durch alle Zellen und auch durch sein Zimmer liefen. Punkt 9 setzte die infernalische Musik ein, indem in jeder Zelle mit Hanteln, Hämmern usw. auf die Röhren losgeschlagen wurde. Erst stürmte der Unglücksmensch allein von Zelle zu Zelle; in jeder, deren Tür er aufriß, war alles still bei der Arbeit, während der Höllenlärm weiterging; dann holte er den Rektor, der ebenso ohnmächtig war; $9^1/_4$ trat Stille ein. Ein Täter war nicht zu finden; es gab Verhandlungen; die Lehrerkonferenz machte den Inspektoren klar, daß das so denn doch nicht ginge, und daß irgendeine Ahndung — mildeste Form wurde zugesagt — eintreten müßte; nun wurde auch auf seiten der Schüler beraten und beschlossen, einige Täter anzugeben; es wurden solche ausgewählt, denen eine Schulstrafe zu Hause nicht viel schaden konnte; mit ein paar Stunden Karzer war die Sache abgetan. (Einige Jahre nach meinem Ausscheiden hat ein solcher Vorgang ein schlimmeres Ende genommen; die Aufsässigen benutzten das Tabulat als Kegelbahn mit dem Ziel der Tür des Lehrerzimmers; da sich diesesmal niemand meldete, wurden von 80 Alumnen 10, die als Hauptrădelsführer galten, mit Relegierung bestraft.)

Einzelrelegierungen habe ich nur wenige erlebt; die eine traf in Prima meinen Banknachbarn, einen netten, frischen Jungen; er hatte die Hochzeitsnacht eines der jungen Lehrer besungen und das Blatt in seinem Aufsatzheft liegen lassen, wo es ja nun schließlich nicht hingehörte; wir fanden die Strafe angebracht, nicht wegen des Vergehens, sondern wegen schlechter Technik.

Die starre Rechtsordnung, die das Innenleben beherrschte, war nirgends schriftlich festgelegt; es war eine Tradition, die wir für ewig und unwandelbar hielten; sie hatte nichts Bedrückendes, man ordnete sich ihr mit einem gewissen Respekt vor ihrer Bedeutung freiwillig unter; der Primaner empfand zudem sein Herrentum als gerechten Ausgleich für die in jüngeren Jahren erlittenen Härten; diejenigen, die schon nach Sekunda aufgenommen wurden, galten nicht für ganz voll; sie genossen die Wohltaten der gehobenen Kaste, ohne dafür bezahlt zu haben. Ich habe oft den Eindruck gehabt, daß die Lehrerschaft eigentlich etwas Angst, mindestens aber Scheu hatte vor uns als Masse, insbesondere dann, wenn die Schüler unter Alkohol standen, und das kam nicht selten vor; es wurde in einer nach heutigen Maßstäben für diese Altersstufe erschreckenden Weise getrunken, teils offiziell, teils heimlich; ich habe es als Student nicht erst zu lernen brauchen. Die Primaner und Sekundaner bekamen ausdrücklich Erlaubnis zum Besuch eines Bierdorfs, wo mein Verkehrskreis regelrecht Kneipe abhielt; daneben spielte im Sommer der „Waldsuff“ seine Rolle, Trinkgelage im Freien, zu denen das Bier von einem verkommenen Schneider in Fässern, unter Grünzeug verborgen, hinausgefahren wurde, während Tertianer vom Rande der waldigen Höhen aus die Zufahrtsstraßen bewachten. Abends konnte dann, wenn es zur Andacht ging, die halbe Schule betrunken sein. Es war ein Entschluß für die jungen Lehrer, Probekandidaten z. B., die kaum älter waren als die alten Primaner-Exemplare, autoritativ vor diese erregte und erregbare Masse, die jeden Augenblick explodieren konnte, zu treten und den Psalm zu lesen. Die eigentliche Gefahrenzone für uns war das Abendessen, bei dem der aufsichtführende Lehrer die leeren Plätze derer, die etwa draußen auf der Strecke geblieben waren, entdecken konnte; die nüchtern gebliebenen beseitigten dann vorsorglich die Gedecke.

Den Lehrern standen die zwei, vorhin der Herkunft nach umrissenen Gruppen sehr verschieden gegenüber; die Söhne der Pfarrer usw. brachten den ererbten Respekt von zu Hause mit; die Junker hatten großenteils das innerliche Verhältnis, wie sie es etwa auf ihrem Gute zum Hauslehrer gehabt hatten, von Gleichgültigkeit bis zur Geringschätzung. Trotzdem waren unter den Lehrern einige, die sich auch gegen die gefühlsmäßig widerborstigen Elemente durchsetzten, weil sie Persönlichkeiten waren; das war der vortreffliche, cholerisch polternde, aber im Grunde weiche Rektor *Wentrup*, der Mathematiklehrer *Plath* und der Lehrer in Deutsch und Geschichte für Prima, *Arnold Steudener*; *Plath*, der Führer von „Turnfahrten“ und Ausflügen in Harz und Thüringer Wald, verstand es ausgezeichnet, außerhalb des Unterrichts mit uns auf gleichem Fuße zu verkehren, ohne seine Autorität im geringsten preiszugeben; er ist noch am Leben; ich grüße ihn in Dankbarkeit. *Steudener* war ein geistig freier Mensch von Schwung und Phantasie, selber ein Dichter, von überlegenem Humor und tiefem Verständnis für die Psyche unserer Altersstufe. In die monoton abgeleierten Abendandachten brachte er Farbe, indem er manchmal statt der fälligen Bibelpartien weltliche Lyrik las; ich entsinne mich des starken Eindrucks, den mir *Kinkels* Abendlied machte — „es ist so still geworden, verrauscht des Abends Wehn" —, das ich in seiner glänzenden Deklamation hier zuerst kennenlernte. Von seinem schlagfertigen Witz sei ein Beispiel angeführt: ein Schüler gab in der Geschichtsstunde die Gründung Roms wieder und erzählte — irrtümlich: „Romulus und Remus wurden bei einem Priester aufgezogen" (die Sage spricht von einem Hirten), worauf *Steudener* sofort ergänzte: „Jawohl, bei einem Schweinepriester"; es ist das ein in Norddeutschland bekanntes Schimpfwort, herstammend wohl aus der Reformationszeit. Unsere Aufsätze bekamen von ihm nicht nur eine Note, sondern oft eine feine und charakteristische Würdigung; wörtlich in Erinnerung ist mir eine, die er meinem Freunde und langjährigen Bankgenossen *August Nebe* — er ist ein gewaltiger Gymnasialdirektor geworden — einschrieb (er duzte ihn seit der Kindheit): „Lieber August, ich könnte zwar manches an Deinem Aufsatze aussetzen, aber ich habe Dir schon lange das Recht zugestanden, Deine eigene Meinung zu haben." Mich nahm er einmal auf die Seite und sagte: „*Hoche*, ich will Sie auf eine Gefahr aufmerksam machen, die in Ihrem Wesen liegt; glauben Sie nicht, wie *Bertran de Born*, daß Ihnen immer nur die Hälfte Ihres Geistes nötig sei." Er hatte eine meiner Schwächen durchschaut und wollte mir wohl; wären bestehende Uranlagen durch verstandesmäßige Erwägungen zu ändern, hätte sein Wort mir nützen können; seiner gedacht habe ich sehr häufig.

Ich habe mich auch oft dabei ertappt, daß ich mir angesichts meiner deutschen Prosa, wie auch heute bei diesen Aufzeichnungen, die Frage vorlegte, ob ich vor ihm damit bestehen würde. Eine seiner Lehren aus der Geschichtsstunde ist mir lebenslänglich förderlich gewesen: mit einer von uns damals als pedantisch empfundenen Beharrlichkeit hielt er darauf, daß wir bei der Wiedergabe der Entstehung kriegerischer Verwicklungen **Gründe** und **Anlaß** strengstens sonderten; wäre die Einsicht für diese Notwendigkeit Allgemeinbesitz, hätten die Erörterungen über die Schuldfrage beim Weltkriege nicht die trügerischen Wege einschlagen können.

Mit umgekehrtem Vorzeichen sei ein anderer Lehrer hier vorgestellt; er war der Typus des kleinlichen Schulmeisters ohne eine Spur von Sinn für das Rechtsgefühl und die Verletzlichkeit junger Seelen. Wir untereinander wußten nicht, wer eine Freistelle hatte; niemand fragte danach. Wir erfuhren es aber wider Willen, wenn *Hoffmann* bei minderwertigen Leistungen den Schüler anfuhr: „Sü, der Sü dü Benefüzien der Anstalt genüßen, Sü sollten doch usw.“ Mich persönlich hat diese Äußerungsform seiner Giftigkeit nicht getroffen, aber gehaßt habe ich ihn von ganzem Herzen. Wir hörten eines Tages, angenehm bewegt und mit einfühlendem Verständnis, daß seine Frau ihm durchgegangen war. Er gehörte zu jenen körperlich nur ärmlich geratenen Menschen, deren mit Inferioritätsbewußtsein verkuppeltes Geltungsbedürfnis in hämischen Akten Erleichterung sucht.

Der Unterricht selbst wurde von uns keineswegs als der wichtigste Teil unseres Daseins angesehen; er nahm uns auch weniger Zeit fort, als es anderswo üblich ist. Je ein Wochentag, der „Studiertag“, blieb frei von Stunden; er sollte seinem Namen Ehre machen; ich glaube aber, daß er den Lehrern dienlicher war als uns. Die Woche kam so auf durchschnittlich 25 Kurzstunden — zu 45 Minuten; es ging auch so, und unsere klassische Ausbildung war wohl besser als die der heutigen Gymnasiasten.

Es blieb viel Zeit für Freiluftbetätigung; im Sommer waren wir von 12 bis 2 in dem großen parkartigen Garten mit Spielplätzen, Lauben und Kegelbahnen; von 4 bis 5 badeten wir in der am Kloster vorbeifließenden **Unstrut** und von 5 bis $^1/_2$8 gehörten uns die schönen, auf Anhöhen hingelagerten endlosen Wälder, die man in 25 Minuten erreichte; wir waren dort frei von jeder Aufsicht; die stille Freude am Beobachten von Vogel und Käfer, vom Lichterspiel auf dem Moosboden, von allen Lauten der Einsamkeit habe ich später nur auf der Jagd wiedergefunden. Als ich vor kurzem jenen Weg zum Walde noch einmal ging, den ich wohl mehr als 2000 mal in allen Jahreszeiten und Wettern geschritten bin, war er mit Gras zugewachsen; früher verhinderten das die hundert Paar Füße, die ihn regelmäßig traten; unsere für die Ewigkeit gedachte Lebensordnung besteht nicht mehr; *Chidher* hat recht.

Die ganze Gegend war nicht großartig, aber von anmutigem Reiz — sanfte, bewaldete Bergzüge, eine reiche Ebene mit einer Fülle von Obstbäumen, zahlreiche Ortschaften, und dazwischen das Schlängelband des Flusses. In besonders lichter landschaftlicher Erinnerung steht mir der Beginn der Ferien; die nächste Eisenbahnstation, Oberröblingen an dem damals noch nicht abgelassenen salzigen See, war drei Meilen entfernt; während der letzten Morgenandacht versammelten sich vor dem Kloster, aus der ganzen Umgegend zusammengetrommelt, 20 gelbe Postkutschen ältesten Stils mit blasenden Postillionen, die uns in den ersten freien Sonnenmorgen hinausfuhren. Jene Andacht bot ein innerlich scherzhaftes Moment; es wurde, nur bei dieser Gelegenheit, ein Choral gesungen, der etwa so anhub:

Wie ein Hauch so schnell entfliehn
Jahre, Monde, Tage, Stunden;
das, womit wir uns bemühn,
ist mit ihnen nicht entschwunden;
der Vergeltung Ewigkeit
folgt auf diese Arbeitszeit —

Nachdem wir so die Ewigkeit in unser Gemüt aufgenommen hatten, begann die Verkündung der zeitlichen Noten und der Versetzungen; die Szene blieb mir ein Beispiel für die komische Wirkung des Pathos am falschen Fleck; die anderen nahmen wohl nichts davon wahr; wir waren durch die zwei täglichen Andachten mit Chorälen so überfüttert, daß keiner mehr auf den Inhalt achtete. (Notiz für geistliche Erzieher.)

Das Kloster, ein monumentaler, schiefergedeckter, unromantischer Bau in Form eines Quadrats, dessen Hinterseite nicht ganz ausgebaut war, lag erhöht im Zentrum der weiten Talmulde, ringshin überall sichtbar; die Zellen im obersten Stockwerk hatten über alte Linden hinweg freien Ausblick in die Ferne; von der Front sah man auf das Städtchen Wiehe, den Geburtsort von *Ranke*. In Mondnächten, zum Fenster hinauslehnend, habe ich die weiße Stille des Landes, die von dem gleichmäßigen Rauschen des Unstrut-Wehrs unterhalb des Klosters weniger gestört als vertieft wurde, oft genossen. Als Primaner kam man schon noch auf sein Schlafquantum. Es gab auch einen weniger poetischen Mißbrauch der Nachtstunden, wenn wir bei lichtdicht verhangenem Fenster punschtrinkend Skat spielten — den alten Thüringer Originalskat, der dort seine Heimat hatte; wenn der Wochenlehrer nach 10 Uhr seinen Rundgang gemacht und mit seiner Öllaterne in jedes Schlafzimmer geleuchtet hatte, waren wir sicher; niemals kam eine überraschende Visitation; man verließ sich wohl darauf, daß wir die karg bemessene Schlafzeit nicht ihrem Zwecke entziehen würden.

Dem erotischen Innenleben der Schule gegenüber waren die Lehrer ahnungslos in einem Maße, das mich auch heute noch wundert; sie begnügten sich mit der bequemsten Art der Behandlung dieser Fragen: nicht daran tippen und totschweigen; unser Respekt vor ihrer Klugheit wurde dadurch bei uns, für die es nur noch wenig Geheimnisse gab, nicht gehoben. Der einzige, der von dem vernünftigen Standpunkt ausging, anzunehmen, daß wir über alles orientiert seien, war der erwähnte Professor *Steudener*, der uns halbwüchsigen Jungen in Sekunda unbefangen auseinandersetzte, das tragische Problem in *Emilia Galotti* sei die allgemeine Verführbarkeit des Weibes.

Erotische Besonderheiten spielen in allen Internaten; welche Form sie annehmen, ist vielfach eine Personenfrage; ein Verderbter kann wie ein Miasma wirken. Die Schädlichkeit dieser Dinge wird von den Pädagogen überschätzt; gesunde Jünglinge schütteln unzweckmäßige Einwirkungen solcher Phasen später leicht wieder ab.

Die meisten früheren Schüler haben ihrer alten Klosterschule die Treue bewahrt; wie wäre es sonst denkbar gewesen, daß in den schlimmen Zeiten nach dem Kriege, als die finanzielle Existenzmöglichkeit auch für Roßleben ins Wanken kam, alte Schüler zur Gründung einer wirksamen Stützungsgemeinschaft zusammentraten; wenn man erwägt, mit wieviel Haß und Bitterkeit sonst an solche Bildungsstätten zurückgedacht wird, erkennt man, daß trotz aller von mir nicht verschwiegenen, eigenartigen Mängel ein großes Plus von dauerndem Reiz über jenen Jahren lag; ich erblicke ihn vor allem in dem von jugendlichem Gemeinschaftsbewußtsein getragenen freien Dasein in Licht und Luft, in dem geringen Maß von schulmeisterlicher Quälerei und der ungehemmten Entfaltungsmöglichkeit fester Freundschaften.

Will man vom pädagogischen Standpunkte aus den erzieherischen Wert von Stadtgymnasien und Alumnaten vergleichen, so muß dabei Voraussetzung sein: gleichartiges Elternhaus und gleiches Niveau des wissenschaftlichen Betriebes; unter dieser Annahme möchte ich sagen: für die Willensstählung, für die Erziehung zur Selbstbeherrschung und Selbstbehauptung, kurz, für die Bildung des Charakters ist ein Alumnat von der Roßleber Art einem Gymnasium weit überlegen; wer z. B. die Roßleber Jahre aufrecht und ungeschädigt durchlebte, hatte schon einen Befähigungsnachweis für das Leben erbracht. Die zweifellos vorhandene Gefährdung der Heranwachsenden auf den Alumnaten wird überschätzt; der innerlich Gesunde trägt keinen Knacks davon; für Jämmerlinge allerdings ist das seelische Klima ungeeignet. Im übrigen gelten diese Betrachtungen Zuständen, wie sie nicht mehr existieren; vor allem haben die lebhaften sportlichen Interessen der Jungmannschaft, die vernünftigerweise begünstigt werden, das ganze Leben der Internate auf eine andere, gesündere Grundlage gestellt.

Ich habe vor einiger Zeit, zusammen mit dem erwähnten *August Nebe*, den 50jährigen Jahrestag unseres Abituriums an Ort und Stelle begangen, auf das liebenswürdigste gefeiert von dem jetzigen Erbadministrator; wir haben wieder eine Homer-Stunde in Prima mitgemacht und, über alle einschneidenden modernen Wandlungen hinweg, den Geist der altersehrwürdigen Stätte lebhaft empfunden; es war ein seltsames Gefühl, in Gestalt der frischen Jungen, bei denen wir saßen, die eigene Jugend mit ihrem Schwung und ihren Torheiten, mit ihren Hoffnungen und Erwartungen, noch einmal lebendig vor sich zu sehen.

Der Student.

... nur Unkraut tragen wir, wenn uns kein Wind durchschüttelt.

Antonius und Cleopatra.

In *Schopenhauers* kleinen Schriften findet sich ein Aufsatz über die anscheinende Absichtlichkeit im Schicksal des Einzelnen; er setzt darin, nicht ohne mystischen Einschlag, auseinander, daß eine dunkle Leitung, klüger als die bewußten Pläne und Absichten, den Menschen zu einem vorbestimmten Ziele führt. Man könnte an so etwas glauben, wenn man am Lebenslaufe der Großen sieht, daß Schwierigkeiten und Umwege, Irrtümer und Selbsttäuschungen schließlich doch die Verfolgung des Weges nicht verhindern, der dem eigentlichen Wesen entspricht. Ein Geheimnis liegt hier nicht verborgen; an ein rätselhaftes Eingreifen der Vorsehung brauchen wir nicht zu denken; die großen Charaktere und Begabungen federn gewissermaßen, wenn sie zeitweise sich selber entfremdet waren, von selbst in die Bahn zurück, auf der ihr tiefstes Fühlen und Wollen, manchmal unbewußt, Befriedigung sucht. Ich glaube, daß Menschen von wirklichem Format sich selber unter allen Verhältnissen durchgesetzt haben; ob sie das Maximum der Wirkung, zu der sie fähig waren, entfalten konnten, das freilich hängt von der Zeit ab, in die sie geboren wurden.

Die alte Streitfrage, ob der Mann die Zeit schafft, oder ob die Zeit die ihr nötigen Männer hervorbringt, ist für die Politik im ersteren Sinne entschieden; es ist ein müßiges, aber reizvolles Geschäft, sich Phantasiebilder vom Laufe der Geschichte zu machen, wie sie ohne *Alexander den Großen*, *Luther*, *Cromwell*, *Friedrich den Großen*, *Bismarck* geworden wäre. Wenn eine noch so gewaltige Natur die Welt nach ihrem Willen formt, so ist ihr eine Dauer ihrer Wirkung doch nur dann beschieden, wenn sie Vollstreckerin einer fälligen Entwicklung war, die nun auch ohne sie weitergehen konnte; eine religionsgeschichtliche These geht dahin, daß *Christi* Auftreten für den Weg des Christentums gar nicht notwendig gewesen wäre; sicher ist, daß die Reformation auch ohne *Luther* gekommen wäre — vielleicht später, zögernd und in anderen Formen; von *Napoleons* Bau blieb — außer dem Code, der seinen Namen trägt, vielen guten Straßen und einer Reihe bürgerlich vernünftiger Einrichtungen — schließlich, trotz der Million Menschen, die er umgebracht hat, nichts übrig. Wir haben es erlebt, daß unser Volk nicht imstande war, das Erbe, das der schöpferische Geist *Bismarcks* ihm hinterlassen hatte, zu hüten; er hatte uns überschätzt; es war noch nicht so weit. Für die mittleren Naturen wird es immer so bleiben, daß ihre besonderen Begabungen sich nicht unter allen Umständen entfalten können, sondern nur, wenn die Stunde sie trägt; es ist eine schmerzliche Vorstellung, daß wohl überall im Verborgenen, unbekannt, Männer leben mit ungenützten Fähigkeiten, ungehobenen Schätzen, die der Menschheit verlorengehen, weil ihre Zeit noch nicht erfüllt ist; die Natur treibt auch hier Verschwendung im Aussäen der Keime.

Die das Leben der Wissenschaft beherrschenden Gesetze sind nicht wesensgleich mit denen, die für die Macher der Geschichte gelten; der Gang der Erkenntnis, die uns das Weltall und unseren eigenen Geist entschleiert, ist nicht so unberechenbaren Sprüngen und Zuckungen untertan, wie die politischen Entwicklungen. Im kleinen dauernd gefördert, wird sie in gewissen Abständen durch besondere Gehirne befruchtet, in denen die Natur sich selber einen neu geschliffenen Spiegel vorhält und eine neue Seite ihres Wesens zum ersten Male sieht; aber nichts kommt hier ganz unvorbereitet, nichts mit paradoxer Jähheit, und für viele Entdeckungen ist es wahrscheinlich, daß sie, wenn nicht heute, so morgen doch gemacht worden wären; dies spricht sich schon in der Häufigkeit aus, mit der große neue Einsichten gleichzeitig mehreren Köpfen aufgingen, wie z. B. das Gesetz von der Erhaltung der Kraft, unabhängig voneinander, *Robert Mayer* und *Helmholtz*.

Neben den großen Förderern betätigt sich die Schar der mittleren und kleinen Arbeiter, die für den Einzelausbau der Wissenschaft unerläßlich sind, aber am Ende ihrer Tage namenlos abtreten, ohne im Strome einen Kielstreifen zu hinterlassen.

Für mich, der ich nicht zu den Pfadfindern und Bahnbrechern gehöre, war, meiner Anlage nach, keine bestimmte Bahn schicksalsmäßig gegeben; ich hätte in der einen oder auch in einer anderen Richtung nützliche Arbeit leisten können; für diese war es schade, daß ich nicht die Einseitigkeit oder Ausschließlichkeit der Interessen gehabt habe, die, der Wirkung nach, bis zu einem gewissen Grade die fehlende Genialität ersetzen kann; für mich hat die Entwicklung des mir beschiedenen Menschentums immer den Vorrang gehabt vor den Arbeitsaufgaben.

In einer normalen Autobiographie müßte ich an dieser Stelle zum wenigsten sagen, daß ich bei meinem Eintritt in die Berliner Universitätsjahre die Absicht gehabt hätte, Universitätsprofessor und Psychiater zu werden, und daß ich alle meine Schritte auf die Erreichung dieses Zieles eingerichtet hätte; es wäre glatt gelogen. Ich habe, als ich das Studium der Medizin begann, keine Ahnung gehabt, was ich eigentlich wollte; den Verlauf des Weges habe ich weder als Phantasiebild noch in Wunschform vor mir gesehen; die ganze Gruppe dieser Vorstellungen lag für mich ebenso, wie für meine Umgebung, außerhalb unseres Anschauungskreises. Ich kann eigentlich nicht einmal genau sagen, was mich zur Medizin zog; in der Familie war auf Sehweite in Generationen nie ein Arzt gewesen; Tradition und Erziehung hätten mich am ersten zur Theologie oder Philologie führen müssen; auch die Schule bot kein Vorbild; es konnten in Roßleben Jahrzehnte vergehen, ohne daß ein Abiturient die Medizin als sein zukünftiges Studium angab. Zwei Dinge waren es wohl, die meine Wahl bestimmten: einmal die von frühester Kindheit an vorhandene Neigung, alle Naturerscheinungen, den eigenen Körper einbegriffen, zu beobachten und jedes Ergebnis mit Freude einzuheimsen, dann

— ein ganz anderes Kapitel — das lyrisch aufgefaßte Bild der ärztlichen Tätigkeit, die damals, lange vor der Zeit der Krankenkassen und der Versicherungen, noch von poetischem Zauber umflossen war; am sonnigen Morgen zwischen Feldern und Wiesen oder beim Schneegestöber im Schlitten über Land zu fahren, an keine Zeit gebunden, niemandem untertan, erwartet, ersehnt, verehrt — das schien mir weit über den anderen Berufsbetätigungen zu stehen, die ich sonst kannte. Worin im einzelnen das Studium bestehen mochte, das zu jenem Ziele führte, war mir unbekannt. Ich entsinne mich genau des verwirrenden und erschütternden Eindrucks, den das Vorlesungsverzeichnis für das Wintersemester 1882/83 auf mich machte. Ich schrieb mir nach meinen Gelüsten die Vorlesungen auf, die ich für reizvoll hielt, z. B. die Chirurgie, bis dann der Arzt meiner Mutter einen nüchternen Plan aufstellte, der bestimmend wurde.

So ging ich denn an einem nebligen Novembermorgen voll Spannung zur Anatomie; das Gebäude lag in dem großen Garten der Tierarzneischule, der sich von der Friedrichstraße bis zur Luisenstraße, ungesehen, hinter der Karlstraße entlang zog; ein träges, mißfarbiges Gewässer, das im Sommer Blasen warf, vermutlich ein Ableger der Panke, durchschlich ihn. Ich traf es nicht gut; mein Semester und schon Generationen vorher haben uneinbringlichen Schaden gelitten, weil *Reichert*, der Institutsdirektor, seit Jahren an Altersschwachsinn litt und zwar in einem Maße, das ihn zum Kinderspott der ersten Semester machte. An seinem Geburtstag wurde die Leiche, an der er im Kolleg demonstrierte, mit Blumen bekränzt; sein Rundgang im Präpariersaal wurde zum Bierulk gemacht; wenn er nach dem Namen eines Nerven fragte und die Antwort erhielt: „das ist der nervus rerum", freute er sich kindisch. Grotesk waren die Szenen, die sich bei der Verteilung der Präparate am Montag morgen abspielten. Wir waren über 500 Präparanten und das Leichenmaterial war knapp, so daß man nicht mit Sicherheit jede Woche auf ein neues Arbeitsobjekt rechnen konnte. *Reichert* nahm persönlich, hinter einem Tische stehend, die

Verteilung vor; wir schrieben mit unserer Nummer auf einem Blatt Papier unseren Wunsch auf und gaben das hin; es waren z. B. 20 Oberschenkel zur Verfügung, es gingen aber 60 Anträge auf Zuteilung ein. Man wünschte natürlich, vom Zufall begünstigt zu werden und half nach; es kam darauf an, die Hand des alten Mannes richtig zu dirigieren; man schrieb auf ein Papier mit Goldrand, und der Greis griff danach, weil es ihm auffiel, oder man machte ein Gedicht, das er dann auf allgemeinen Zuruf vorlesen mußte, oder man bestimmte irgendwie einen der in der ersten Reihe Sitzenden, daß er ihm den Zettel direkt in die Hand steckte. Der Mangel an Zucht von oben her wurde auch nicht durch die nachgeordneten Organe ersetzt, so daß die straffe Unterweisung, das bei der Stange halten der Füchse, das in der Anatomie unerläßlich ist, ausblieb.

Nach meinem zweiten Semester war das Maß voll; das Ministerium griff ein und enthob den als Professor unabsetzbaren *Reichert* der Institutsleitung, zu der *Waldeyer* aus Straßburg berufen wurde. Der Alte fand den richtigen Ausgang nicht und hielt weiterhin in einem kleinen, ihm überlassenen Raume einen histologischen Kurs; wie sehr sein Denken um die verhaßte Person des Eindringlings kreiste, erkannten wir, als er eines Tages erregt das Zimmer mit den Worten betrat: „er hat mir sein Bild geschenkt"; er setzte voraus, daß „er" auch für uns nur *Waldeyer* sein konnte. Mit diesem zog ein neues Leben ein, und mein zweiter Winter im Präpariersaal verlief nicht so fruchtlos wie der erste.

Mit Konsequenz und größtem Interesse besuchte ich die physiologische Vorlesung von *du Bois-Reymond*, der damals auf der Höhe seines, inzwischen etwas verblaßten, Ruhmes stand. Er hatte in seiner Art etwas, was den Gedanken an die Möglichkeit einer vertraulichen Annäherung sofort ausschloß. Ein gewisses Dauerpathos lag über jeder seiner Bewegungen und in seiner Sprechweise, von der mir später klar wurde, daß sie den Klang des bei seiner Herkunft natürlichen Genfer Französisch trug; er sagte z. B. niemals „aber", mit dem akustisch nicht viel anzufangen war, sondern „allein" und sprach dies so aus: „alleinnn“. Seine Experimente, die auf das peinlichste vorbereitet waren, zelebrierte er, wie ein Priester am Altar die Messe, mit gehaltenen, würdevollen Bewegungen. Diese ruhige Zurückhaltung unterschied sein Auftreten von dem *Kuno Fischers*, mit dem es sonst Ähnlichkeiten hatte. Wenn er zum Nachweis des Rhodankaliums im Speichel in ein Reagenzglas, ich denke mit Eisenchloridlösung, spuckte, drehte er sich vorher sorglich um; ein spukkender *du Bois* war kein Anblick für uns. Er hinkte und stützte sich in der Vorlesung beim Stehen mit einem Arme auf, wohl um sein Bein zu entlasten. Er hatte eine ungewöhnliche Art, dem Anfänger klare Anschauungen der ihm fremdartigen Vorgänge im Körper zu vermitteln, teils durch sorgfältig bedachte wirksame Wandtafeln, teils durch Verwendung plastischer Bilder und Wendungen im Vortrage, die haften blieben. Ein für ihn charakteristischer Vergleich ist mir noch in Erinnerung, den er brachte, um das verschiedene Tempo des Blutkreislaufs in Arterien und Kapillaren deutlich zu machen: „Sie haben sich mit einem Schweizer Freund zu einer Reise ins Gebirge verabredet; für das einzelne Blutkörperchen, das Sie sein sollen, ist die Fahrt im Schnellzug von Berlin nach Luzern der arterielle Teil des Weges, Ihre Fußwanderung über Berg und Tal aber entspricht dem langsamen kapillaren Kreisen.“ Er buk viele Rosinen in seinen Teig, die ihm bei dem hohen Stande seiner allgemeinen Bildung mühelos zur Verfügung standen; von ihm hörte ich zuerst „von *Goethe*s wütendem Haß auf Brillenträger“ und von dem (das Wort Brille vordeutenden) geschliffenen Beryll, durch den *Nero* den Gladiatorenspielen zuschaute; er erklärte uns auch, daß der Mythus vom blauen Blut auf dem Besitze „der feinen Haut der erlauchten Rassen“ beruhe, durch die man Venen schimmern sieht, die bei einem gewöhnlichen Fell unsichtbar bleiben.

Den Glanz seiner getragenen Beredsamkeit entfaltete er in der großen öffentlichen Vorlesung, die er in einer Abendstunde im Baracken-Auditorium „über einige Ergebnisse der neueren Naturforschung“ zu halten pflegte; wir jungen Kerle waren höchlichst begeistert und zitierten seine zugespitzten Formulierungen; im Rückblick will es mir scheinen, als ob seine Triumphe dank dem Niveau der meist jugendlichen, zum Teil auch laienhaften Hörer, etwas zu billig gewesen wären; es befriedigte ihn sichtlich, wenn er sich, um auf den Katheder zu gelangen, mit melodiösem „Pardon" durch die Mauer der stehenden Hörer durchwinden mußte. Für meine Einführung in die Medizin bin ich ihm zum größten Danke verpflichtet; er war ein ganz ausgezeichneter Lehrer und ein geistvoller Mann, im Vollbesitze der akademischen Schmuck-Gaben, die von denen geschmäht werden, denen sie versagt sind.

Sein Freund *Helmholtz* vermochte uns nicht in gleichem Maße mitzureißen; von seiner Jahrtausend-Bedeutung hatten wir erste Semester natürlich keine Ahnung; für uns war er ein etwas trockener Dozent, der selbst ersichtlich wenig Freude an dieser Art von Tätigkeit hatte; er hatte mit seinem melancholischen Gesichtsausdruck etwas Bedrückendes. Es war eine unsinnige Vergeudung, diesen Geist an eine Unterrichtsfronde zu binden, bei der sein Bestes gar nicht zur Geltung kommen konnte; er hat sie dann auch bald abgestreift, als er die Leitung der physikalisch-technischen Reichsanstalt übernahm. Ich habe vor kurzem in dem Briefwechsel *du Bois-Reymond—Ludwig* mit Überraschung gesehen, daß dieser in jüngeren Jahren nicht *Helmholtz*, sondern *du Bois* für den größeren Naturforscher hielt; die Geistesgeschichte hat dieses Urteil korrigiert. Seine Vorlesung habe ich nur kurze Zeit besucht.

Das gleiche muß ich leider für das große chemische Kolleg von *A. W. Hofmann* bekennen, der, soviel ich weiß, für die Entwicklung der Kenntnis der organischen Verbindungen ein großer Förderer gewesen ist. Ich war infolge des Fiaskos meiner Nichtaufnahme in die Pépinière und des Schwankens, was mit mir werden sollte, überall mit meiner Anmeldung zu den praktischen Vorlesungen zu spät gekommen und saß auch bei *Hofmann* so weit hinten, daß mir die Anschauung nicht zu Hilfe kam; ich verlor das Interesse, ehe es angefangen hatte. Auch späterhin habe ich zur Chemie kein richtiges Verhältnis gewinnen können, für die man, wenn man es darin zu etwas bringen soll, begabt sein muß, wie für Musik oder Mathematik (diese Sonderbegabung ist, wie ich gelegentlich erlebt habe, keine Garantie für Höhe des allgemeinen geistigen Niveaus). Das landläufige Prüfungspensum natürlich kann ein fleißiger Student sich in jedem Falle aneignen.

Hofmann, ein gütiges Silberhaupt von sehr freundlichen Manieren, die auch gegenüber Mißgeschicken seines Vorlesungsassistenten nicht versagten, hantierte mit einer Art von Zärtlichkeit an seinen Retorten und Röhren; die Besonderheit des chemischen Experimentalkollegs, bei dem man gelegentlich auf das Eintreten einer Reaktion warten muß, hatte ihn zu einer eigenartigen Gewohnheit im Gebrauche von Füllworten geführt; er wollte, wenn die angekündigte Farbe im Reagenzglase nicht gleich erschien, keine Pause im Vortrag eintreten lassen und sagte dann z. B. in steigendem Tempo und immer lauter: „und nun haben wir — — haben wir — haben wir, haben wir, haben wir — blau“. Er gewann die Herzen seiner Hörer auch mit studentischen Mitteln; die Kompression der Gase zu Flüssigkeiten war damals neu; als die Kohlensäure behandelt wurde, stand einer der bekannten granatförmigen Eisenzylinder mit flüssiger Kohlensäure neben seinem Tisch und daneben ein Faß Bier, das unter Kohlensäuredruck an die Hörer ausgeschenkt wurde, um die Wirkung der neuen Bierpressionen für die Gastwirtschaften anschaulich zu machen. — In einer Vorlesung über organische Chemie bin ich nie gewesen.

Zoologie zu hören war nicht üblich; ich weiß nicht einmal, wer damals Vertreter des Faches war; zu diesem Schlendrian verführte die Bestimmung, daß im Physikum die Fächer Zoologie und Botanik zwar eigne Noten bekamen, daß es aber genügte, in einem von beiden eine 3 zu haben; 3,5 galt noch als genügend. Auch Botanik hörte ich nicht; der Botaniker *Schwendener* las sein Kolleg in der Universität; die einzige Stunde, die ich aushielt, galt der mathematischen

Konstruktion von Pflanzentypen, die mir, da ich vom Leben zu hören erwartet hatte, entsetzlich öde vorkam und es vermutlich auch war.

Es wird mir, da ich diese Dinge aneinanderreihe, in erschreckendem Maße klar, in wie unverantwortlicher Weise ich diese ersten vier Semester verludert habe; außer der Vorlesung von *du Bois* und einem Semester Anatomie bei *Waldeyer* habe ich nichts ernstlich getrieben; diese Mängel der Ausbildung in den naturwissenschaftlichen Fächern sind mir lebenslänglich nachgegangen. Zu einer gewissen Entlastung sage ich mir als alter Dozent, daß eine persönlich andere Art des Unterrichts mich doch wohl bei der Stange gehalten hätte; aber ich war unberaten, führerlos, wegen Geldmangels keiner Korporation angehörig, jugendlich unreif und durch ablenkende andere geistige Interessen in Anspruch genommen; verloren waren jene Jahre nicht. Ich habe ungeheuer viel gelesen mit einer Beharrlichkeit, die mir beim Fachstudium fehlte — hintereinanderweg den ganzen *Scott*, *Bulwer*, *Dickens*, *Willibald Alexis*, *Gustav Freytag*, *Stifter*, *Spielhagen*, *Turgenjew* usw., vor allem aber an Lyrik, was mir erreichbar war. Außerdem hörte ich Vorlesungen geschichtlichen Inhalts, *Droysen*, *Mommsen*, *Treitschke*; namentlich dieser war auch als Dozent höchst eindrucksvoll. Später, als ich seine Bücher las, sah ich immer sein finster leuchtendes Gesicht mit den blitzenden Augen vor mir; der Kopf wirkte, als wäre er aus einem alten holländischen Gemälde ausgeschnitten und schien eine breite gefältelte Halskrause zu fordern; vor kurzem sah ich im Kaiser-Friedrich-Museum wieder einmal die *Rembrandts*; vor dem Bilde des „Predigers Anslo mit der Witwe“ befiel mich das quälende Suchen nach einer Erinnerung, die nicht kommen wollte, bis mir plötzlich aufging, daß das ja *Treitschke* ist, der dort sitzt. Er war 1883 schon absolut taub und hatte die Schätzung für die akustischen Notwendigkeiten der Rede verloren; sein Vortrag war eine Art von Heulen ohne Punkt und Komma in einem wellenförmigen Rhythmus, der aber dem Sinn der Sätze nicht parallel ging; es dauerte eine Weile, bis man ihn verstand. Bei seiner Begeisterung für seinen Stoff merkte er nicht, wenn seine Zeit um war; die Universitätsuhr hörte er nicht, und so kamen seine Hörer auf den Ausweg, um zwölf ihre Hefte zuzuschlagen, und dieser optische Eindruck war das Signal zum Schließen. Es machte uns Eindruck, als er bei Erörterung des Ausbleibens englischer Hilfsgelder für *Friedrich den Großen* nach temperamentvollen Betrachtungen über das „perfide Albion" einen Satz brachte, den die der Universität gerade gegenüber wohnende *Kronprinzessin Friedrich* besser nicht hörte: „Eines hoffe ich noch zu erleben, daß einmal ein deutsches Heer vor London steht und den Pfefferkrämern die Beutel abschneidet." Sein rhetorischer Schwung wurde von einer Mimik begleitet, die ihn wie einen alttestamentlichen Propheten wirken ließ.

Auch in archäologische Vorlesungen habe ich hineingeblickt. Es gab ein archäologisches Stipendium, das die Witwe des Stifters, eine Generalin *v. Gansauge*, nach ihrer Wahl vergab, vorausgesetzt, daß der Bewerber die Bedingungen erfüllte; ich sollte das Stipendium haben — 800 Mark, eine ungeheure Summe; eines Morgens machte ich mich auf, um mich bei Professor *Robert* der vorgeschriebenen Prüfung zu unterziehen. Ich hatte mich am Abend vorher in *Lübkes* Kunstgeschichte tapfer umgesehen und schnitt leidlich ab, jedenfalls genügend, um das Stipendium zu bekommen. In der großen Rotunde des alten Museums grüße ich jedesmal im Vorbeigehen Marmorfiguren, die in jener bedenklichen Stunde eine Rolle spielten.

Für meine Lesestunden standen mir in der warmen Jahreszeit alle Bänke des Tiergartens zur Verfügung, vor allem aber der Garten des *Prinzen Albrecht*, der sich von der Wilhelmstraße bis zur Königgrätzer Straße die ganze Anhaltstraße entlang erstreckte; die Mitglieder der Familien einiger alter Offiziere hatten die Erlaubnis, den sonst geschlossenen Garten zu benutzen. Man war dort immer allein, und ich habe dort mit meinen Büchern gute Stunden verbracht; das an die Mauern anbrandende Tosen der großen Stadt wirkte nur als Steigerung der Einsamkeit.

Die Einwohnerzahl Berlins erreichte damals die erste Million; die Stadt war ein junger Riese, der seine rasch wachsenden Glieder wohlgefällig dehnte; an dem Bewußtsein des unaufhaltsamen Aufwärts nahm der einzelne mit einem Gefühl der Gehobenheit teil.

Noch gab es nur Pferdebahnen; zu der ältesten Linie Kupfergraben—Charlottenburg war die schon erwähnte Ringbahn getreten, in der man fuhr, wenn man einem Besuche aus der Provinz mit der Ausdehnung der Stadt imponieren wollte. Die Stadtbahn, deren Bögen dann die ersten altdeutschen Bierstuben mit Butzenscheiben aufnahmen, war noch jung; in Lichterfelde fuhr ich mit der ersten elektrischen Probebahn von einem Kilometer Länge, die *Siemens* konstruiert hatte. Elektrisches Licht tauchte zuerst in der Leipziger Straße auf, die vom Potsdamer Platz bis zur Friedrichstraße von Bogenlampen auf hohen Masten unerhört beleuchtet wurde; man richtete gern seinen nächtlichen Heimweg so ein, daß man des dramatischen Momentes des Erlöschens um Mitternacht teilhaftig wurde. Der Grunewald war noch nicht von den Steinzähnen der Stadt angefressen; die Kette der Seen von Hundekehle bis Wannsee bot noch den eigenartigen Sonnenzauber des märkischen Kiefernwaldes, den *Leistikow* der Welt zum Bewußtsein brachte, als er in der Umgebung von Berlin schon am Erlöschen war. Charlottenburg hatte damals noch nicht alles Grundwasser der Gegend weggesaugt, und wo heute Schilf und Sumpf ist, blitzten blaue Wasserflächen. Im Wilmersdorfer See, zu dem man mit der Eisenbahn hinausfuhr, wurde geschwommen; ich sah ihn neulich nach fünfzig Jahren wieder — eine flache, schmutzige Mulde inmitten der Stadt; es gelang mir nur mit Mühe, meinen Jünglingsleib in Badehosen von weiland an die richtige Stelle zu projizieren.

In der Leipziger Straße konzertierte allabendlich *Bilse*; er war der Schöpfer der populären Sinfoniekonzerte; der Eintritt kostete 75 Pfennige; man trank Bier, aber die Musik war gut. Es erregte schmunzelndes Aufsehen, als der durch den Besitz glänzenden schwarzen Haares ausgezeichnete Dirigent nach der Sommerpause mit schneeweißem Haupte erschien. Man konnte es symbolisch nehmen; seine Glanzzeit war vorüber; ein Teil seiner Musiker verließ ihn und machte sich selbständig; nach ihrem Lokal in der Bernburger Straße heißen sie noch heute die Philharmoniker; auf dem Podium dort war es, wo *Hans von Bülow* — einige Jahre später —, als ihm Graf *Hochberg*, der Intendant der königlichen Schauspiele, das Betreten des Opernhauses verboten hatte, auf dem Klavier zum Jubel des Publikums intonierte: „Will der Herr Graf ein Tänzchen wagen"; hier war es auch, wo er mit einem seidenen Taschentuch seine Lackschuhe abstaubte, weil der junge Kaiser die Mißvergnügten in Deutschland ersucht hatte, „den Staub von ihren Pantoffeln zu schütteln".

An Theatern gab es neben den beiden königlichen nur wenige, aber sie waren immer voll. Im Residenztheater war *Alexander*, der unsterbliche Komiker, der Held der feineren französischen Posse, im Wallner-Theater entzückte *Ernestine Wegner* als jüngster Leutnant; im Centraltheater in der alten Jakobstraße gab *Adolph Ernst* seine Berliner Schwänke; ich habe ihn dreißig Jahre später auf einer Mittelmeerreise an der afrikanischen Küste getroffen und ihm für die vergnügten Stunden gedankt, die er mir geschenkt hat; ich erfuhr bei diesem Gespräche eine mich psychologisch interessierende Tatsache; ich fragte ihn, wie er es ausgehalten hätte, hundertmal, zweihundertmal nacheinander dieselbe Rolle zu spielen, und er setzte mir auseinander, daß das gar nicht so schlimm sei, weil es jedesmal ein anderes und in anderer Weise empfängliches Auditorium sei; der entgiftende Reiz liege darin, diese Unbekannten, die nicht so reagierten wie die vorigen Unbekannten, jedesmal wieder zu gewinnen und in den Bann zu schlagen. Lessing-Theater, Deutsches Theater existierten noch nicht, und das Königliche Schauspielhaus hatte keine Konkurrenz, die es übrigens bei seinen ausgezeichneten Kräften nicht zu scheuen brauchte; das *Shakespeare*sche Lustspiel habe ich nie wieder in der Vollendung gesehen wie mit

Vollmer, *Oberländer* und der *Frieb-Blumauer*. Die Oper stand im Zeichen *Albert Niemanns*, des Tannhäusers in der ausgepfiffenen Pariser Aufführung unter *Wagners* Leitung. *Niemann* war wohl, wie auch aus seinem Briefwechsel mit *Wagner* hervorgeht, kein bequemer Sänger; auf dem Theaterzettel stand er immer „a. G.“; man konnte ihn nur im Gastverhältnis, das ihm alle Freiheit ließ, halten; es war das in Anbetracht der straffen preußischen Organisation dort ein seltenes Zugeständnis. Seine Stimme zeigte nur noch zeitweise den alten Glanz; aber er faszinierte immer wieder durch die Genialität seiner Gestaltung der Rolle; er ist auf Jahrzehnte hin der einzige singende Schauspieler geblieben, der imstande war, mir den echten dramatischen Schauer über den Rücken rieseln zu lassen; erst *Baklanoff* hat das wieder vermocht. *Niemann* war mein erster Tannhäuser, Siegmund, Tristan, Lohengrin; ich habe diese Rollen viele Jahre lang von anderen nicht mehr sehen mögen, und wenn ein Tannhäuser gut war, spielte er *Niemann*. Heute würde es fremdartig wirken, wenn Lohengrin mit wehendem blondem Vollbart aufträte; *Niemann* weigerte sich mit Erfolg, sich seine männliche Zierde abnehmen zu lassen. Er war ein Hüne von Wuchs mit einem für die Bühne vorbestimmten Kopfe; ich glaube nicht, blaue Riesenaugen, die so funkeln konnten, je wieder gesehen zu haben. Ich war ihm oft ganz nahe; denn ich bin neben ihm aufgetreten; eine ganze Reihe von Opern habe ich zuerst als Statist von der Bühne aus erlebt. Einmal bin ich sogar einer persönlichen Anschnauze *Niemanns* gewürdigt worden: der Schwan erschien, herangekurbelt von einem Arbeiter, der unter ihm auf einer Matratze lag; Lohengrin stieg aus; wir tauschten unpassenderweise Bemerkungen aus über die Matratze, und unmittelbar, ehe der Sänger anhub: „Nun sei bedankt . . .“, hatte ich ein „halt's Maul, Kerl“, am Kopfe. Im Porzellanladen von *Krüger* in der Alexanderstraße schrieb man sich, sobald der Spielplan erschienen war, für Abende der kommenden Woche ein; an Sold gab es 40 Pfennige; man verzichtete auf die Auszahlung zugunsten des Statisten-Chefs, der als Gegenleistung duldete, daß man sich in den Kulissen herumdrückte, auch wenn man nicht „beschäftigt“ war.

Der Ankleideraum für uns 20 oder 50 Männerchen war gemeinsam, hoch oben unterm Dach, heiß und staubig; die alten Trikots waren fettig und schmierig, aber es galt der Kunst; den Befehl, die Unterkleider abzulegen, überhörten wir — auch a conto der 40 Pfennige. Vor der Tür stand ein Mann mit einer Zigarrenkiste voll rötlicher Schminke; mit einer Hasenpfote fuhr er jedem zweimal durchs Gesicht, und so trug man seine roten Backen vergnügt zur Bühne. Von der heutigen Gestalt der Szene war noch keine Rede; es gab fast nur Hintergrund und Kulissen. Die Beleuchtung erfolgte durch die Gaslampen der Rampe, von denen man aber immerhin so geblendet wurde, daß der Zuschauerraum wie eine große schwarze Höhle wirkte, in der man mattweiße Kreise als Gesichter vermuten konnte; fand unser Auftreten den verdienten Beifall, wurde die Höhle plötzlich heller von dem Weiß der zweitausend Hände, die sich zum Klatschen erhoben. Im ganzen war man als Statist dahinten in dem etwas mitleidslosen Klima nicht sehr beliebt, auch wenn man sich korrekter benahm als mein Freund *Paul Lueg*, der sich in der Oper *Aida* vergriff und die Primadonna Frau *Sachse-Hofmeister* in den Arm kniff statt einer Choristin; es war entschuldbar, denn sie waren alle braun angestrichen, aber sein künstlerisches Wirken nahm doch ein jähes Ende. Den Taktstock für mich schwang *Radecke*, der Komponist der populär gewordenen Weise zu „aus der Jugendzeit“. Ich habe nach Jahrzehnten vom Parkett aus, dessen Besuch damals ein ferner Traum war, mit Rührung die Bretter betrachtet, auf denen ich einmal sogar eine größere Rolle zu spielen hatte; ich mußte ein Fähnlein Kriegsknechte über die Szene führen, eine Leistung, die in der vorausgehenden Pause besonders geprobt worden war. Kurz vor dem Kriege habe ich den über achtzig Jahre alten, ungebrochenen Riesen *Niemann* noch einmal in Norderney wiedergesehen und mich bei ihm, unter anderem auch für die verdiente Anschnauze, bedanken können, an die ich oft gedacht habe, wenn mich bei feierlichen Gelegenheiten ein Gelüst zum Schwatzen mit dem Nachbar anwandelte: halt's Maul, Kerl.

An dem Berliner Gesellschaftsleben jener Epoche hatte ich natürlich keinen Anteil, abgesehen von ein paar Bällen, vor denen ich Angst hatte; in Betracht kam nur gelegentliche Zulassung zu offenen Abenden in Häusern, zu denen meine Patentante, *Adelheid v. Renouard*, eine gescheite, originelle und charaktervolle Dame, die Brücke schlug; ich weiß nicht, ob *Fontane* sie gekannt hat, ich möchte es fast glauben; *Adelheid*, die Schwester des alten *Stechlin*, ist ihr in vielen Zügen ähnlich, insbesondere in der eigenartigen Gewalttätigkeit ihrer Liebe. Eine Reihe interessanter Erscheinungen ist mir von den Tees der erwähnten Generalin *v. Gansauge* in Erinnerung geblieben, Maler, Bildhauer, der Philosoph *Lasson*, vor allem aber der Prediger *Büchsel*, der, wie andere Kanzelredner, in Gesellschaften einen Kranz aufhorchender Damen um sich sah. *Büchsel* war sehr populär, nicht gerade im Stile von *Abraham a Santa Clara*, aber doch in verfeinerter Annäherung an seine Art. Einmal hatte er erzählt, wie *Niemann* ihn zu einem Taufessen bei sich eingeladen hatte; der Stand der Bühnenleute war damals noch von einem grundsätzlichen Nimbus der Verderbtheit umwoben; man nahm es moralisch, als *Bismarck* den netten Einfall hatte, sich mit der *Lucca* photographieren zu lassen; die vorgestreckten Damenköpfe hofften auf kitzelnde Einzelheiten aus *Niemanns* Hause; *Büchsel* stellte aber ihre Neugier kalt mit der trockenen Bemerkung: „das Essen war jut." Das Gespräch kam auf die Frage, ob ein Christ das Theater besuchen dürfe; *Büchsel* sagte behaglich: „Ich finde nichts dabei; aber für meine Person — wenn ich denke, mich rührt der Schlag im Theater, und wenn ich oben ankomme, fragt der liebe Gott: ‚na, Büchsel, wo kommste denn her?' und ich soll sagen: aus dem Bettelstudenten, das wäre mir doch genierlich." Leute dieser Art irren sich manchmal in der Tragfähigkeit der Objekte ihrer launigen Anwandlungen; ein junger Theologe, *Klix*, meldete sich, vermutlich zu einer Prüfung, bei *Büchsel*, der seine Papiere nahm und sagte: „*Klix? Klix, Klax, Klux*", worauf der junge Mann mit den Worten: „Ich empfehle mich Ihnen, Herr *Büchsel*, Herr *Bachsel*, Herr *Buchsel*", ihm (und dann auch der Theologie) den Rücken zeigte; er ist ein bekannter Schulmann geworden; dem Alten war die *Goethe*sche Weisheit nicht gegenwärtig, daß der Name eines Menschen ein Besitz ist, so empfindlich wie die eigene Haut.

Der Kreis der Verehrerinnen, der sich um einen anderen Kanzelredner, den Domprediger *Kögel*, scharte, nahm *Büchsel* nicht ganz für voll. *Kögel*, der in hoher Gunst beim alten Kaiser stand und alle höfischen Taufen, Trauungen und Sterbefälle mit seinem Segen weihen mußte, war eine vornehme, schlanke Erscheinung von kühler Zurückhaltung; *Büchsel*scher Bemerkungen wäre er nicht fähig gewesen; er hatte die feine Art hoher römischer Würdenträger, aber eingetaucht in protestantische Herbigkeit. Er war Dichter — über den Friedhof der Namenlosen in Helgoland hat er ein schönes Gedicht geschrieben — und seine Prosa war von vollendeter Meisterschaft. Der Kaiser besuchte nur die *Kögel*schen Predigten, die schon wegen der Ermüdbarkeit des alten Herrn nicht lang sein durften und nie mehr als 20 Minuten dauerten. Ich habe an *Kögel*s Beispiel das Verhältnis von Kürze und Wirkung einer Rede beobachtet, und seine zusammendrängende Technik ist mir später ein Vorbild gewesen; er wußte, wie richtig der banal klingende *Vischer*sche Satz ist: „eine Rede ist keine Schreibe", eine Einsicht, die den meisten nicht zugänglich ist, die am Schreibtisch den Wortlaut formulieren. Ihn zu hören, war, ganz unabhängig von der Erbauung, die bei mir nicht eintrat, ein ästhetischer Genuß, auch wenn man nicht an den schlimmen Typus der Kanzelredner — ich nenne sie die Täuscher — dachte, die nach 30 Minuten sagen: „ich komme zum Schluß", nach 40 Minuten: „noch eins, meine Lieben", und nach 50 Minuten: „und nun noch ein allerletztes." *Kögel* brachte gern tönende Antithesen, denen zuliebe er manchmal die Grenze des (literarischen) Geschmacks streifte: „So ward aus Morgenröten und Abendröten, aus Morgengebeten und Abendgebeten ein neuer Tag."

Die Stätte seines Wirkens war der alte Dom, der an der Stelle des jetzigen Prunkbaues stand und sich in seiner Schlichtheit zu dem jetzigen Gebäude verhielt wie der alte Kaiser zu seinem Enkel; das Schönste an den Gottesdiensten waren die Darbietungen des damals schon berühmten Domchors mit seinen Knabenstimmen; die Wirkung wurde dadurch gehoben, daß die Stimmen der unsichtbaren Sänger durch ein goldenes Gitter drangen. Da für meine Patentante der Eingang zum Himmel durch den Dom führte, und da nur *Kögel* den Schlüssel besaß, war ich auch, obgleich Schüler in Roßleben, dort konfirmiert worden. Neben *Kögel* wirkte *Stöcker*, vom alten *Wilhelm* ebenso abgelehnt, wie geschätzt vom jungen, ein Mann im Besitze mächtiger demagogischer Talente, verdienstlich in sozialen Fragen; er spielte auch eine Rolle in der antisemitischen Welle, die damals durch Deutschland zog. *Bismarck* hielt den ihm unsympathischen „Priester“ politisch klein; er hat sich später bei *Bismarcks* Sturz zu rächen versucht.

An der Politik hatten wir als Studenten wenig Interesse; die Politisierung dieser Jahresringe ist eigentlich erst durch die Herabsetzung des Wahlalters von 25 auf 20 Jahre eingetreten; *Bismarck* war da, und damit gut. Die Stimmungen, die 1870/71 erzeugt hatte, waren noch nicht abgeklungen. Vormittags sah man am Eckfenster seines Palais den alten Kaiser mit freundlich geneigtem Haupte stehen und einem Vortrage zuhören; den tiefer stehenden Vortragenden sah man nicht, aber es konnte ja immerhin sein, daß es *Moltke* oder *Bismarck* war, und so freute man sich an dem Bilde. —

Schließlich kam die Zeit des Physikums heran; wollte ich im Stile einer bekannten eitlen medizinischen Selbstdarstellung schreiben, würde ich sagen: „Ich habe nie etwas gearbeitet; das Physikum bestand ich natürlich mit Note I“; beides wäre falsch; ich hatte im letzten Momente etwas gearbeitet und kam leidlich durch. Zur Vorbereitung in Botanik diente mir das Buch, aus dem meine jüngeren Schwestern in der Töchterschule ihr Wissen bezogen, für Physik mein altes zerledertes Schulexemplar des braven *Jochmann*. Schlimm ging es in Chemie. *Hofmann* hörte schlecht, und so war es üblich, daß bei der öffentlichen Prüfung ein Chemiker sich hinter den Examinator stellte und die Antworten flüsternd vorsagte; darauf verließ man sich. Nun fügte es der Teufel, daß *Hofmann* sich einen Fuß verstauchte und in seiner Wohnung prüfte, wo wir 12 Jünglinge mit ihm allein waren. Mein auf diesen Schreckschuß hin am Tage vor dem Termin begonnenes Studium der organischen Chemie hatte nicht genügt, und es ging mir schlecht. Ich höre noch heute die erste Frage: „Was können Sie mir über die verschiedenen Darstellungsarten der Merkaptane sagen?“ Ich hatte das Wort nie gehört, und es dauerte lange, bis sich von einem entfernt Sitzenden, der etwas davon wußte, die Schlagworte: Alkohol — Schwefel zu mir durchgeflüstert hatten. *Hofmann* hatte unsere Namensliste vor sich liegen und malte nach jeder Antwort eine Note; natürlich starrte man auf das mitleidslose Additionsexempel und rechnete aus, ob es reichen würde. Als er bei mir zur verdienten Schlußnote 4 ausholte, faßte ich mir ein Herz und bat ihn, mich doch noch etwas aus der anorganischen Chemie zu fragen; er hatte Glück, ich hatte Glück; er ließ mich laufen, und ich hatte die einzigen unangenehmen Examensminuten meines Lebens hinter mir. Ihre Nachwirkungen im Unterbewußtsein waren gering; ich habe nie vom Examen geträumt; sie haben aber die bewußte Nachwirkung gehabt, daß ich, als ich selber prüfte, nie das einfühlende Verständnis für den Seelenzustand meiner Opfer verloren habe; es gehört zu meinen wenigen Ruhmestiteln, daß ich mir den Ruf erwarb, ein gerechter Examinator zu sein.

Der leidliche, in Anatomie und Physiologie sogar sehr gute Ausgang des Physikums brachte mich mir selber gegenüber wieder in Ordnung; ich hatte mich in den vorausgehenden Semestern, in denen ich mich fatalistisch treiben ließ, schon aufgegeben; ich sah wieder festes Land und war auf ernste Arbeit gestimmt; Gelegenheit dazu fand sich in Heidelberg, wo für mich eigentlich das Studium erst begann.

Ein 30 Jahre älterer Vetter, *Adalbert Merx*, Sohn der erwähnten *Eulalia*, war dort Orientalist; als Kandidat der Theologie hatte er in einer Notzeit im Hause meines Vaters Unterschlupf gefunden und gab nun die Wohltat an die nächste Generation weiter; er lud mich ein, in seinem Hause zu wohnen, und so wurde die Übersiedlung an den Neckar möglich. Ich kam mit dem Berliner Kollektivdünkel meiner 19 Jahre in Süddeutschland an; erst später verstand ich die Bedeutung und die Berechtigung des halb entrüsteten, halb mitleidigen Blickes, mit dem mich in Gesellschaft ein alter Professor von der Seite musterte, als ich beim Ferienbeginn erklärte, ich freue mich darauf, in Berlin wieder einmal in die Kultur zu kommen.

Meine studentische Erziehung übernahm eine Verbindung, der ich beitrat, meine geistige in einer mir zunächst sehr unbequemen Weise der Hausherr. *Merx* war ein Mann von ungewöhnlich breitem Wissen, dessen Besitz er gerne auch einmal schillern ließ, ein kluger, an *Kant* geschulter, kritischer Kopf von mitleidsloser Schärfe, wenn es der Wahrheit galt; er ließ mir kein vorschnelles Urteil, keine logische Verschwommenheit, keine Unklarheit durch; in manchmal sokratischer Manier brachte er mir im täglichen Verkehr die allgemeinen Denkprobleme des Menschengeschlechts nahe und förderte mich so mehr, als es das Hören philosophischer Vorlesungen vermocht hätte. Ich habe ihn zeitweise gehaßt, wie wohl ein Bäumchen den Gärtner hassen mag, der es in zweckmäßiger Weise beschneidet, später aber seine harte Schule als segensreich anerkannt. Sie war auch nützlich bei der Richtigstellung der dem jungen Mediziner besonders naheliegenden Überschätzung der Augenblicksergebnisse in seiner Fachwissenschaft, zu der jene Epoche besonders leicht verführen konnte: die operative Technik schien, nachdem ihr die Antiseptik geläufig geworden war — die Aseptik kam erst später — keine Grenzen mehr zu kennen, und die Schlag auf Schlag folgenden Entdeckungen der Krankheitserreger rückten für uns die Beseitigung der Infektionskrankheiten scheinbar in unmittelbare Greifweite.

Neben den propädeutischen klinischen Vorlesungen arbeitete ich zunächst — in Erfüllung eines dem guten *A. W. Hofmann* gegebenen Versprechens — ein Semester im chemischen Laboratorium von *Bunsen*; es stellte sich bald heraus, daß diese Unternehmung ihren Zweck nicht erfüllte. Es gab keine Kurse für Mediziner, und so machte ich nur das erste der für Chemiker vorgesehenen sieben Semester durch, beschäftigt mit Flammen-Farb-Reaktionen am Bunsenbrenner und elementaren anorganischen Analysen; irgendein Überblick war auf diesem Wege nicht zu haben; der einzige Gewinn war die Bekanntschaft des auch persönlich sehr originellen Entdeckers der Spektralanalyse, der sich damals mit *Kuno Fischer* in den Ruhm teilte, Träger der meisten Professorenanekdoten zu sein; *Bunsens* Ruhm war der feinere. Es war augenscheinlich Schicksal, daß es mit meiner Chemie nichts werden sollte.

Die medizinische Fakultät war damals ausgezeichnet besetzt. Anatom war *Gegenbaur*, der von der Entwicklungsgeschichte ausging und zuerst an die Stelle der beschreibenden Darstellung des Körperbaus die verstehende setzte; sein in mühsamem Stile geschriebenes Lehrbuch verdrängte damals das liebenswürdige, frivol-anekdotenhafte von *Hyrtl*. *Gegenbaur* war ein schwerer Bayer von gründlicher Verachtung aller Formen und Redensarten, abhold jeder „Gschaftlhuberei“, zu der er schon die Teilnahme an akademischen Sitzungen rechnete; er wurde gefürchtet wegen seiner durchdringenden Gradheit, aber er war ein schlichter, gerechter Mann.

Anders als Persönlichkeit war der Physiologe *Kühne*, aufgeschlossen, umgänglich und beweglich trotz seiner Körperfülle, die der Vermutung Raum ließ, daß er sich bei seinen berühmten Diners mit Hamburger Aalsuppe nicht streng auf die Rolle des Gastgebers beschränkte; er war *Shakespeare*-Kenner und war liebenswürdig genug, sich mit mir, als er meine Sachkunde auf diesem Gebiet erkannte, einen ganzen Abend herumzustreiten. Es kamen damals die Entfettungskuren auf; *Kühne* unternahm eine solche auf eigne

Faust in mehr physiologisch gedachter als klinisch empfehlenswerter Weise: er ließ sich einen eisernen Knüppel von zwanzig Pfund anfertigen, mit dem er unter gleichzeitigem Hungern über die Berge zog, bis ihn dringliche Mahnungen von seiten des Herzens zum Abbrechen der bedenklichen Selbstbehandlung nötigten.

Mit *Gegenbaur* und *Kühne* kam ich erst im Staatsexamen in Berührung, wo dieser durch eine besondere Art seelisch unbequem wurde; er hatte einen Konflikt gehabt wegen angeblich unbilliger Beurteilung eines Kandidaten und protokollierte seitdem zu seiner Sicherung dauernd, was man von sich gab; man erloste zwei Themata, über die man frei vortragen mußte; *Kühne* unterbrach kaum, schrieb aber ohne Unterbrechung, ohne aufzublicken, so daß man bei seinem Hinreden an den schweigenden nicht erfuhr, ob man auf dem Holzwege war; er machte es sich selber schwer und seinen Prüflingen nicht leicht.

Eine ungemein feine, liebenswürdige Persönlichkeit war der Pathologe *Julius Arnold*; die Rolle des sezierenden Anatomen, die ihn zum Richter über die diagnostischen Talente der Kliniker macht, verführte ihn nicht zu den manche seiner Kollegen in gleicher Lage zierenden Bissigkeiten; er dachte sich wohl gelegentlich sein Teil, aber über höfliche, höchstens leicht ironisch gefärbte Fragen ging seine kritische Stellungnahme nicht hinaus. Auch mit seinen Studenten verkehrte er in den Kursen in dieser zarten Form. Er las im Sommer von zwei bis drei, und in dieser tödlichen Stunde kam es vor, daß dem einen oder anderen der Hörer nach den mittäglichen Vierteln Wein die Augen zufallen wollten; *Arnold*, der im Hörsaal umherzugehen pflegte, stellte sich dann vor den Schlummersüchtigen und richtete seinen Vortrag so persönlich an ihn, daß unter diesem eindringlichen Zuspruch das entfliehende Bewußtsein wieder an seinen Ort zurückkehrte. Er war, wie alle guten Erzieher von Anfängern, etwas pedantisch, hatte auch im Vortrag stehende Wendungen, die von den Hörern registriert wurden: „eine Erscheinung dermaßen sich darstellend, daß . . .“, „im Anschluß daran" und dergleichen; in einer von meinem Freunde *Knoblauch* redigierten Bierzeitung eines Klinikerfestes war *Arnolds* Vortragsweise parodiert worden; in der nächsten Kollegstunde vermied er eine Weile die scherzhaft beanstandeten Wendungen, bis er plötzlich mit einer bei ihm ungewohnten Heftigkeit hervorstieß: „und — wenn die Herren Knoblauch und Genossen es gestatten — in Gottes Namen denn — im Anschluß daran." Er wurde nicht nur im hohem Maße respektiert; er wurde geliebt.

Von den zwischen Schülern und Lehrer möglichen Beziehungsformen wurde dem inneren Kliniker *Erb* nur jene erstere zuteil; daneben wurde er gefürchtet, bis man seine hervorstechende Charaktereigenschaft erkannte: die Gerechtigkeit. *Erb* war seit Jahren, erst als Assistent *Friedreichs*, dann selbständig in Leipzig, Vertreter der Neuropathologie gewesen und war erst seit kurzem Lehrer der Gesamtmedizin. Dies veranlaßte ihn bei seinem hohen sittlichen Ernste zur schärfsten kritischen Gewissenhaftigkeit bei allen seinen Untersuchungen, die zum Hauptkennzeichen der längere Zeit unter seinem Einfluß stehenden Schüler wurde; mit rücksichtsloser Selbstkontrolle besprach er die bei Sektionen sich ergebenden Abweichungen von seinen diagnostischen Annahmen. Er war gänzlich unromantisch, auch wohl phantasielos, ein reiner Erdenbürger; nie gab er weitausschauende Betrachtungen allgemeiner Art, immer aber die sorgfältigste Analyse der Tatbestände, namentlich der neurologischen. So war er ein ausgezeichneter Lehrer, den Praktikanten gegenüber erregbar, aufbrausend und derb in Pfälzer Manier, zornig namentlich wenn ein Student, wie das auf dieser Entwicklungsstufe leicht geschieht, vergaß, daß er nicht nur „Krankenmaterial" sondern Menschen vor sich hatte. Vor seinen Assistenten konnte er sich über Gegner seiner Ansichten — z. B. über *Leyden*, seinen Antagonisten in der Tabes-Syphilis-Frage und menschlich sein völliges Gegenspiel — oder über bürokratische Größen der Karlsruher Zentrale in wundervoll beleidigenden Wendungen ergießen. *Erb* hat den völligen Sieg seiner Ansichten in jener Frage noch mit Befriedigung erlebt; er bedauerte nur, daß *Leyden* dessen nicht mehr Zeuge geworden war.

Die Entscheidung über die Rolle der Syphilis als Ursache konnte damals nur auf statistischem Wege gesucht werden; *Erb* hatte eine besondere Technik entwickelt, um aus seinen Patienten die Wahrheit über ihre syphilitische Vorgeschichte herauszubekommen; er empfahl uns z. B., nicht zu fragen: „Haben Sie Syphilis gehabt?", sondern, psychologisch sehr wohl erwogen: „Wann haben Sie Syphilis gehabt?" Einmal kam er dabei an den Falschen: der Vater des erwähnten Freundes *Knoblauch*, selber Arzt, konsultierte *Erb* wegen belangloser Beschwerden; *Erb* fragte ihn, seiner Gewohnheit entsprechend: „Wann haben Sie Syphilis gehabt", worauf der gleichaltrige Kollege, der über *Erb*s Grundsätze nicht orientiert war, wütend auffuhr: „Wann haben denn Sie Ihre Syphilis gehabt?"

Von seinen Assistenten verlangte er viel; wenn im Laufe des Abends drei oder vier neue Fälle auf einer Abteilung zugingen, mußten am nächsten Morgen um neun Uhr die Krankengeschichten vorliegen mit den Ergebnissen aller Nebenuntersuchungen; ein weniger gewissenhafter Kollege hielt sich auf Vorrat Präparate von Nierenzylindern, Tuberkelbazillen usw., die er nötigenfalls vorlegen konnte. Ich bin nur einige Monate vertretungsweise sein Assistent gewesen, habe mich aber lebenslänglich als seinen Schüler gefühlt, und er hat mich als solchen betrachtet. Sein Hauptkreuz war das Staatsexamen, das er auch lange vor dem Ende seiner Lehrtätigkeit abgab; er hatte nie Zeit für diese Programmstörung, die jedem Kliniker den Vormittag zerreißt, ärgerte sich auch schon bei der Meldung der Kandidaten über die zu erwartenden Unzulänglichkeiten; einer Examensgruppe, die in einem besonders unglücklichen Augenblick kam, geschah es, daß er ihre Papiere zu Boden warf und darauf herumtrampelte mit den Worten: „Da möchte man doch lieber tot sein, als das ewige Examinieren haben." Einer der vier, der die Blätter aufhob und sie ihm mit einer Verbeugung überreichte, wurde von dem Entwaffneten besonders freundlich behandelt; seine Temperamentsausbrüche führten nie zu einer wirklichen Ungerechtigkeit.

Der Chirurg *Czerny*, der von Wien kam, ein stämmiger, muskulöser, meist gutgelaunter Böhme ohne Herzlichkeit, trug den Nimbus der technischen Hexenkünste, um die sein Lehrer *Billroth* die Medizin bereichert hatte; er war ein richtiger Chirurg, kurz, klar, energisch zufassend und auch in den bedrohlichen Augenblicken überraschender Blutungen gelassen und Herr seiner selbst; man kann die Chirurgen einteilen in solche, die bei den Operationen ihre Assistenten anschreien und mit Pinzetten werfen, und solche, die das nicht tun; *Czerny* gehörte zu diesen. Seine klinische Vorlesung krankte an dem Mangel, daß ein beträchtlicher Teil der Zeit mit großen Operationen verbracht wurde, von denen die Studenten durch den Wall von Assistenten, Famulis, Schwestern und reisenden Ausländern nicht das geringste zu sehen bekamen; in der Bierzeitung der Kliniker wurde der Vorschlag gemacht, die unsere Sicht störenden Männerleiber in Xylol aufzuhellen und durchsichtig zu machen; die beigefügte Bemerkung, daß die von der Methode geforderte vorausgehende Durchtränkung mit Alkohol wohl schon stattgefunden habe, zeugte mehr von mißtrauischem Scharfblick als von Nächstenliebe. Es ist nur aus dem Beharrungsvermögen eingewurzelter Gewohnheiten zu verstehen, daß eine so offenkundige Verkennung der Unterrichtsaufgaben bis heute an manchen chirurgischen Kliniken noch möglich ist; was dem Studenten nottut, ist neben der Diagnostik die kleine Chirurgie, die der Alltag verlangt; die komplizierten Eingriffe — Nierenexstirpationen, Operationen an der Gehirnbasis usw. — haben als Lehrmaterial gar keinen Wert, auch nicht für denjenigen, der sie später selbst einmal auszuführen haben wird; für diesen ist, nach Abschluß seines Studiums, eine so lange Vorbereitungszeit als Assistent notwendig, daß die früher einmal aus vier oder acht Meter gesehenen Operationen gar keine Rolle spielen; Studenten mit richtigen Instinkten pflegen denn auch die Zeit, in der sie nur weiße Mäntel von hinten sehen, zu anderweitigen Arbeiten zu verwenden; aber das ist schließlich nicht der Zweck ihrer Anwesenheit.

Czerny holte sich eines Abends, als er von der Terrasse des Heidelberger Schlosses die untergehende Sonne zu lange fixierte, ein bleibendes Skotom eines Auges; ich weiß nicht, ob seine Verfügung, daß seine Netzhaut nach seinem Tode mikroskopisch untersucht werden sollte, ausgeführt worden ist.

Bei *Kehrer* war ich, noch als Student, einige Monate vertretungsweise Assistent; er war ein ausgezeichneter Geburtshelfer; die operative Gynäkologie spielte keine Rolle, sie war in *Czernys* Händen; das sonst übliche Ringen der Chirurgen und Frauenärzte um den Bauch als Betätigungsfeld — in Parallele zu dem Seilziehen der Internen und der Psychiater um die Neuropathologie — war, nach der Art der beiden Persönlichkeiten, hier ausgeschlossen.

Ich habe diese ersten vier Heidelberger Semester mit derselben fugenlosen Beharrlichkeit gearbeitet, mit der ich in Berlin gebummelt hatte; auch ein noch eingeschobenes Berliner Semester verlief in energischen Formen; es galt fast ausschließlich der Geburtshilfe bei *Karl Schröder*, in dessen Klinik in der Artilleriestraße ich Gelegenheit hatte, Hauspraktikant zu werden. *Schröder* war unter allen akademischen Lehrern, die ich kenne, die am meisten imponierende Persönlichkeit, nicht durch blendende Formulierungen oder schwungvolle Betrachtungen, sondern einfach durch sein Wesen, durch das einzigartige Nebeneinander von funkelnder Jugendfrische und gelassener Hoheit; ich habe ihn an anderer Stelle einmal als eine Mischung von *Siegfried* und *Jupiter* bezeichet. Er starb leider mitten in der mir an seiner Klinik zugemessenen Zeit, erst 46 Jahre alt; er machte Gebrauch von dem tragischen Vorrechte der Ärzte, an nicht diagnostizierten, seltenen Krankheiten zugrunde zu gehen. Er litt seit einiger Zeit an häufigen schweren Migränen, deren eine im Koma zum Tode führte; es fand sich ein Hirnabszeß, der in den Ventrikel durchgebrochen war, Metastase eines alten Mediastinalabszesses, der sich an eine septische Operationsinfektion der Hand angeschlossen hatte.

Die Monate poliklinischer Geburtshilfe sind diejenige Zeit meines Lebens, der ich am meisten innere Förderung verdanke. Wir wurden ausgeschickt, wenn von den Hebammen bei der Klinik ärztliche Hilfe verlangt wurde, saßen irgendwo, meist im Norden oder Osten Berlins, in den Proletarierwohnungen, allein auf uns angewiesen, mit begrenzten Vollmachten natürlich, aber im Notfalle zu selbständigem Handeln verpflichtet. Das hierbei sich ergebende, für unsere Jahre hohe Maß von Verantwortlichkeit zusammen mit der Aufgabe, in ärmlichsten Räumen, bei fast immer schlecht gelaunten, gereizten Vätern, das Nötige durchzusetzen, entwickelte die Selbständigkeit und die Entschlußkraft weit rascher, als es irgendein Arbeiten in behüteten klinischen Verhältnissen gekonnt hätte. Es war ein ungewöhnlich strenger Winter, und bei den endlosen Fahrten im Zuckeltrab der altersbrüchigen Droschken zweiter Klasse, zusammen mit den „Gebärvätern", die uns holten, fror man entsetzlich. Die Hebammen bekamen für jede Geburt, die sie der Klinik zuwiesen, drei Mark; das gleiche bot die geburtshilfliche Abteilung der Charité, so daß sich unter den Hebammen zwei Lager entwickelt hatten, von denen das eine stimmungsmäßig zur Artilleriestraße, das andere zur zweiten geburtshilflichen Klinik hielt. Geburtshilfe ist eine zeitraubende Unternehmung, und man muß warten können; einmal habe ich an einem langen nebligen Wintertag oben im Norden in der Ackerstraße die gesamte in der Wohnung befindliche Literatur, das Gesangbuch und einen Band *Schiller*scher Gedichte durchgelesen, die ich mir sonst kaum in dieser unerbittlichen Vollständigkeit einverleibt haben würde. Oft wußte man beim Eingehen der Meldung in der Klinik schon im voraus, was man draußen zu erwarten hatte, und die zögernden Entbindungen der Frauen und Mädchen, die sich nach der Zeit der Jugendblüte noch auf das Feld der Fortpflanzung begaben, standen in keinem guten Rufe; mit der eigenartigen sachlichen Vertrautheit, in die in geburtshilflichen Instituten auch die unteren Angestellten hineinwachsen, weckte uns dann wohl der Nachtportier *Peplow*, der mit seinem schwarzen Schafpelz verwachsen schien, schmunzelnd mit den Worten: „Herr Doktor — eine alte Erstgebärende.“ Das Bild haftete bei mir in seinen Einzelheiten so fest, daß ich nach Jahren, als ich — im Hochsommer — die Frauenklinik wieder einmal betrat, den inzwischen zum Tagesportier avancierten *Peplow*, der mich an der Pforte begrüßte, instinktiv anredete: „Aber *Peplow*, wo haben Sie denn Ihren Pelz?“

Es waren draußen oft unvergeßliche Szenen: vor dem vereisten Fenster die endlose, klirrende Frostnacht, innen der 21jährige „Doktor“ mit der mehr oder weniger alten Hebamme — die jüngste und ansehnlichste war die 26jährige Frau *Flockenhagen* — im wachen Halbschlummer auf dem alten, steilen Roßhaarkanapee, dessen Federn schon stachen, auf dem Tische das Bassin mit den Goldfischen, in dem einen Bette die Gebärende, im anderen ein betrunkener Ehemann, der die periodische Störung seines Schlafes durch das Schreien bei den Wehen mit Fluchen und Schimpfen quittierte; eine gewisse Dosis davon wurde pränumerando auf den Doktor abgezweigt, für den Fall, daß der Frau etwas passieren sollte; auf das Leben des Kindes wurde gewöhnlich weniger Wert gelegt. Charakteristisch in dieser Hinsicht war ein Erleben, das einer von uns hatte: ein Kind kam asphyktisch zur Welt, und auch die üblichen Prozeduren änderten daran nichts; der Praktikant nahm die Leiche in Papier gewickelt mit. Was er nicht zustande gebracht hatte, vermochten unterwegs die 20 Grad Kälte; das Geschöpf fing — in der Pferdebahn — an, zu schreien. Der Vater wurde in die Klinik geladen, um sein Kind abzuholen, erschien auch, aber nur, um den Empfang abzulehnen: „det is nich mein Kind; mein Kind is dot, det habe ick gesehn; allens, was recht is, aber Bohnen apart un Erbsen apart; ick lasse mir kein Balg von fremde Leute andrehn.“ Die Besitzfrage kam nicht zum Austrag, weil das unwillkommene Wurm sich zu seinem Heile am gleichen Tage wieder in den Storchenteich zurückbegab.

Jeder von uns brachte es auf die für einen Studenten ungewöhnliche Zahl von 50 bis 60 Geburten.

Schröders Tod war die Ursache, daß ich nicht Frauenarzt geworden bin; die anderen möglichen Chefs des Faches konnten mir nach ihm nicht imponieren; seine Assistenten, die ältesten waren damals *Hofmeier* und *Winter*, fanden sich lebenslänglich bei Begegnungen auf Kongressen immer wieder in seinem Zeichen.

Die geburtshilflichen Monate waren in sich ausgefüllt; man fand kaum Zeit, sich auch anderswo umzusehen; immerhin besuchte ich, soviel es ging, die inneren Kliniken, die von polar verschiedenen Direktoren geleitet wurden: *Gerhardt*, ein wirklicher Arzt von hohen Graden, ernst, kurz, einfach in seinem Wesen, *Leyden*, strahlend von Selbstzufriedenheit, das Antlitz noch beglänzt von den Reflexen der Gunst der Großen dieser Erde, immer umringt von einem Kreise einheimischer und ausländischer Bewunderer, die den berühmten Mann als Gefolge bei seinen Staatsvisiten begleiteten; der ältere Student hatte schon ein Gefühl dafür, an welcher Stelle sachlich mehr zu holen war; für denjenigen zumal, der von *Erb* kam, war *Leyden* keine Verführung mehr.

Eine heute unmögliche Erscheinung war der Dermatologe *Lewin*; schon im Vorraum seines Hörsaales grüßten den Besucher als Wanddekoration abgezogene Menschenhäute mit allen Sorten von eingetrockneten Pusteln und Geschwüren — Material ohne jeden Anschauungswert in Anbetracht der Farbänderung durch die Mumifizierung. *Lewin* war kein schlechter Lehrer; seine schulmeisterlich dressierende Art mochte für manchen ganz nützlich sein; aber sie wirkte seltsam. So hatte er z. B. die Ursachen der Entzündung der Haut in ein Schema gebracht, das vom Praktikanten aufgesagt wurde; versagte dieser, so trat der Chorus für ihn ein: „mechanisch, thermisch, chemisch, elektrisch" — worauf *Lewin* rief: „fehlt eins", und die ganze Hörerschaft ergänzte (in Nachahmung seines Dialektes): „rheimatisch". Sauberkeit konnte man bei ihm nicht lernen; ich sah mit Entsetzen, wie er seinen silbernen Bleistift immer abwechselnd anleckte und demonstrierend in irgendwelche Eiterlöcher versenkte; er war wohl schon lange immun. Es ging dort auch sonst hart her, wohl in Anpassung an das militärische Klima der Abteilungen; die Bubonen wurden so operiert, daß das Opfer frei oben auf einer lehnenlosen Treppe von einigen Stufen stand, während *Lewin* ohne weitere antiseptische Vorsicht mit seinem Messer in die Eiterbeule fuhr; manche fielen natürlich bei dieser Anordnung der Operation ohnmächtig zusammen. Eines konnte man lernen: es geht auch so; aber schön war es nicht, wenn man auch viel zu sehen bekam.

Von *Virchow* hatten die Hörer nicht viel; er kam gewöhnlich erst gegen halb angejagt von einer städtischen Sitzung oder aus einer Kommissionssitzung der Fortschrittspartei; er war, so oft ich in seiner Vorlesung war, immer schlecht gelaunt und schien für seine Studenten wenig übrig zu haben, denen mit seiner Rolle in der Geschichte der Medizin allein nicht gedient war.

Eine still gediegene Persönlichkeit als Mensch und Lehrer war *Carl Westphal*, der Lehrer meines späteren Chefs *Fürstner*, neben *Erb* der Gründer der jetzt als selbstverständlich hingenommenen Urfundamente der Neuropathologie, auch als Psychiater einer von denen, die Treppenstufen in die Linie der Entwicklung schlagen; er war damals schon nicht mehr gesund, aber noch immer mustergültig in der Eindringlichkeit seiner diagnostischen Erwägungen; nach seinem bescheidenen Auftreten hätte niemand in der zarten Erscheinung einen der Epoche-Männer der Medizin vermutet.

Nach Abschluß des Berliner Semesters ging es dann in Heidelberg auf das Staatsexamen los, das damals noch nicht in einige Dutzend Abteilungen zerlegt war; es gab — einschließlich Anatomie und Physiologie — nur sieben Stationen. Diese Examensmonate gehören zu meinen liebsten Erinnerungen; die Gruppe, gebildet aus persönlichen Freunden, erlebte gemeinsam konzentrierte Arbeit, gelegentlich, aber nicht oft, Sorge und Spannung, vor allem aber die sich immer erneuernde Freude an der Überwindung jeder Etappe des Weges, die in munteren Abendfesten gefeiert wurde. Nach einem solchen wäre ich einmal beinahe erfroren; es war ein für Heidelberg besonders kalter Winter — 10 Grad, der Vollmond beleuchtete phantastisch die im Rauhreif schimmernden Sträucher; ich fand es bei der Heimkehr verlockend, im Garten sitzend des silbernen Friedens der Nacht noch eine Weile teilhaftig zu werden; der Punsch hatte meine Temperaturschätzung lahmgelegt. Im Einschlummern kam mir plötzlich der Gedanke, daß dies ja wohl die Situation sei, in der die Betrunkenen Talent zum Erfrieren hätten, und ich ermunterte mich noch zur rechten Zeit.

In einer Station glänzte ich noch einmal als Chemiker: anläßlich eines Falles von Augenverletzung durch Explosion fragte mich der prüfende *Otto Becker*, was Dynamit sei; ich hatte aus einiger Entfernung etwas läuten hören von Kieselgur und dergleichen und sagte mit suggestiver Sicherheit: „kieselsaure Schießbaumwolle"; augenscheinlich wußte *Becker* davon nicht mehr als ich und war befriedigt; einen Chemiker von Profession faßt tiefes Mitleid mit mir angesichts dieser chemischen Formel.

In die Zeit zwischen Abschluß des Examens und dem Antritt meiner ersten Assistentenstelle fiel der Tod des alten Kaisers; seine Beerdigung gehört zu meinen eindruckvollsten Erlebnissen. Er hatte bestimmt, daß im Dom an seinem Sarge von der Singakademie, die er liebte, gesungen werden sollte; natürlich konnte der Riesenchor dort nicht aufgestellt werden; man beschränkte sich auf eine Auswahl von Mitgliedern, zu denen auch meine Patentante *Adelheid v. Renouard* gehörte. Die Absperrung der Linden war äußerst streng; die Tante bekam aber einen Passierschein, den der Kutscher am Hute trug und der mich im Wagen mit durchschlüpfen ließ. Auf der Schloßbrücke stieg ich aus und stellte mich mit auf in einer der spalierbildenden Organisationen; es war die Spandauer Geschützgießer-Innung. Es waren 9 Grad Kälte; ein schneidender Ostwind fegte über den offenen Platz; die eingefrorenen Spreekähne trugen an ihren Masten riesengroße schwarze Segel; die Linden entlang waren hohe Opfersäulen von antiker Form errichtet, aus deren Becken ein dunkler Rauch quoll, den der Wind herunterdrückte und wie einen Trauerflor um Menschen und Dinge legte. Das Brandenburger Tor war bis oben hin schwarz ausgeschlagen und trug unterhalb der Quadriga die Inschrift: Vale senex Imperator. Hinter dem Sarge kam zu Fuß (der Enkel an der Spitze allein) alles, was sich an Monarchen und sonstigen Fürstlichkeiten aus Europa zur Totenfeier des Seniors zusammengefunden hatte; niemand — außer vielleicht dem klugen König *Leopold* von Belgien, der an seinem Stocke daherhinkte — ahnte, daß sie nicht nur *Kaiser Wilhelm*, sondern das monarchische Prinzip zu Grabe geleiteten, dessen Hauptstütze die persönliche Achtung vor dem pflichttreuesten Inhaber eines Thrones gewesen war. An den vorausgehenden Tagen hatte die Leiche im Dom offen zur Schau gestanden, und ein ununterbrochener Strom von Menschen war schweigend daran vorbeidefiliert; hunderttausend, die sich auf dem Platz zwischen Spree, altem Museum und Dom drängten, kamen nicht hinein. Ich war einer von diesen und habe an jener Stelle zum ersten Male den Begriff „Masse" erlebt. Man stand so eingekeilt, daß Menschen mittlerer Größe die Arme nicht bewegen konnten; ich war etwas länger und hatte einen Arm frei, mit dem ich, so weit er reichte, den Frauen die im Gedränge verschobenen Hüte zurechtrückte. Man war willenloses Atom, wurde durch die Bosketts und über die eisernen Einfassungen hinweggeschoben wie die Physik es fügte; fallen konnte man nicht; auch wenn man beide Füße vom Boden hob, blieb man — ich habe es mehrfach probiert — in der Pressung schwebend stehen. Man verstand, daß schon der Schrei eines hysterischen Weibes genügt haben würde, um eine für die Schwächeren tödliche Ballung von Körpern herbeizuführen; die Atmung wurde so schon zu Zeiten knapp. Ich besichtigte am nächsten Morgen den Schauplatz; er war bedeckt mit abgerissenen Schürzen und Rüschen, zerknitterten Volants und zertrampelten Hutfedern; befreiend komisch wirkten die herumliegenden „culs de Paris"; die Mode verlangte damals Akzentuierung der weiblichen hinteren Wölbungen durch aufgebundene Polster; alles, was nicht niet- und nagelfest war, hatte in jenem mitleidslos pressenden Gedränge nachgegeben; so hatten sich auch viele der nicht unmittelbar dem Körper angehörenden Vorwölbungen von ihrer Unterlage abgelöst: das Entbehrliche fällt in der Not zuerst dahin.

Der Assistent.

Wenn er mir jetzt auch nur verworren dient,
so werd ich ihn bald in die Klarheit führen.
Faust I. Teil.

Wir haben eine Phase durchlebt, in der versucht wurde, die in der natürlichen Entwicklung der Menschen und Dinge liegenden Unterschiede zu verneinen, die welten-uralte Abstufung von Lehrling, Geselle und Meister zu verwischen; nicht mehr die Leistung sollte Maßstab sein, sondern ein doktrinär aufgestellter gleichmäßiger Anspruch Aller auf Alles. Versuche dieser Art wollen nichts wissen von den inneren Gesetzen, denen zufolge gerade der Wunsch nach Hebung der Lage, das Streben, eine Stufe höher zu kommen, für den natürlichen Menschen, wie er nun einmal ist, das stärkste Motiv zum Einsetzen aller Energien bedeutet.

In der Organisation des medizinischen Wesens wirkte sich das nach dem Kriege in der objektiv und subjektiv veränderten Stellung der Assistenten der Kliniken und Krankenhäuser aus; auf dem damals üblichen Wege — Lärmschlagen vor den Hintertüren der Abgeordneten — wurde eine so beträchtliche Erhöhung der Bezüge erreicht, daß die ganze Lage sich in zwei Richtungen verschob: das Assistententum wurde zur staatlichen Versorgung, an der man klebte, so lange es ging, und es mußte geheiratet werden. Dadurch ging das Bewußtsein verloren, das den Assistenten sonst zur größten Anspannung seiner Kräfte trieb: ein in der Ausbildung begriffener Anwärter zu sein, dem sein ärztlicher Krankendienst und seine wissenschaftlichen Arbeiten vor den sonstigen Lebensinteressen standen, und der vernünftigerweise aus seiner Assistentenzeit möglichst viel zu machen bestrebt sein mußte.

Für die Leiter der Krankenanstalten ging die für die Sache absolut notwendige Freiheit in der Bestellung ihrer Hilfskräfte verloren; von selbst ging niemand, und vom Chef war es unsozial und tatsächlich ja auch eine Härte, den Mann, der mit staatlicher Genehmigung Frau und Kinder hatte, zu entlassen; es litt aber auch unmittelbar die ärztliche Versorgung der Kranken; die Verheirateten, stellenweise die überwiegende Majorität, wohnten irgendwo in der Stadt und gingen am Tage für einige Stunden an ihre Arbeitsstätte; kamen dringende Dinge vor, wurden sie telephonisch herangerufen — wenn sie gerade zu Hause waren; inzwischen war reihum einer der jüngeren Herren „diensthabender Arzt". Minister und sonstige Laien fanden daran nichts Besonderes; jeder staatlich Angestellte erfüllte seine Pflicht, wenn er seine acht Stunden Dienst, ohne gröblich aufzufallen, absaß. Leider haben Krankheiten und Unglücksfälle keine Neigung, sich einem Schema oder wechselnden politischen Auffassungen zu fügen. Wer in diesen Dingen groß geworden ist, weiß, daß der Arzt einer Krankenabteilung, die einen einigermaßen beachtlichen Umsatz hat, im Hause wohnen und Tag und Nacht auf dem Posten sein muß; er darf auch nicht in seinen Gedanken bei der ärztlichen und wissenschaftlichen Arbeit dadurch abgelenkt werden, daß zu Hause sein Kind Masern und seine Frau Angina hat, zu denen er, sobald es irgend geht, zurückschnellt. (Das gilt für die jüngeren Herren; alte Oberärzte, deren Stellung auf lange Sicht berechnet ist, sollen nicht zum Zölibat verurteilt sein.) Ich bin, bei der trübseligen suggestiblen Fügsamkeit der Meisten gegenüber episodischen Strömungen, mit meiner Einsicht in diese Zusammenhänge meist allein gestanden, war auch praktisch machtlos; ein Einzelner kann gegen eine Zeitwelle nicht mit Erfolg angehen; aber ich habe den Wandel der Dinge immer als einen Verlust an Werten schmerzlich empfunden. Wir in unseren jungen Jahren lebten trotz aller Lebensfreude, die wir uns nicht nehmen ließen, ganz unserer Sache; ein junger klinischer Assistent, der seinem Chef mit Heiratsgelüsten gekommen wäre, der ein verheirateter Mann, der sich um eine Assistentenstelle beworben hätte, wäre ausgelacht worden und hinausgeflogen. Es wäre unbillig, die veränderte Einstellung der Nachkriegsjugend zu verkennen, die vom Himmel um das Beste, die Jugend, betrogen wurde: die wirtschaftliche Aussichtslosigkeit führte nicht zur wirtschaftlichen Bescheidung, sondern zu einer Art von Vabanque-Stimmung, die wenigstens den Augenblick auszukosten gesonnen war. Diese ganz besondere Gemütslage erschwerte der älteren Generation die Einfühlung in die Gefühle und Entschließungen der Jungen. —

Meine Assistententätigkeit begann ich an der Heidelberger Luisenheilanstalt, der Kinderklinik der Universität; sie war, wie viele andere Kinderspitäler, aus privater Initiative entstanden und wurde auch zum Teil aus privaten Mitteln (Bazare u. dgl.) unterhalten; mein Chef sagte manchmal: „Doktor, sorgen Sie für ein Defizit, ich muß die Lärmtrommel rühren"; ich denke, daß meine Bezüge — 75 Mark im Monat ohne freie Station — vom Staate bezahlt wurden. Es gab zwei Direktoren, und zwar scherzhafterweise einen für das Semester und einen für die Ferien. Der Polikliniker *v. Dusch* und ein praktischer Arzt, der auch über Arzneimittellehre las, Professor *Oppenheimer*, hatten zusammen das Haus aus kleinsten Anfängen in die Höhe gebracht; der Wechsel in der Direktion wurde von den Unterrichts-Interessen bestimmt. Der Semester-Chef schätzte den Ferien-Chef nicht besonders; der Assistent hatte Anweisung, in den Krankengeschichten ein O an den Rand zu malen, wenn *Oppenheimer* selbst einen Befund aufgenommen hatte, namentlich wenn er eine Milzvergrößerung festgestellt hatte; *Oppenheimer* hatte die Theorie, daß die damals in Heidelberg massenhaft vorkommende Rachitis eine Folge von Malaria sei und neigte dazu, bei den rachitischen Kindern große Milzdämpfungen herauszuperkutieren.

Die Luisenheilanstalt war ein neues Gebäude, am Neckar gelegen, und konnte etwa 50 Kinder aufnehmen; Säuglinge waren ausgeschlossen. Zu einem Isolierhaus für ansteckende Krankheiten hatte das Baugeld nicht gereicht; Fälle von Diphtherie, Scharlach u. dgl. wurden zwar in einem durch Glasabschluß getrennten Saale verpflegt, aber der ganze Betrieb war nicht auf Durchführung einer wirklichen Trennung abgestimmt. Merkwürdigerweise fand nie eine Übertragung im Hause statt, abgesehen von einer Diphtherieerkrankung, die ich, wie alle Assistenten vor mir, durchzumachen hatte. Das Assistentenzimmer lag in der Infektionsabteilung, und wir hätten es für Feigheit gehalten, irgendeine Rücksicht auf die Infektionsmöglichkeit zu nehmen; nach damaligem Gebrauche saugte man nach der Tracheotomie bei Diphtherie die Luftröhre mit einem Nelaton-Katheter aus, wobei man natürlich auf das stärkste gefährdet war; so hatte auch ich mir meine Infektion geholt.

Es wurden innerlich und chirurgisch kranke Kinder aufgenommen; größere Operationen machte der Chirurg Professor *Lossen* (bekannt als Fortsetzer von *Hueters* Lehrbuch), die kleine Chirurgie war Sache des Hausarztes, der befreundete Kollegen zur Assistenz beizog; haften geblieben ist mir eine Bemerkung meines Freundes Dr. *Seiz*, der mir bei meiner ersten Tracheotomie assistierte und, als ich im Novizeneifer den Hautschnitt zu weit nach unten führte, trocken sagte: „du willst wohl gleich die Sektion anschließen.“ Zur Selbständigkeit nötigte die häufig versagende Gesundheit des „*alten Dusch*“, der zwar geistig frisch, aber infolge von Netzhautstörungen dreiviertelsblind und auf die Hilfe junger Augen angewiesen war; zudem hatte er ein Duodenalgeschwür mit gelegentlichen Blutungen und schweren Anämien, die auch sein Heroismus nicht zu ignorieren vermochte. So fielen dem Assistenten auch zeitweise die Verwaltungsgeschäfte zu, amtliche Korrespondenz usw.; *v. Dusch*, der aus einer alten badischen Familie stammte, die immer höhere Beamte geliefert hatte, empfand noch formalen Respekt vor dem Begriffe „Behörde“; Schriftstücke, die z. B. an ein Bezirksamt gingen, ließ er beginnen: „Wohldemselben beehre ich mich ganz ergebenst zu berichten . . .“; als er einmal einen meiner rein sachlichen Berichte zu sehen bekam, sagte er in vorwurfsvollem Tone: „Doktor, schreiben Sie doch nicht so grob an die Leute.“

Das an dieser Stelle verbrachte Jahr ist mir in angenehmster Erinnerung geblieben; das bei *Schröder* begonnene Training im Tragen von Verantwortung über meine Jahre hinaus war fortgesetzt worden; mit meinen Kindern verstand ich mich ausgezeichnet; es war ein Anblick für Mütter, wenn in heißen Sommernächten in den Sälen die bloßgestrampelten Kleinen in den verschiedensten Schlafstellungen die rosigen Hinterteile in die Luft streckten.

v. Dusch hatte an der Poliklinik drei Assistenten, die vor dem Kinder-Assistenten rangierten; beim Eintritt einer Vakanz machte er mich mit Überspringung der Zwischenstellen zum ersten; er hatte Vertrauen zu mir. Das Versicherungswesen kam damals in Gang, und der *alte Dusch* hatte in weiser Voraussicht mit der Ortskrankenkasse einen Vertrag abgeschlossen, demzufolge seine drei Assistenten die einzigen Kassenärzte der Stadt waren; daneben waren sie die städtischen Armenärzte. Das poliklinische Jahr war die einzige Zeit, die mich meinem Jugendziel des Hausarztes einigermaßen nahebrachte. Heidelberg hatte ausgesprochene Proletarierviertel; in einem Hause, Römerstraße 27, hatte ich täglich zu tun; es umschloß im Vorderhaus und Hinterhäusern gegen hundert Kinder; man kann sich vorstellen, wie es dort in der Sommerhitze zur Zeit der Brechdurchfälle herging. Die uralten Häuser beherbergten eine erschreckende Menge von Ungeziefer; es war ein scherzhaftes Phantasiebild des alten *Dusch*, alle die Wanzen bei einem großen Brande einmal „brozzeln" zu sehen. Die Flöhe, die wir uns auch durch besondere, doppelt lange „poliklinische Hörrohre" nicht vom Leibe halten konnten, waren wirklich eine Plage, wegen der wir von den sauberen klinischen Assistenten ausgelacht wurden. Mein Freund *Blochmann*, der Zoologe, brauchte einmal Flöhe für einen Kurs; er wußte um meine intimen Beziehungen zu diesen nur im Flohzirkus reizvollen Tieren und bat mich, ihm Exemplare abzutreten. Ich gab einer meiner poliklinischen Familien den Auftrag, mir einige zu fangen — das Stück zu einem Pfennig; am nächsten Morgen überreichte man mir eine Flasche, in der es schwarz wimmelte, im Werte von zwei Mark. Nach Ablieferung des zoologischen Bedarfes blieben mir noch 190

Flöhe; ich war stark in Versuchung, sie zur Rache für den Hohn der sauberen Assistenten in dem gemeinsamen Eßzimmer im Kanapee auszusetzen, unterließ es aber doch schließlich, ich weiß nicht mehr aus welchem, jedenfalls anständigen, Grunde. Ich habe später nie wieder, wie dort alle Tage, Fälle von Floh-Purpura gesehen — die ganze Haut von oben bis unten rot getupft wie bei einer Mirabelle und weißgelb infolge der ewigen Saugeverluste. In Vertretung des alten *Dusch*, der sich entlasten mußte, war ich auch Mitglied des Armenrates; mein Platz war scherzhafterweise zwischen dem Rabbiner und dem katholischen Geistlichen — das Weltkind in der Mitte; ich habe in jenen Sitzungen manche mir später nützliche Einsichten gewonnen.

Um Weihnachten 1889 erreichte die große Influenzawelle Heidelberg; seit dreißig Jahren hatte es keine echte Grippe gegeben; es war nicht so, wie seit jener Zeit, daß alle paar Jahre größere oder kleinere Epidemien irgendwo auftauchen und sich verbreiten; die Ärzte der mittleren Generation hatten keine eigene Anschauung von der Krankheit. Der alte *Dusch* dämpfte unsere leichtnehmende Auffassung mit der Ankündigung, daß uns das Lachen noch vergehen würde; am meisten und endgültig verging ihm jedes Lachen; er starb an einer Influenza-Pneumonie. Es war ein Beweis seines Vertrauens, daß er sich von mir behandeln ließ, und ein Beweis meiner Einsicht, daß ich mir *Kußmaul*, einen Jugendfreund des alten *Dusch*, der in Heidelberg im Ruhestande lebte, beiholte. Der Alte starb sehr anständig, als gelassener Philosoph; am Tage vor seinem Ende versammelte er alle Assistenten an seinem Bette und gab, wie in der Vorlesung, eine Epikrise seines Zustandes mit der zeitlich richtigen Voraussage seines Todes.

Bei seiner Beerdigung auf dem schönen Heidelberger Friedhofe hielt ich die erste meiner vielen Grabreden, eigentlich mehr einen Grabspruch; technisch machte ich dabei die oft wiederholte Erfahrung, wie unangenehm offizielles Sprechen im Freien ist; das Wort verfliegt im Raume; keine Resonanz gibt, wie im Saale, dem Redner einen Anhaltspunkt dafür, ob er mit der Dosierung seiner Stimmstärke auf dem richtigen Wege ist. Grabreden sind von allen rhetorischen Aufgaben, die dem akademischen Boden entwachsen, die unbequemste, die einzige, gegen deren gefühlsmäßige Mißlichkeit ich mich nicht habe völlig abhärten können; man darf sich, angesichts der gespannten Gemütslage der Angehörigen und der Freunde, die für jede feinste sprachliche Nüance empfindlich macht, nicht, wie sonst, darauf verlassen, daß der Moment das richtige Wort bringen wird; man muß den Text vorher überlegen; dies stellt die schwierige Aufgabe, die am Grabe zu erwartende Stimmung der Hörer in der Phantasie einfühlend vorwegzunehmen und die Farbe der Adjektiva, von denen der Stil jeder Rede bestimmt wird, richtig abzustufen. Die Fassung meiner Worte von damals kam mir neulich zwischen alten Blättern wieder in die Hände; ich setze sie her, weil sie ein abgekürzter Nekrolog des vortrefflichen alten Herrn sind: „Dank will ich dir sagen, du mein heimgegangener Lehrer, in derer Namen, die unter dir haben arbeiten dürfen, die du mit mildem Ernste unterwiesen, wie ein Vater beraten, wie ein Freund gestützt hast, Dank dir, daß du uns gelehrt hast, Mitleid zu üben und menschlich zu walten, Dank dir, du Vorbild der Pflichterfüllung bis zum Grabe; in stetiger Arbeit, wie du es gewollt, ernst, prunklos und treu, so wollen wir dein Andenken heilig halten.“ Meine Eitelkeit, vielleicht auch eine bessere Regung, fand Befriedigung darin, daß die Worte: „In stetiger Arbeit ernst, prunklos und treu“ auf seinem Grabstein eingemeißelt wurden; weniger sympathisch und tatsächlich unbegreiflich war es, daß *Dusch* als „Direktor der Polyklinik“ bezeichnet wurde; der Grabstein ist inzwischen, wie ich vor einigen Jahren sah, ausgewechselt worden.

An der gleichen Influenza-Pneumonie wie *Dusch* starb der schon einmal erwähnte Okulist *Otto Becker*; er war ein behagliches, sanguinisches Weltkind gewesen, bekannt durch gelegentliche impulsive Seltsamkeiten, die er besonders unter Alkoholeinfluß entwickelte; so schlug er z. B. einmal bei einem Diner in seinem Hause, als es ihm im Zimmer zu warm wurde, mit der Faust die Scheiben ein. Seinem Freunde *Knauff*, Bezirksarzt und Professor der Hygiene, die damals gerade aufkam, hatte er das Versprechen abgenommen, daß er ihm sagen würde, wenn es einmal bei einer Krankheit bedenklich stünde; nun war es so weit, und *Knauff* erfüllte seine Zusage in vorsichtigen Wendungen: „nicht, als ob . . .“, „aber für alle Fälle . . .“, „ich habe es dir einmal versprochen . . .“ usw. *Becker* schwieg, ließ seine Frau rufen, sagte: „*Knauff* hat mich aufgegeben, verfluchte Schweinerei“, drehte sich wütend nach der Wand um und sprach kein Wort mehr. *Beckers* „letzte Worte“ wurden von Eingeweihten oft zitiert; ich unterdrücke sie nicht, weil die Szene mir sehr lehrreich und lebenslänglich eine Warnung gewesen ist in Fällen, in denen angeblich philosophisch klare Patienten die Wahrheit über ihren schlimmen Zustand wissen wollten; der umgenommene Mantel weiser Gelassenheit rutscht doch noch oft von den Schultern, wenn es wirklich um das Ganze geht.

Die Bahn, die für mich die gegebene schien, war nun mit dem Tode des Chefs abgebrochen, zum zweiten Male in meinem Leben; da bot mir *Fürstner* eine Assistentenstelle an, die ich sofort annahm, nicht aus einer besonderen Passion für das Irrenwesen, sondern weil es sich gerade so fügte; *Schopenhauer* könnte wieder von anscheinender Absichtlichkeit des Schicksals sprechen. So war ich nun also, April 1890, am Anfange des Weges, den ich mehr als vier Jahrzehnte lang weiterwandern sollte.

Baden besaß in der Heidelberger Irrenklinik die erste in Deutschland für den Unterricht im Rahmen der Universität errichtete Irrenanstalt. Die Psychiatrie war ein spät geborenes Kind der Medizin und blieb lange Zeit ein Stiefkind, vom Anfang an bis zum Ersticken behindert in ihrer Entwicklung. Mittelalterliche Vorurteile bei Ärzten, Ministern und sonstigen Laien ragten gespenstisch in den lichten Tag, der für die übrigen Zweige des ärztlichen Wissens und Tuns angegangen war. Die Irrenanstalten wurden mit Vorliebe abseits erbaut; man lebte in dem Wahn, durch ländliche Stille und Abgeschiedenheit die seelische Heilung zu befördern; man war noch weit entfernt von der Einsicht für den schicksalsmäßigen Lauf der meisten geistigen Erkrankungen. Die Wirkung dieser Isolierung machte sich nicht an den Kranken, wohl aber an den Ärzten bemerkbar; in keinem Zweige der Medizin gab es so viele sonderbare Eigenbrötler, wie unter den alten Irrenärzten. Ich bin den Vertretern dieser nun ausgestorbenen Schicht noch auf den Fachkongressen meiner Novizenjahre begegnet — urgescheiten Männern voll Wohlwollen und Nächstenliebe, aber erstarrt in einseitigen Gedankengängen, Gewohnheiten und Theorien. Patriarchen waren dabei mit schönen, langen, weißen Bärten, angesichts deren jede Äußerung einer abweichenden Meinung eines Jüngeren zur Pietätlosigkeit wurde; ich habe sie einmal in einer Tischrede zusammenfassend als die Bartpsychiater bezeichnet. *Fürstner* war von diesem Typus weit entfernt. Er war bei *Westphal* an der Charité mit ihrem riesigen Krankenmaterial gewesen, hatte ausgezeichnete klinische Arbeiten veröffentlicht, war aber dann — akademische Aussichten bestanden nicht in der Psychiatrie — Assistent an der elsässischen Irrenanstalt *Stephansfeld* geworden. Dort erhielt er, kaum dreißigjährig, den Ruf als ordentlicher Professor der Psychiatrie in Heidelberg. *Fürstner* war ein ungewöhnlich gescheiter, weltkluger und energischer Mann von imponierendem Wesen; große, dunkle, funkelnde Augen hatten für empfindliche Seelen zunächst etwas Erschreckendes; der zu meiner Zeit schon beträchtliche Umfang seiner Gestalt wurde komischerweise wiederholt im Körperbau des Verwalters und des Pförtners der Klinik; wir sahen in ihnen Bilder der drei Gewaltigen aus dem zweiten Teile des *Faust*; der Anfänger konnte leicht zu der Meinung verführt werden, daß eine besondere Wucht der körperlichen Erscheinung Voraussetzung zur Befassung mit der Psychiatrie sei.

Der ärztliche Dienst auf einer psychiatrischen Abteilung verlangt von dem jungen Arzte, der aus anderen Fächern kommt, eine völlige Umstellung; was er bisher nur gelegentlich zu beachten und anzuzweifeln hatte, der Geisteszustand des Kranken, rückt in den Vordergrund, und das, was sonst Hauptgegenstand seiner Untersuchung war, die körperlichen Abweichungen von der Norm, wird zu einem diagnostischen Hilfsmittel zweiten Ranges. Auch das Verhältnis zu dem Patienten wird ein ganz anderes: sonst suchen die Kranken den Arzt als Helfer, weil sie von ihm Beseitigung ihrer Beschwerden, Heilung erhoffen; hier lehnen sie es ab, krank und arztbedürftig zu sein, ja, der Arzt ist oft nach ihrer Meinung ihr Feind. Diese Lage tritt heute in den psychiatrischen Kliniken, die zugleich Nervenkranke behandeln, nicht mehr so rein in Erscheinung; damals in Heidelberg konnten nur Geisteskranke aufgenommen werden und zwar nur solche, die dem Grade der Störung nach bestimmte Voraussetzungen von überflüssigen Paragraphen erfüllten. Jeder, der als Novize in die Psychiatrie kommt und noch einen ganzen Packen laienhafter Erwartungen auf seltsames Erleben, auf Einblicke in ein dunkles und geheimnisvolles Reich mit sich trägt, erfährt zunächst eine Enttäuschung, bis er nach einiger Zeit entdeckt, daß der große Erkenntnisreiz der neuen Disziplin auf anderen Feldern zu finden ist, als er meinte.

Fürstner war zum Führer des ärztlichen Neulings und zum Lehrer der Studenten ausgezeichnet geeignet; abhold jeder Form von mystischer Verschleierung, jeder romantischen Betrachtungsweise, lehrte er das Wichtigste: zu sehen, was tatsächlich da war. Eine gewisse Neigung zu schematischer Anordnung des Stoffes war für den Unterricht der Anfänger nur nützlich; wie wenig sich gerade die Seelenstörungen dem Schema fügen wollen, lernt er noch früh genug, wenn er erst einmal im Sattel sitzt. Im Herbste 1890 trat an *Fürstner* die Frage heran, ob er in Straßburg *Jollys* Nachfolger werden wollte, der nach Berlin berufen war. *Fürstner* versuchte zunächst in Heidelberg eine Erweiterung seines Arbeitsgebietes nach der neurologischen Seite hin zu erreichen. Es bestand in Baden — wie auch heute noch — eine verwaltungstechnisch eigenartige Lage für das Irrenwesen; die psychiatrischen Kliniken unterstanden als Unterrichtsinstitute dem Kultusministerium, als Irrenanstalten dem Ministerium des Inneren, dessen damaliger Leiter in schroffster Weise jede Rücksichtnahme auf Universitätsinteressen ablehnte; *Schüle*, der Direktor der Landesanstalt Illenau, die den Anspruch erhob, die erste der Welt zu sein, stand in hoher Gunst beim Hofe und war der starke Mann beim Ministerium; zu seinem Kummer war er nicht auf die Heidelberger Professur berufen worden und war seitdem ein Feind der psychiatrischen Kliniken — erst der Heidelberger, dann auch der Freiburger; was irgend an Hinderungen ihrer Entwicklung aufzutreiben war, lieferte, teils im Lichte, teils im Dunkeln, die geschäftige und gewandte Hand des klugen Mannes. Bei dieser rechtlichen und psychologischen Konstellation hatten *Fürstners* Bemühungen keinen Erfolg, und er nahm den Ruf nach Straßburg an. (Ein geistig behendes kleines Mädchen, die einen Straßburger Assistenten liebte, brachte bei dieser Gelegenheit die sprachlich nette Formulierung ihrer Gefühle zutage: je t'aime a la folie, a la *Jolly*, a la *Fürstner*.)

Ich glaubte, zum dritten Male durch Ausscheiden des Chefs aus der Bahn geworfen zu werden, aber es kam diesmal anders — Dank der *Schopenhauer*schen Absichtlichkeit. *Fürstner* bot mir an, mit ihm als Oberarzt nach *Straßburg* zu gehen; es war das für den Fünfundzwanzigjährigen, der zwar Geburtshilfe, innere Medizin und ein wenig Chirurgie getrieben hatte, aber erst ein halbes Jahr im Fache war, ein fast bestürzender Sprung; aber warum sollte ich weniger Vertrauen zu mir haben als der Chef? Bei dieser Unterredung erlebte ich wieder den seltsamen Stoß aus dem Unbewußten, der bei allen wichtigen Entscheidungen meines Lebens den Ausschlag gab: *Fürstner* fragte: „Was haben Sie eigentlich einmal vor?“ Ich hatte darüber bei meiner Neigung, mich treiben zu lassen, kaum nachgedacht, sagte aber sofort: „ich will mich habilitieren“ — woran ich nie gedacht hatte. Auch *Fürstners* weitere Frage: „Trauen Sie es sich zu, in Straßburg sofort einen diagnostischen Kurs der Nervenkrankheiten zu halten?" bejahte ich auf der Stelle, besuchte dann aber doch in den noch zur Verfügung stehenden Monaten eifrig die von dem ausgezeichneten *I. Hoffmann* abgehaltene Vorlesung über Elektrodiagnostik. Ich machte mich mit Energie an meine Habilitationsschrift, und im März 1891 ging, noch von Heidelberg aus, mein Gesuch um Zulassung zur Dozentur an die Straßburger medizinische Fakultät ab.

Ich verließ Heidelberg nicht gern; sechs reiche Jahre lagen hinter mir, und ich liebte die Stadt, nicht nur wegen ihres immer neuen landschaftlichen Reizes, sondern auch als Schauplatz des wesentlichsten Teiles meiner geistigen Entwicklung und als Wiege freundschaftlicher Beziehungen, die mich weiter begleitet haben, bis sie zum größeren Teile der Tod, zum Teil auch das Leben löste.

Am 1. April 1891 zog ich über den Rhein.

Im Elsaß.

Wir haben das Beste unsrer Zeit gesehen...
König Lear.

Wer damals zum ersten Male den Boden des Unter-Elsaß betrat, hatte nicht das Gefühl, in ein Land zu kommen, das erst seit 20 Jahren wieder deutsch war; Menschen, Häuser, Dörfer, Gärten sahen links vom Rhein genau so aus, wie drüben „im Badischen"; es wurde deutsch gesprochen, deutsch gesungen, deutsch getrunken. Wie deutsch das Elsaß immer gewesen sein muß, erkannte man am besten daraus, daß 200 Jahre politischer Zugehörigkeit zu Frankreich — eine gewaltige Zeitspanne, um ein Volk zu wandeln — das Land nicht französisch gemacht hatten. Es gehörte die ganze brutale Unbildung von *Wilson* und Genossen dazu, um sich weis machen zu lassen, daß eine Bevölkerung ursprünglich französisch sei, die ihren Wohnsitzen die Namen Straßburg, Schlettstadt, Königshofen, Mülhausen, Gebweiler, Tannenkirch, Sesenheim, Wanzenau gegeben hatte. Tatsächlich war der Elsässer dem Altfranzosen immer so fremdartig und unverständlich geblieben, wie er es auch heute noch ist; Frankreich lachte über den Elsässer, ärgerte sich über den Elsässer, aber das Elsaß wollte es behalten. Zu einem innerlich zugehörigen Bestandteil seines territorialen Besitzes hat es das Land nie machen können; daran wird auch die Zeit nichts ändern.

Straßburg selbst ist das deutscheste, was man sich vorstellen kann; wer von einem Flugzeug in der Mitte der alten Stadt abgesetzt würde, ohne zu wissen, wo er ist, könnte meinen, in Nürnberg, Ulm oder Hildesheim zu sein; nur daß durch vielerlei Schicksale die Summe der ganz alten Teile stark verkleinert worden ist. Die Gassen — der Sinn für den Unterschied von „Straße" und „Gasse" ist bei der Benennung noch lebendig gewesen — sind eng und krumm, die Häuser lehnen sich schief aneinander, wie stützungsbedürftige nächtliche Heimkehrer; die oberen Stockwerke mit ihren kleinen Scheiben ragen vor, und die braungebackenen Giebel heben sich, umschwärmt von Tauben, scharf und zackig ab von einem schon südlich tiefen Himmel. Der Blick von der Plattform des Münsters erschließt das Wesen des Stadtbildes am unmittelbarsten: nach außen die Gliederung durch die Arme der Ill, im Inneren die zentrale Anziehungskraft des Münsters, um das alle die steilen, dunkel gewordenen, unregelmäßigen Ziegeldächer mit ihren Kaminen sich zusammenducken, wie die Küken um eine Henne. Damals wurden die Störche noch nicht, wie jetzt, durch die Giftbekämpfung der Heuschrecken in ihren Winterquartieren mit vernichtet, und man wurde von oben Teilnehmer ihres Familienlebens in den zahlreichen Nestern, die zum Postkarten-Wahrzeichen der Stadt geworden waren; die sumpfigen Niederungen und die Altwasser des Rheines in der Umgebung boten Nahrung in Fülle; jetzt sieht man kaum mehr ein Storchennest.

Einer der ersten Wege ist für jeden Ankömmling der auf die Plattform des Münsters, wo man die eingehauenen Namen von *Goethe*, *Herder* und *Lenz* grüßt und mit den Augen für seinen Teil vom Lande Besitz ergreift; es bestand damals ein Verein, dessen Mitglieder satzungsgemäß jeden Tag das Münster besteigen mußten — für alte Herren immerhin eine Herzprobe; auf der gewundenen Treppe ist an der Wand eine Gedenktafel angebracht für einen Türmer, dessen Herz an dieser Stelle endgültig versagte — „hat den Dienst versehen 40 Jahr". Die Besteigung der äußersten Münsterspitze, der Laterne, ist nicht jedermanns Sache; für die letzte Partie muß man schwindelfrei sein; die Warnung, sich nicht an den steinernen Zieraten festzuhalten, weil sie altersmürbe sind und ausbrechen können, vermehrt das Gefühl der Sicherheit nicht.

Die Zahl der Wasserarme ist nicht mehr die des Mittelalters; Straßennamen zeugen von einer Ausdehnung der Wasserverzweigung, die an Venedig erinnert haben muß:

Goldgießen, Metzgergießen, Gerbergraben usw.; auch die Blauwolkengasse war einmal ein Wasserarm; der Name ist, unter Verlust des Bewußtseins der Herkunft, verstümmelt aus „Blauwalkergasse". Die malerisch wirksamsten Teile finden sich an alten Wasserläufen. Auf dem Hauptarm der Ill schwimmen die für Straßburg charakteristischen Flöße, auf denen ungezählte Frauen in strohgefüllten Kisten knien und ihre Wäsche in den Fluten spülen, die nach Durchfließen eines großen Teiles der Stadt nur noch eine zweifelhafte Reinheit zu bieten haben.

Eine weit gespannte, aber damals schon stellenweise einschnürende Umwallung umgriff die Stadt; eine imponierende Fülle von neuen Bauwerken, insbesondere von Universitätsinstituten, zeugte von dem mächtigen Willen des Reiches und von dem Glauben an ewige Dauer des Besitzes.

Die Sprache war in der Hauptsache deutsch; als Arzt einer Klinik, der Patienten aus allen Landesteilen zugingen, machte man darüber die sichersten Beobachtungen; es war eine ganz seltene Ausnahme, daß man mit Kranken französisch zu sprechen genötigt war. Im einzelnen liefen sprachlich mehrere Strömungen durcheinander; die einfachen Elsässer sprachen unter sich einen nuancenreichen, besonders humoristischer Wirkungen fähigen Dialekt, ein von französischen Einwirkungen gefärbtes Alemannisch; die „feineren" Leute, die unter sich, wenn sie der Hörweite der Deutschen entrückt waren, auch den Dialekt gebrauchten, sprachen in der Öffentlichkeit, zum Teil demonstrativ, ein Französisch, dessen Klang für ein Pariser Ohr unverkennbar elsässisch war. Das Nebeneinander von deutschem und französischem Sprachbewußtsein führte zu eigenartigen Bildungen. Maire war der Bürgermeister; sein Amtsgebäude war aber nicht die mairie, sondern die mairerie; da es monsieur l'abbé hieß, sagte man auch „der Herr l'abbé"; das Diakonissenhaus wurde als „Akonissehüs" bezeichnet, die Vorsilbe Di wurde für einen Artikel angesehen; „die Akonisse" waren die pflegenden Schwestern. Eine Gartenwirtschaft von *Lips* zeigte auf dem Schild links das Wort jardin, rechts Garten; genannt wurde sie: der Jardinlipsegarten usw.; das im Geldverkehr noch übliche Wort Sous wurde nach alemannischer Vokalbehandlung vielfach als „Ssü" gesprochen. Auch im Rahmen der deutschen Dialektbildungen war die Sprache ungemein belebt; das süddeutsche Wort für Atmen trat uns in vier verschiedenen Formen entgegen, die schon eine vorläufige geographische Lokalisation der Kranken erlaubten: schnaufe, schnüfe, schnufe, schnäufe; das letzte Wort wies auf die Gebweiler Gegend, das vorletzte auf Lothringen; es gab Vogesentäler, in denen noch abgewandelt wurde: miner Vatter, mine Mutter, min Kind. Eine sprachliche Eigentümlichkeit fiel in amüsanter Weise auf, die — nicht auf das Elsaß beschränkte, aber hier besonders beliebte — Verwendung des Artikels „das" für weibliche Personen: „das Émili" — „das Lúis"; unser bedienendes Mädchen in der Klinik hieß „das Hérremári" oder „das Mittelbaumári"; es ist mir nicht mit Sicherheit gelungen, herauszubekommen, welchen Gesetzen diese Artikelverschiebung gehorchte.

Von einer „Bevölkerung" im Sinne einer von Gesinnungsgemeinschaft zusammengehaltenen Masse konnte man nicht sprechen. Die alten Patrizierfamilien waren vielfach nach Frankreich hin versippt und verschwägert, innerlich ablehnend gegen die Deutschen, wenn auch im Verkehr von unanfechtbarer Höflichkeit; die einfachen Leute waren unbefangener und natürlicher; ich habe es nie schwierig gefunden, mit ihnen nicht nur auszukommen, sondern auch seelische Fühlung zu gewinnen; vorbereitend dazu hatte allerdings die lange „nebenan" in Baden verbrachte Zeit gewirkt, die mich gelehrt hatte, durch die Hülle der süddeutschen Andersartigkeit hindurch die Gleichheit des Menschlichen zu erkennen. Den psychologischen Hintergrund nicht richtig begriffen zu haben, ist die Hauptschuld der deutschen Verwaltung gewesen; auch *Bismarck*, der nie im eigentlichen Süddeutschland gelebt hat, besaß kein Verständnis für die elsässische Eigenart, die ihm allerdings fast nur in der unsympathischen Gestalt der in den Reichstag gewählten elsässischen Protestler entgegengetreten war; er legte auch keinen Wert darauf, die Elsässer zu „gewinnen“; ihm war das Elsaß „Glacis“ der Festung Deutschland; das übrige überließ er der Zeit. Preußen hatte im Osten große kolonisatorische Begabung gezeigt; sein Talent, beim Eindringen in ältere Kulturkreise seelische Eroberungen zu machen, war gering; hier galt die alte Formel: „es ist eine Ehre, ein Preuße zu sein, aber kein Vergnügen“. Berlin tat das Denkbare an bürokratischem Unverstand, um die Abneigung gegen das Aufgehen in Deutschland zu unterhalten und zu verstärken; durch Ungerechtigkeiten z. B. gerade in finanzieller Hinsicht, die für jedes natürliche Gefühl auf der Hand lagen, unterhielt es im Elsaß das Bewußtsein, im neuen politischen Verbande als ein Gebiet minderen Rechtes, als ein Gebilde zweiter Ordnung zu gelten. Ich habe oft über die Gründe der gefühlsmäßigen Abneigung des Süddeutschen gegen das preußische Wesen nachgedacht und von meinen eigenen Empfindungen, indem ich mich in eine süddeutsche Seele versetzte, Rat genommen; ich habe z. B. immer wieder beobachtet, daß ich, der Herkunft nach selber Zentral-Preuße, nach längerem Aufenthalte in Heidelberg bei rascher Eisenbahnfahrt nach Norden die ersten heimischen Laute zunächst wie Anmaßung und Überheblichkeit empfand; der Norddeutsche unterliegt in umgekehrter Richtung einer gefühlsmäßigen Urteilstäuschung, wenn er z. B. den Bayer für gemütlich hält, weil er seine Sprachlaute so empfindet. Die deutsche Verwaltung war auch oft wenig glücklich in der Auswahl der Persönlichkeiten, die in das neue Land geschickt wurden; mir ist ein Fall erinnerlich, daß ein Beamter, der im Norden wegen Trinkens nicht mehr als geeignet befunden wurde, noch gut genug war, um im Elsaß Kreisdirektor zu werden; die regierte Bevölkerung schwieg aus alter politischer Disziplin, aber sie dachte sich ihr Teil.

Für Straffheit und Zucht hatte der intelligente Teil der Bevölkerung wohl Verständnis; dem an französischen Schlendrian gewöhnten Volke war sie unbequem; die bürokratischen Kleinlichkeiten der neuen Beamten waren nicht das, was störend gewirkt hätte — darin nahm es die französische subalterne Praxis mit jedem Kanzleirat der preußischen Oberrechnungskammer auf — wohl aber die notwendigen Eingriffe in die persönliche Freiheit, schlampig zu sein. Charakteristisch in dieser Hinsicht war die Bemerkung eines Elsässers zu seinem Nachbar, als dieser am Tage nach dem Einzug der Franzosen in Mühlhausen in gewohnter Weise sein Trottoir fegte: „Ha, machst du noch dees Schwobedings?" (Schwob ist der elsässische Sammelname für den Deutschen).

Die an vieles gewöhnte Bevölkerung hätte auch Härte verstanden, wenn sie gerecht und gleichmäßig geübt worden wäre; aber gerade das war nicht der Fall. Das Beispiel des Statthalters *v. Manteuffel*, der in dem Irrtum gelebt hatte, durch Poussieren der „Notabeln" die Bevölkerung zu gewinnen, hatte Schule gemacht; die Wirkung war nur die, daß die Regierung schwach und unsicher erschien; gedankt wurde es ihr nicht. Ich war aktiv an einem Hergang beteiligt, der in dieser Richtung die Lage beleuchtete. In Colmar hatten zwei wohlhabende „Weinsticher" (Weinhändler) in betrunkenem Zustande einen diensttuenden Schutzmann auf dem Bahnhof so verhauen, daß er einen Schädelbruch mit Ertaubung eines Ohres davontrug. Den beiden geschah nichts, aber der Schutzmann, der noch nicht endgültig angestellt war, wurde als dienstunfähig ohne Pension entlassen; was brauchte er auch mit angesehenen Bürgern Händel zu suchen! *Manasse*, der Ohrenarzt, schickte mir den Mann zur Untersuchung. Es ging mir gegen das natürliche Rechtsgefühl, die Sache laufen zu lassen; ich schickte den Patienten zu einem mir bekannten Rechtsanwalt, der den Fall unter Verzicht auf Honorar übernahm; es gelang ihm, die Sache zu einer Gerichtsverhandlung zu treiben, in der die beiden brutalen Herren zu Gefängnis und zur Zahlung einer Jahresrente an den Schutzmann verurteilt wurden. Dem Polizeikommissar, der dem Schutzmann in taktvoller Weise klargemacht hatte, daß er keinerlei Ansprüche zu machen hatte, war merkwürdigerweise ein Faß Wein in den Keller gerollt;

nach dem Verfahren beim Landgericht mußte die Verwaltungsbehörde ja nun auch wohl etwas tun; der Polizeikommissar wurde strafversetzt — nach Straßburg. Man war auf deutscher Seite schlecht beraten, wenn man glaubte, mit solchen Verwaltungsgrundsätzen germanisierend zu wirken; zufrieden waren in jenem Beispiel allenfalls die beiden Weinsticher und ihr Anhang — vermutlich unter Gefühlen der Verachtung für die beteiligten Behörden — aber die breitere Wirkung mußte mörderisch sein.

Ein ungemein kluger Kopf war der Staatssekretär *v. Puttkamer*, der es vom Amtsrichter in einer der alten Provinzen zum Regierungschef von Elsaß-Lothringen gebracht hatte; er kam auch mit dem Parlament, dem Landesausschuß, persönlich gut aus, ohne sachliche Interessen preiszugeben. Für die Auffassung des jungen Kaisers war er wohl nicht schneidig genug; er mußte gehen. Knickend war bei dieser Gelegenheit das Verhalten seines Beamtenkörpers; da er in Ungnade schied, wagte man nicht, dem langjährigen, wohlwollenden und gerechten Haupte der Verwaltung ein Abschiedsessen zu geben; es trat mit erschreckender Klarheit zutage, daß die Anwartschaft auf hohe und höchste Beamtenstellungen nicht in erster Linie in Mut und Gesinnungsfestigkeit gegeben ist.

Wir Einwanderer hatten, nach meinen heutigen Maßstäben, großenteils nicht das richtige innere Verhältnis zu den Altelsässern; das Bewußtsein deutscher Verwandtschaft lag vielfach begraben unter einem Gefühle herablassender Mißachtung, wie es primitiver Nationalstolz im Auslande leicht entwickelt; es mag wohl sein, daß die Landeskinder manchmal auf unseren Lippen das „Sedanlächeln" zu sehen meinten, das *Hamsun* in Paris an Deutschen beobachtete; die Haltung der jungen Offiziere in der Öffentlichkeit wurde vielfach, nicht nur von Elsässern, als unangemessen empfunden; mancher Leutnant kam nicht los von dem Gefühle, Herr in einem eroberten Lande zu sein.

Man war im allgemeinen auch ungerecht gegen die Elsässer bei Beurteilung ihrer politischen Gesinnung; es war unbillig, von den Bewohnern dieses historisch umhergeworfenen und von wechselnden Kultureinflüssen durchwebten Landes die Gefühle eines Märkers oder Pommern zu verlangen und ihr Fehlen als einen Makel zu buchen; man hätte auch die elsässische Eigenart, so wie wir sie empfanden, das höfliche, aber zurückhaltende, unoffene Wesen aus seinen Entstehungsbedingungen heraus verstehen sollen. Ein tieferer Connex zwischen Deutschen und „Eingeborenen" kam — abgesehen von zufälligen Einzelfreundschaften — nicht zustande; es blieb immer ein Graben, der ein rückhaltloses Zueinanderkommen verhinderte; die empfindlichen und mißtrauischen Elsässer fühlten sehr wohl die deutsche Grundstimmung ihnen gegenüber.

Ein Schimpfwort, in dem sich die deutsche Mißachtung sprachlich kristallisierte, war „Wackes" — zusammenfassende Bezeichnung für den Elsässer, wie später „boche" für den Deutschen; bei beiden Gebilden ist die Herkunft nicht festzustellen; „Wackes" war jedenfalls nicht, wie Wohlmeinende behaupteten, eine Bezeichnung der geographischen Zugehörigkeit des Landes, es war ein Werturteil oder vielmehr ein Unwerturteil, das nicht nur auf Menschen, sondern auch auf unzulängliche Einrichtungen angewendet wurde; ein Besen, der schlecht fegte, war ein Wackesbesen, ein schlecht zubereitetes Essen ein Wackesfraß. Das Wort spielte eine verhängnisvolle Rolle bei der „Zaberner Affaire", die wie ein Scheinwerfer schwebende Mißstimmungen auf beiden Seiten grell beleuchtete. In der kleinen Garnisonstadt Zabern, die übrigens zum Reichstag immer national gewählt hatte, gab es eine lebhafte Gefühlsrevolte gegen das Militär; auslösend war das Verhalten eines jungen Leutnants, der seine Rekruten als „Wackes" anzureden pflegte — im bürgerlichen Leben eine tödliche Beleidigung für jeden Elsässer. Die deutsche Öffentlichkeit hatte so gut wie kein Verständnis für das Psychologische der Vorgänge, die im Landesausschuß und im Reichstag stärkste Resonanz fanden — in letzterem namentlich im elsaßfeindlichen Sinne. Ich sprach über die Sache mit einem höheren Offizier, der in meiner Behandlung stand, und legte ihm die Frage vor, was wohl geschehen wäre, wenn ein bayrischer, nach Berlin kommandierter Leutnant seine Mannschaft mit: „Still gestanden, ihr Saupreußen“ angeredet hätte; er wußte darauf nur zu erwidern, das sei doch gar nicht zu vergleichen; das eine seien Preußen, das andere Wackes.

Im täglichen Leben kamen die Gegensätzlichkeiten kaum zum Bewußtsein; die Mischung der ortsanwesenden Bevölkerung war doch recht beträchtlich durch die große Quote der altdeutschen Einwanderer — 13000 Mann Garnison, ein riesiger Beamtenkörper, die Universitätslehrer, die Studentenschaft, die aus Deutschland stammenden Dienstboten usw. Reibungsfläche boten dagegen alle beruflichen Beziehungen, für meinen Teil z. B. das zwangsmäßige Zusammenarbeiten der verschiedenartigen Elemente in dem großen Krankenhauskomplex „Burgerspital“, dem auch die psychiatrische Klinik eingegliedert war. Es bestanden deutsche und elsässische Abteilungen, letztere z. T. geführt noch von Ärzten, die auch schon vor dem Kriege dort tätig gewesen waren; auch in die medizinische Fakultät waren einige der früheren elsässischen Mitglieder übernommen worden (das Gros der Universität war nach Nanzig verpflanzt worden). Wirkliche Konflikte, zu denen bei den eigenartigen Verhältnissen des Krankenhausbetriebs genügend Gelegenheit gewesen wäre, verhinderte die Geschicklichkeit des Verwaltungsdirektors *Gerval*, dessen kluge Technik mir erst richtig aufgegangen ist, als ich selber zu verwalten hatte. Jeden Morgen zog mit schief umgehängtem Mantel der kleine Mann, an dem alles, Kopf, Bauch, Beine, Hände, rundlich war, von Klinik zu Klinik, von Abteilung zu Abteilung, um mit den ärztlichen Leitern die Tagesgeschäfte zu erledigen; er setzte die große Weisheit in die Tat um, daß Dinge, die schwarz auf weiß zu Empfindlichkeiten, zu Verstimmungen führen und zu Prestigefragen werden, sich mündlich meist in Frieden erledigen lassen. Es gab nie schriftliche Auseinandersetzungen, gereizte Briefe, wie das sonst zwischen Ärzten und Verwaltung in Krankenhäusern üblich ist. Sachlich war *Gerval* der Mann der Kompromisse; bei dem eigenartigen Nebeneinander von weltlichem und Ordens-Personal, von städtischen und akademischen Interessen, von deutschen und elsässischen Auffassungen, die alle im Rahmen des Krankenhauses gleichberechtigt waren, wäre es ohne bedenkliche Kraftproben gar nicht möglich gewesen, auf grundsätzliche Entscheidungen auszugehen; auch allzu großer Respekt vor Paragraphen war nicht am Platze. *Gervals* unerschütterlich rosige Laune, sein lachendes Gesicht (ein nicht immer frisch rasierter Vollmond) entwaffnete jeden zornigen Chef; es war unmöglich, mit ihm „Krach" zu bekommen. Unsere Bezeichnung für ihn — „das *Gervälele*" — enthielt nur scheinbar etwas von Mißachtung; tatsächlich war darin eine gute Portion zärtlicher Achtung enthalten; gutes *Gervälele*, wer denkt noch deiner!

Ein reges gesellschaftliches Leben herrschte in jedem der getrennten Kreise; es wurde sehr gut gegessen und getrunken; das Theater war ausgezeichnet, das Musikwesen auf hohem Niveau; es ließ sich schon leben. In sittlicher Hinsicht konnte man nicht von Puritanertum reden; es geschah — wohl nicht ohne Mitwirkung des immer noch vorhandenen Bewußtseins, unter Ausnahmebedingungen zu stehen — manches, was unter gleichen Lebensverhältnissen in Altdeutschland kaum möglich gewesen wäre; trotz durchschnittlich großer, schmunzelnder Läßlichkeit kam es gelegentlich zu einem kleinen Skandal; es erregte etwas Aufsehen, aber eigentlich wohl noch mehr Vergnügen, als eines Tages in einer Straßburger Zeitung die Annonce erschien: „Wenn ein gewisser hoher Beamter nicht aufhört, meiner Frau nachzusteigen, werde ich seinen Namen an dieser Stelle veröffentlichen"; es bedurfte für uns dieser Veröffentlichung nicht.

Naturgenuß suchte man in Vogesen und Schwarzwald; Baden-Baden war ein Vorort von Straßburg, und in Appenweier stürmten gelegentlich die sonntäglichen Wanderer des Renchtales den gegen Mitternacht passierenden Orientexpreßzug; ich stand selbst einmal dort eingekeilt im Korridor eines Schlafwagens, der so gepreßt voll war, daß die Seitenwand eines Abteils eingedrückt wurde; ich beneidete den Balkanfahrgast um seinen Schlaf; er wachte nicht einmal von diesem Einbruch in seinen bezahlten Frieden auf. Für die Ausflügler kam die bittere Minute auf dem Straßburger Bahnhof; sie hofften, wie sonst auch, durchzuschlüpfen, aber die gereizten Beamten des Expreßzuges hatten sich zusammengerottet und eskortierten die Herde zum Schalter, wo Mann für Mann Billette erster Klasse mit Sonderzuschlag nachlösen mußte. Sommerlicher Abendaufenthalt im Freien in der Umgebung der Stadt oder in den Kehler Gartenwirtschaften am Rhein war wegen der Schnakenplage unmöglich, die dank den zahllosen Brutstätten in den Altwassern des Rheines nicht auszurotten war; selbst am Tage genügte in den Rheinwaldungen der bei beschleunigtem Radfahren erzeugte Luftzug nicht, um die Blutsauger vom Nacken und von den Händen fernzuhalten.

Der Hochsommer konnte in der mitleidslos flach liegenden Stadt unerträglich sein; ich entsinne mich, daß ich 1892 — im Hamburger Cholerajahr — und 1893 in meinem klinischen Schlafzimmer nachts wochenlang 22 ⁰ R gehabt habe; eine Entschädigung brachten dann später, vermöge der immanenten Gerechtigkeit der Dinge, die manchmal (nicht immer) deutlich wird, die herrlichen 93er Weine, deren letzte Flasche ich erst vor wenigen Jahren aus dem Keller geholt habe. Unter den aus dem Norden nach Straßburg verpflanzten Frauen gab es bei sensiblen Persönlichkeiten ganz typische nervöse Siechtumsbilder — Schlaflosigkeit, gehäufte Migränen, Depressionszustände — die auf das schlaffe, feuchte Klima zurückzuführen waren und auch bei jahrelangem Aufenthalte nicht weichen wollten.

Die Universität stand stolz und in sich geschlossen da; sie hatte das Gefühl, ein vorgeschobener Posten deutschen Wesens zu sein und konnte sich rühmen, eine Anzahl von Gelehrten ersten Ranges in ihren Reihen zu sehen. Geheime usw. Räte gab es nicht; die Professorenschaft hatte sich die Verleihung von Titeln verbeten in der Überzeugung, daß durch Gnade von oben zum Werte eines Mannes nichts hinzugetan werden kann; Beamte, die ihr Selbstbewußtsein aus dem Staatskalender beziehen, finden eine solche Auffassung dünkelhaft und lächerlich. In der medizinischen Fakultät wirkte noch ein Teil der bei der Gründung der Universität 1872 berufenen Professoren, bei deren Auswahl der badische *Frhr. v. Roggenbach*, der Berater Berlins, eine glückliche Hand gehabt hatte. Nicht Namen von altem Glanze hatten ihn bestochen; er hatte junge, aussichtsvolle Männer in den Dreißigern vorgeschlagen; ein Franzose, der bald nach dem Kriege die medizinischen Institute besuchte, stellte mit Erstaunen fest, daß die Direktoren alle aussahen wie Assistenten. Der medizinische Fakultätsgewaltige war der Pathologe *v. Recklinghausen*, ein vornehm gesinnter, knorriger, unbequemer Westfale ohne Begabung für Kompromisse; bei seinen Studenten war der Respekt vor seiner Persönlichkeit größer als die Neigung, über die Schrullen ihres „Daniel" zu lächeln. Charakteristisch für die Beurteilung, die er in Kollegenkreisen fand, wenn auch vielleicht nicht wahr, ist die Anekdote, die umging, daß er im Senate einen Antrag eingebracht, energisch vertreten, am Schlusse aber als einziger dagegen gestimmt hätte. Das Verhältnis zwischen ihm und den klinischen Direktoren war nicht nur für jemand, der aus der sanften Luft um *Julius Arnold* kam, ungewöhnlich; es bestand auf beiden Seiten ein Zustand chronischer Gereiztheit, mit Intervallen natürlich. *Recklinghausen* war wenig entgegenkommend, insbesondere gegen Wünsche um Überlassung anatomischen Materials und seine Vorbehandlung; ich war Zeuge, wie Sektionen mit Türknallen eingeleitet und unter gegenseitigem knurrendem Schweigen vollzogen wurden. Konflikte, die er mit dem inneren Kliniker hatte, wurden diesem Anlaß, sich auf eine von ihm ausgegrabene Bestimmung in den Satzungen des Burgerspitals zu berufen, vermöge deren die Krankenhausärzte das Recht hatten, ihre Leichenöffnungen selbst zu machen; tatsächlich hat *Naunyn* einmal mit seinen Assistenten in *Recklinghausens* Institut eine Sektion ausgeführt; der pädagogisch gedachte Versuch wurde nicht wiederholt; es war aussichtslos, die merkwürdig gewachsene, eisenharte Eiche noch gerade biegen zu wollen, selbst mit einem so gewaltsamen und für das Objekt schmerzhaften Mittel. Der wissenschaftlichen Arbeit der Nervenklinik hat seine Eigenart schweren Schaden zugefügt; die pathologische und die normale Anatomie des Zentralnervensystems waren das Arbeitsgebiet der Psychiater und Neurologen, von deren Ergebnissen *Recklinghausen*, weil sie nicht auf seine Art gewonnen wurden, nichts wissen wollte; die meisten entscheidenden Untersuchungsmethoden hatten die Frische des anatomischen Materials zur Voraussetzung, *Recklinghausen* bestand darauf, Gehirn und Rückenmark erst herauszugeben, nachdem er es in seinem studentischen Kurs, der irgendwann stattfand, demonstriert hatte; das war juristisch zweifellos sein Recht, menschlich genommen aber unvernünftiger Eigensinn; der Unterrichtswert der Objekte stand in gar keinem Verhältnis zu dem wissenschaftlichen Schaden, der angerichtet wurde; man kann sich vorstellen, was wir noch in die Hände bekamen, wenn die empfindlichen Gewebe im Straßburger Hochsommer 24 oder 48 Stunden herumgestanden hatten. Wir verfügten über Freiplätze in den Kliniken, auf denen wir Fälle, die ein besonderes Interesse boten, verpflegen konnten; es war mehr als ärgerlich, es war sündhaft, wenn die Hartköpfigkeit des Pathologen die wissenschaftliche Verwertung eines Falles vereitelte, der gerade wegen der zu erwartenden anatomischen Ergebnisse jahrelang gehalten und beobachtet worden war. Mir persönlich hat *Recklinghausen* bei einzigartigen, so nicht wiederkehrenden Krankheitskonstellationen in unverantwortlicher Weise, die mich heute noch wurmt, die abschließende Untersuchung vereitelt. Diese Differenzen wurden natürlich nicht bloß zwischen den Chefs durchgefochten; mit *Aschoff*, der damals Assistent bei *Recklinghausen* war, hatte ich nach den belebten Sitzungen unseres Assistentenvereins im „Rindsfuß“ scharfe Auseinandersetzungen (die unsere gegenseitige Schätzung nicht ausschlossen); inzwischen sind wir beide grau geworden, aber es ist mir bis heute nach 42 Jahren noch nicht gelungen, ihn von der Verwerflichkeit des Tuns seines damaligen Chefs zu überzeugen; er wird auch jetzt, wenn ihm diese Zeilen vor Augen kommen, widersprechen.

Liebenswürdig und zugänglich, von einer gelegentlich fast sentimentalen Weichheit war der Anatom *Schwalbe*; seinem Institute passierte damals ein tragikomisches Mißgeschick; einem gastierenden Zirkus starb ein Elefant; *Schwalbe* kaufte die Leiche, um das Skelett in seiner Sammlung aufzustellen; wohin nun aber mit den vielen Zentnern Fleisch? Die Diener fanden einen Ausweg; sie packten in die Särge der Anatomieleichen immer auch ein ordentliches Stück Elefant. Das ging auch eine Weile ganz gut, bis eines Tages der angetrunkene Pförtner des Instituts die Leichenträger damit aufzog, daß sie nicht wüßten, warum die Särge seit einiger Zeit so schwer geworden wären. Die Sache wurde ruchbar; es gelang aber, sie durch Opfer für einen guten Zweck zu begleichen, ehe sie in die Zeitungen kam. Wir haben oft gelacht über den Elefanten, der auf diese Art portionsweise eines christlichen Begräbnisses teilhaftig geworden war.

Eine markante sympathische Persönlichkeit war der Gynäkologe *Freund*; der äußeren Erscheinung nach fehlte ihm nur der Turban zu dem Bilde eines temperamentvollen arabischen Scheichs. Er war hochmusikalisch, von absoluter geistiger Freiheit und einer besonderen Feinheit des ästhetischen Gefühls. Kennzeichnend für sein Wesen war die Art, mit der er seine Perücke bei seinen Hörern einführte, als er sie zum ersten Male auf seinem straußeneiglatten Schädel in der Vorlesung trug; er begann seinen Vortrag: „Meine Herren! Sie bemerken, daß ich heute eine Perücke trage; so sehe ich von vorne aus — so von der Seite — so von hinten — und nun wollen wir davon nicht weiter Notiz nehmen“.

Der Nachfolger des alten *Kußmaul*, *Naunyn*, wurde mit der süddeutschen Bevölkerung nicht warm; das ärztliche Erbe außerhalb der Klinik war auf *Kußmauls* früheren Oberarzt, *Arnold Cahn*, übergegangen, der damals im Jahre bis zu 100mal auf Konsultationsreisen begriffen war, ohne bei seiner fanatischen Bescheidenheit in Geldfragen wohlhabend zu werden; *Cahn*, dessen wohltuende Kraft ich als sein Patient am eigenen Leibe empfunden habe, war einer der wenigen großen Ärzte, denen ich begegnet bin. *Naunyn*, dessen schwierige innere Formel wir aus seiner Selbstdarstellung kennengelernt haben, war kein glücklicher Mensch; er wirkte durch seine Art, einen eigentümlich grellen Blick, durch Mimik und Tonfall so scharf und kalt, daß vielen die Lust verging, zu seinen guten Seiten, seinem großen Scharfsinn, seinem umfassenden Wissen und seiner noblen Gesinnung durchzudringen. Näherstehende schätzten ihn hoch; seine früheren Assistenten haben lebenslänglich an ihm gehangen. *Naunyn* schwärmte, in den ihm beschiedenen Grenzen der Begeisterungsfähigkeit, für *Wagner* und war häufiger Gast in Bayreuth; er hatte den sympathischen Einfall, aus echtem Rheingold, das aus dem Kies des Flusses gewonnen war, einen Ring anfertigen zu lassen und ihn *Cosima* zu überreichen. Er legte sein Amt vorzeitig nieder und zwar auf Grund einer unnötig trüben Eigendiagnose; er beobachtete an sich Erscheinungen, die auf eine bösartige Neubildung im Darme hinzuweisen schienen, sich später aber als die Folgen von Darmsteinen entpuppten, mit deren Beseitigung die Sache erledigt war; von Interesse war der Nachweis der Herkunft der Steine, die *Schmiedeberg* untersuchte; er stellte fest, daß sie aus Ratanhia-Harz bestanden; *Naunyn* brauchte Ratanhia-Tinktur als Mundwasser; in Berührung mit dem Speichel hatte sich das Harz immer wieder in kleinen Mengen ausgeschieden und war im Darm zu Steinen zusammengebacken.

Die Namen anderer Fakultätsmitglieder, *Goltz*, *Hoppe-Seyler*, *Schmiedeberg* glänzen in der Geschichte der Medizin.

Unter den jungen Dozenten der Universität bestand ein ungewöhnlich frisches Verhältnis; die Elastizität der Altersstufe zusammen mit dem auch auf die jüngeren abfärbenden Sammelbewußtsein der Universität schuf eine beschwingte Stimmung der Geistigkeit, der ich in dieser Form nicht wieder begegnet bin. Eine Zeitlang bestand zwischen Privatdozenten verschiedener Fakultäten eine Verabredung, daß wir gegenseitig unsere Vorlesungen besuchten; so habe ich, mit dauerndem Nutzen, ein Semester lang Meteorologie bei *Hergesell* gehört, dem verdienstvollen Begründer der internationalen Höhenbeobachtung der atmosphärischen Verhältnisse.

An unserem medizinischen Mittagstische im „Rebstock" hatten wir untereinander eine Abmachung getroffen, daß, wer mehr als 10 Hörer in seiner Vorlesung hatte, das Plus an Kolleggeld an eine Trinkkasse abführen mußte, aus der Wein angeschafft wurde; als ein fettes Semester kam, kauften wir dem Wirte seinen ganzen Vorrat an altem Pommard ab, der uns einen Winter lang die nebeltrüben Sonntage vergoldete.

Meine klinische Tätigkeit war sehr befriedigend; die Sprechstunde der psychiatrischen Klinik war für den größten Teil des Elsaß — der südlichste Teil gravitierte nach Basel — und für das benachbarte Mittelbaden der gegebene Sammelpunkt von Nervenkranken; sie wurde so gut besucht, daß oft alle drei Assistenten stundenlang in der Ambulanz beschäftigt waren; *Jolly* hatte durch Abgabe von Gratis-Arznei und dgl. die Anziehungskraft zu steigern gewußt; die Hauptvoraussetzung, um in der Erkennung von Nervenkrankheiten firm zu werden, war erfüllt — viel zu sehen. Auf meinen Abteilungen war ich ganz selbständig; *Fürstner* hatte, seinem psychiatrischen Entwicklungsgang entsprechend, keine Fühlung mit den spezielleren Untersuchungsmethoden; ich vertrat deswegen auch im Unterricht die Nervenheilkunde in einer zweistündigen Nervenklinik, die wegen der Konkurrenzgefühle der medizinischen Klinik unter dem Namen Elektrodiagnostik ging; ich verfügte über glänzendes Material, wie ich es nie wieder gehabt habe. Klinik halten heißt, aus einer Fülle von komplizierten Beziehungen für den Hörer ein plastisches und zugleich durchsichtiges Bild entstehen zu lassen; diese künstlerische Freude, die ich damals zuerst empfand, ist mir bis zu meiner letzten Vorlesungsstunde treu geblieben. Die Hörer meiner ersten Semester waren zum Teil älter als der Dozent.

Nach und nach trübte sich das Verhältnis zu *Fürstner* in der für älter werdende Assistenten fast gesetzmäßigen Weise; ich war vermutlich kein bequemer Untergebener; er wurde in zunehmendem Maße mit meiner wachsenden inneren Selbständigkeit eifersüchtig; schließlich faßte ich, verärgert und auch durch Krankheit gereizt, den bedenklichen Entschluß, die Klinik fahren zu lassen und mich in der Stadt als Nervenarzt niederzulassen. Nach dem normalen Laufe der Dinge war damit mein akademisches Schicksal im negativen Sinne erledigt, und ich selbst sah meine Lage zeitweise so an. Das klinische Material wurde mir gesperrt, ohne daß jemand dagewesen wäre, der es hätte für den Unterricht verwenden können, und meine Vorlesungstätigkeit hätte ein Ende gehabt, wenn mich nicht die Kollegen der mittleren Jahresstufe, vor allem Professor *Ledderhose*, der ein Unfallskrankenhaus leitete, durch Überlassung von Fällen unterstützt hätten; daneben las ich in einem Hörsaal der Universität über theoretische Themata, gerichtliche Psychiatrie und physiologische Psychologie. Der in solcher Situation naheliegenden Versuchung, durch Auftun einer eigenen Poliklinik, der Klinik, die ich als feindliche Instanz empfinden konnte, Konkurrenz zu machen, widerstand ich. Ich hatte trotz einer sich gut anlassenden Praxis Zeit für wissenschaftliche Tätigkeit und benutzte sie auch mit Unterstützung der Chefs anderer Institute; es entstanden in jener Zeit des Mißvergnügens und der Verbitterung des Gestrandeten gerade diejenigen Arbeiten, durch die ich dann zum Anspruch auf einen Lehrstuhl berechtigt erschien; die Phase des scheinbaren Niedergangs entpuppte sich als Sprungbrett — *Schopenhauers* Absichtlichkeit.

Viereinhalb Jahre habe ich so mit einem Schild am Haus gesessen und für fünf Mark Leute elektrisiert — was man damals noch tat; vergeblich stand ich auf Vorschlagslisten für Lehrstühle, bewarb mich vergeblich um städtische Stellen, z. B. in Hamburg und Bremen; ich erwog schon sehr einschneidende Änderungen der Richtung meiner Bahn, verhandelte wegen eines Postens als politischer Zeitungsredakteur, wollte den Doktor der Jurisprudenz machen, um mich auf diesem Gebiete zu habilitieren, als eines Tages, am 27. Juni 1902, der Brief mit dem Rufe nach Freiburg auf meinem Frühstückstische lag. „Das Glück gibt nie mit beiden Händen voll", und für Menschen, die nicht stumpfen Sinnes sind, ist die Zahl der glücklichen Stunden im Leben rasch zusammengezählt; *Goethe* und *Bismarck* haben darüber resignierte Betrachtungen angestellt; aber das waren wirklich einmal glückliche Stunden. Wer den Universitätsdingen fernesteht, kann das kaum richtig ermessen; in anderen Berufsbahnen gibt es auch Wartezeiten, spärliche Erfüllungen, Enttäuschungen; aber ob jemand Major oder Oberstleutnant, Oberregierungsrat oder Geheimrat wird, ist nur ein Gradunterschied, eine Frage der Abstufung; in der akademischen Laufbahn handelt es sich aber darum, ob man im Chausséegraben liegen bleibt oder sein Lebensziel erreicht.

Am 1. Oktober 1902 siedelte ich mit der Straßburger Lebensgefährtin, die nun seit 40 Jahren meine Fehler trägt und mein Dasein umsorgt, nach Freiburg über.

Bei dem Abschiedsfeste, das die Universität uns gab — dem Philosophen *Windelband*, weil er blieb, dem Juristen *Heimberger* und mir, weil wir gingen, gab mir ein älterer mißvergnügter Wartender noch seinen Reisesegen: „Geben Sie mal acht, wenn man erst mal einen Ruf hat, kommen bald neue; das ist immer so; ich habe es an einem Freunde erlebt; er war ein furchtbar dummer Kerl".

Vom Leben des Geistes.

Gefangen gab ich niemals die Vernunft,
auch um die lockendste Verheißung nicht.
Th. Storm.

Und der Geist Gottes schwebte über den Wassern — es gibt in deutscher Sprache keine zweite Stelle, die in zwölf Silben eine so erhabene Vision von Ruhe und Unendlichkeit vor uns ausbreitet; der sie geschrieben hat, war ein großer Dichter; er faßte in ewige Worte, was den Weisen seiner Zeit Anschauung war; der zur tiefsten Erkenntnis drängende Mensch sah als das eigentlichste Wesen des Schöpfers, was er selbst als seinen besten Teil empfand: den Geist.

Wir wissen nicht, an welchem Punkte in der unübersehbaren Linie der Entwicklung ein Mensch zuerst sich der Zweiheit seines Ich, des Besitzes von Körper und Geist, bewußt geworden ist; es ist derselbe Punkt, an dem das Menschsein anhebt, an dem die Lösung aus dem dumpfen, tierischen Bewußtsein sich zu vollziehen beginnt. Es war aber noch ein endloser Weg von ungezählten Generationen zurückzulegen, bis ein Menschenhirn anfing, den nicht sichtbaren Teil seines Daseins zum Gegenstand bewußten Nachdenkens zu machen. Noch jetzt sind weite Flächen des Erdballs von menschlichen Wesen besiedelt, denen die Erreichung dieser Stufe nicht beschieden ist; aber in dem, was wir als Kulturwelt bezeichnen, führt der Geist seit vielen tausend Jahren sein selbständiges Leben; man kann es wohl so ausdrücken, obgleich ihn niemand berührt, niemand gehört hat. Die Sprache, die vom Geist der Wahrheit, vom Geiste eines Volkes, vom Geiste des Altertums oder der Renaissance redet, hat eine Abstraktion festgelegt, die der Auffassung des natürlichen Menschen entspricht. Der Nachdenkliche erkennt, daß dies nur eine abkürzende Sprechweise bedeutet, der die wirkliche Daseinsform des Geistes sich nicht fügt; er ist nirgends zu finden, als in dem Geschehen in Menschenköpfen, und wenn sie eines Tages nicht mehr vorhanden sein werden, hat es auch mit diesem Geiste ein Ende.

Wir sind uns selbst und den Dingen um uns her zu nahe; den wirklich fördernden Standpunkt der Betrachtung kann man gar nicht fern genug wählen. Was würde ein intelligenter, unter ganz anderen Lebensbedingungen stehender Bewohner eines Nachbarplaneten, dessen optische Hilfsmittel ihm erlaubten, alle Einzelheiten auf der Erdoberfläche wahrzunehmen, als unbefangener Entdecker der ihm unbekannten irdischen Gesetze beobachten? Das erste wäre gewiß die Tatsache, daß in seinem Bilde ein Teil der Dinge regungslos und über lange Fristen hin unveränderlich erscheint, während andere in ewigem Wechsel, in ewiger Unruhe begriffen sind. Den Wolkenflug, den Rhythmus von Ebbe und Flut, die Ablösung der Schneefelder durch Wiesengrün würde er bald als einen Ausfluß kosmischer Regeln deuten lernen; er würde nach und nach auch erkennen, daß die Pflanzenwelt etwas Eigenartiges darstellt, erfüllt von einem Sonderleben mit seinen Gesetzen des Werdens und Vergehens, aber an den Boden gebunden, bewegt nur von einem fremden Element, vom Hauche der Luft, von den Stürmen, vor denen sich Halme und Baumkronen beugen. Dann würde er eine seltsame Welt von beweglichen Wesen wahrnehmen, urverschieden in Größe, Farbe und Bau, die im Laufe der Zeiten die Gestalt verändern, neue Formen annehmen, untergehen und wiederkehren; er würde sehen, wie eines dieser Geschöpfe sich allmählich aufrichtet, auf zwei Beinen geht und sich in ungeheurem Maße vermehrt, bis es schließlich den ganzen Erdball überzieht, während alle anderen Geschöpfe immer weniger werden. Was diese zweibeinigen Wesen in ihren Lebensäußerungen bestimmt, würde er nicht so leicht erkennen; ihr Treiben, die unermeßliche Torheit ihres Handelns, ihre gegenseitige Vernichtung würde er nicht verstehen, dabei aber doch etwas sehr Merkwürdiges wahrnehmen: das Erscheinen künstlicher Gebilde aus der Hand der Zweibeiner, Kanäle, Steinhaufen von regelmäßiger Form,

Pyramiden, Schiffe, bildliche Darstellungen; er würde darin als neueste Tatsache im Ablaufe der Erdendinge eines erkennen, daß die Zweibeiner Dinge in die äußere Welt hineinstellen, die nicht dem Augenblicke, nicht mehr bloß der Erhaltung des Lebens dienen, und die vorher als Bilder in ihnen bestanden haben müssen, daß sie über weite Zeiten hin planen und nach bestimmten Regeln schaffen und formen, was zu späteren Nachkommen spricht, wie zu ihnen selbst. Der ferne Beobachter würde sich sagen: da muß ein Unsichtbares sein, was in den Zweibeinern lebt, was zwar vermutlich mit dem Einzelnen stirbt, aber in allen Neukommenden ebenso wieder da ist und so gleichartig sein muß, daß sie sich nach Jahrtausenden in jenen äußeren Bildern wiedererkennen und verstehen; es würde ihm die Erkenntnis eines zweiten Stockwerkes über der Materie, der Begriff des Geistes, aufgehen.

Als das Seltsamste würde ihm erscheinen, daß der Geist Symbole seines Wesens ersann, die der Mensch mit Farbstoffen auf Tierhaut und Blättern von Pflanzenfaser aufzeichnet, und die, solange jene Buchstabenzeichen bestehen und erneuert werden, zu immer neuen Geschlechtern das hintragen, was irgendeinmal in den besten Menschenköpfen vor sich ging.

Es war die erste und ungeheuerste Revolution in der Entwicklung der Menschheit, als Zeit und Raum aufhörten, für den Geist ein Hindernis zu sein; es ist ein tiefer Zug in den apokryphischen Berichten über den Sturz der Engel — im Alten Testament finden sie sich nicht —, daß einer von ihnen, *Penemue*, als Revolutionär aus dem Himmel verwiesen wurde, weil er die Tinte und das Schreiben erfunden hatte; man fühlte im Himmel: das Idyll ist zu Ende, und es beginnt ein Kampf mit neuen furchtbaren Waffen.

Das Leben des Geistes gehorcht nicht den Regeln, die sonst für das Weltgeschehen Geltung haben, aber es herrscht strengste Ordnung in seinem Bereiche; einen Teil seiner Verfügungen haben wir als die Gesetze der Logik kennen und beschreiben gelernt.

Sein Lebenselement ist die Klarheit; im Trüben und Verworrenen vermag er nicht zu atmen; er ist von äußerster Ehrlichkeit gegen sich selbst; er erkennt nur an, was der schärfsten Prüfung standhält, so wie sie ihm in seinen abgestuften Gestaltungen möglich ist; das Ziel, das er nicht immer erreicht, dem er aber immer nachjagt, ist die Wahrheit; nur in ihr findet der Ruhelose die Ruhe.

In der Welt, wie sie ist, in dem von Wünschen, Begierden, Leidenschaften umgetriebenen Menschenvolk, hat der Geist immer einen schweren Stand gehabt; umworben, wenn er gute Dienste zu versprechen schien, ausgenutzt, wenn es tunlich war, wurde er geschmäht und verfolgt, wenn er sich zu befohlenen Diensten nicht gebrauchen lassen wollte; Priester, Könige, Machthaber aller Art haben in jeder Zeit den Kampf gegen den Geist geführt, wenn sein Mangel an Fügsamkeit ihnen unbequem war; sie haben seine Träger bedrohen und verderben können, den Geist haben sie nicht zu töten vermocht; es wird niemals gelingen. In ununterbrochenem, nicht immer gleichmäßigem Fließen geht sein Weg durch die Weltgeschichte; er ist nicht mehr darauf angewiesen, durch unmittelbare Mitteilung von Mensch zu Mensch übertragen zu werden; Schrift und Druck, seine flinken Diener, schlagen die luftige Brücke über die Jahrtausende. *Antigone* ergreift uns mit derselben tragischen Wehmut wie beim Spiel auf der griechischen Bühne; *Kant* nimmt den Faden des Denkens da auf, wo ihn die alten Philosophen fallen ließen, und der Dichter des sechzehnten Jahrhunderts formt das plastische Bild von *Cäsar* und *Coriolan* auf Grund der krausen Zeichen, mit denen *Plutarch* die Konturen ihrer Gestalten umriß.

Es ist ein eigentümliches Bild, wie die Natur, die dunkle und schwere, sich im Geiste, der ihr Kind ist, selber das Licht anzündet, um ihre Geheimnisse nach und nach sichtbar werden zu lassen. Begrenzt ist das Dasein und das Wehen des Einzelgeistes; aber es ist nicht wichtig, wie weit er das Wissen um Seele und Welt zu fördern vermocht hat; wie beim Fackellauf wird die Leuchte, die er sinken läßt, von anderen erfaßt und weitergetragen.

Drang nach Erkenntnis, Forschung, Wissenschaft — das sind die Äußerungsformen des Geistes im Leben; sein Tempel steht überall, wo man der Wahrheit dient; aber wie in jenem Tempel zu Jerusalem finden sich neben den reinen Dienern des Gottes auch die Wechsler, die beim Umsatz gangbarer Münze zum Tageskurse ihren Vorteil finden.

In den letzten Jahrhunderten der Menschengeschichte mit ihrer zunehmenden Neigung zur Organisation ist auch die Arbeit der Wissenschaft, deren Betrieb immer mehr des äußeren Apparates bedurfte, an besonderen Stätten vereinigt worden, an den Universitäten. Es ist ein langer Weg von der Akademie des *Platon*, die den Urtypus einer freien Hochschule des Geistes darstellt, über die Klöster des Mittelalters, die in stiller Arbeit das pergamentne Rüstzeug des Geistes hüteten und vervielfältigten, über die Frühformen der Universität unter dem Patronat und dem Einfluß der Kirche, bis zu den modernen Forschungsstätten gewaltigen Umfangs.

Zwei Momente sind es, die in der letzten genau übersehbaren Phase der Entwicklung das reine Wesen der akademischen Gebilde bis zu einem gewissen Grade zu trüben und zu verschleiern vermocht haben; das eine ist die finanzielle Abhängigkeit vom Staate, in die mit den wachsenden Ansprüchen an Ausbau und Betrieb die Universitäten gerieten; wer Geld gibt, oder, genauer gesagt, wer das Geld gibt, will bei seiner Verwendung mitreden, und der Staat war nie prüde, wenn er einen Weg sah, seinen Einfluß zu erweitern. Das andere ist die Verquickung der wissenschaftlichen Tätigkeit der Dozenten mit dem staatlichen Prüfungswesen. Beide Momente drängten dazu, in den Universitätslehrern immer mehr Diener des Staates zu sehen und von ihnen Anpassung an staatliche Wünsche zu verlangen. Die Geschichte der deutschen Hochschulen ist ein Bild dauernden Ringens mit dem Staate, auf der einen Seite mit dem Ziel, die Freiheit im Dienste des Geistes in Übereinstimmung mit seinen Gesetzen zu hüten, auf der anderen das Bestreben, nur soviel Freiheit zu gewähren, als die jeweiligen wechselnden staatlichen Auffassungen zweckmäßig erscheinen lassen. Dieser Kampf kennt Siege und Niederlagen jedes der beiden Partner, Waffenstillstände, aber keinen Friedensschluß. Bisher ist es immer noch möglich gewesen, die Idee des freien Dienstes am Geiste lebendig zu erhalten; die Besten haben ihr Bestes darangesetzt, und jeder Staat, gleichviel wo in der Welt, der sein Wesen nicht nur in der Macht sieht, der sich gleichzeitig verantwortlich fühlt für die Erhaltung der Kulturgüter der Menschheit, wird sich, trotz episodischer Schwankungen, doch immer wieder zu einer richtigen Einschätzung der akademischen Geistesfreiheit zurückfinden müssen.

Die staatlichen Versuche zum Eingreifen in das akademische Leben, die z. B. zur Zeit der sozialdemokratischen Minister häufig von Leuten ausgingen, die auch in ihrer Jugend niemals persönliche Fühlung mit einer Universität gehabt hatten, verkennen völlig das innerste Wesen einer Hochschule; die Gesetze, denen der Geist gehorcht, haben nicht das geringste zu tun mit Politik, Konfession oder sonstigen Nuancen des Menschentums; der Gedanke einer protestantischen Chemie, einer monarchistischen Physik, einer katholischen Chirurgie ist absurd. Daß der Staat bei den von ihm besoldeten Staatsdienern das Innehalten eines bestimmten Maßes von politischer Betätigung verlangt, ist sein gutes Recht; aber keine vorgeschriebene politische Haltung kann Ersatz geben für Unzulänglichkeiten der entscheidenden wissenschaftlichen Qualitäten. Wer wirklich ein Diener des Geistes ist, weiß auch ohne staatlichen Druck, daß sein Wirken dem Wohle der gesamten Volksgemeinschaft gelten muß, die ihn trägt und die Grundlage seines Daseins bedeutet; er weiß, daß man dem Vaterlande am besten dient, wenn jeder an seinem Platze seine ganze Kraft für die Arbeit zusammenfaßt, für die er bestellt ist; er ist Staatsbürger, wie jeder andere, aber daneben fühlt er sich als verantwortlichen Bestandteil eines raumlosen, unsichtbaren und doch höchst tatsächlichen Geschehens, das unabhängig von den immer wechselnden Gestaltungen des äußeren Daseins, im tiefsten unerschütterlich, seinen Weg geht.

Am ersten verständlich ist das staatliche Interesse an solchen Fächern, in denen, wie ein Redner bei der Universitätsdebatte im badischen Landtag 1919 so hübsch sagte, „die Weltanschauung vorkommt“; aber vor dem inneren Forum der Universitätslehrer selbst gilt keiner als wirklicher Vertreter akademischen Geistes, der für die Richtung seiner Denkergebnisse Weisungen aus Rom oder aus Kultusministerien als bestimmend und bindend anerkennt. Der Geist ist ein absoluter Herrscher und duldet niemand neben sich. Die Wirkungen der Verschiedenheit des öffentlichen und staatlichen Bewußtseins gegenüber dem Geist hat uns das Altertum vorgelebt: Athen, der Schauplatz reichsten geistigen Lebens in Philosophie, Kunst, Naturerkenntnis und Konzeption politischer Gedankengebäude, Athen, das dem Geiste das gewährte, was er schließlich allein nötig hat: Freiheit der Entfaltung, und auf der anderen Seite Sparta mit seiner straffsten Unterordnung jeder Lebensregung unter das staatliche Interesse, mit seiner Verachtung alles dessen, was dem Einzeldasein Reiz und Wert verleiht. Das Rad der politischen Geschichte hat sie beide zermalmt; weder Athens Geist, noch Spartas Unteroffiziere haben erfolgreich in seine Speichen zu greifen vermocht; aber die Ausstrahlungen athenischen Lebens erhellen die Jahrtausende, während das Bild Spartas nur noch pädagogischen Wert besitzt, wenn für Sekunda ein Modell von Disziplin, Unterordnung und Verzicht gebraucht wird.

Das Verständnis für das innere Wesen einer Universität ist auch bei den Gebildeten gering; die meisten stellen sich darunter so etwas wie ein gehobenes Gymnasium vor, auf dem nicht mehr bloß alte Sprachen und Mathematik, sondern Fachwissen zum Zwecke eines Examens beigebracht wird; sie empfinden von diesem Gesichtspunkte aus das Standesbewußtsein des Professors als dünkelhaft, seine Verachtung mancher Äußerlichkeiten, die ihnen selbst Lebensinhalt bedeuten, als Mangel an Erziehung und Bildung. Verwaltungsbeamte und Gymnasiallehrer rechnen den Hochschuldozenten ihre Ferien nach, die, wie sie meinen, nach ihrer Art mit Nichtstun verbracht werden; den Ministerien werden die verbrieften Standesrechte der Akademiker lästig, weil sie das Anlegen der schematischen Amts-Elle erschweren; radikalen politischen Auffassungen sind die Gebilde, die sich gegen die allgemeine Nivellierung sträuben, ein Dorn im Auge. Alles das wird in seinen praktischen Auswirkungen immer noch etwas gebremst durch eine gewisse Scheu vor der zwar unverständlichen und unbequemen, aber doch altersehrwürdigen Einrichtung, mit der auch manche durch Jugenderinnerungen an persönlich imponierende Lehrergestalten gefühlsmäßig verbunden bleiben. Die Widerstandskraft der Universitäten gegen fremde Einflüsse wäre größer, wenn das Rückgrat der Professoren fest wäre; aber die Zeiten der Göttinger Sieben, die eher Amt und Existenz preisgaben, ehe sie Dinge anerkannten, die sie für Unrecht hielten, sind vorbei.

Im juristischen Sinne sind die Universitätslehrer „Beamte“, aber dem richtigen Akademiker fehlt das dazugehörige innere Beamtenbewußtsein; ich setzte dem sehr klugen Ministerialrat *Böhm*, dem badischen Hochschulreferenten, der für jedes begründbare Wort zugänglich war, anläßlich einer Kompetenzfrage einmal auseinander, daß ich zwar dem Beamtengesetz unterstünde, innerlich aber niemanden als Vorgesetzten anerkännte. „Seien Sie froh“, erwiderte er, „ich hätte auch lieber keinen.“ Ich empfand es als hohes Lob, als ein Kollege mir einmal sagte: „es ist merkwürdig, seit dreißig Jahren sind Sie Beamter und sind keiner geworden.“

In dem lange Zeit als Vertreter des staatlichen Prinzips unmittelbar das preußische, mittelbar das ganze deutsche Universitätswesen beherrschenden *Althoff* gingen verschiedene Strömungen durcheinander. *Althoff*, bei dem wohl aus seinen jungen Jahren als Extraordinarius in Straßburg ein gewisser Bodensatz von Verstimmung gegen die „Ordinarien“ als Kaste zurückgeblieben war, ein urgescheiter weltkluger Mann von der Art der Energie, die den geborenen Herrscher ausmacht, besaß einen ungewöhnlichen Weitblick für kommende Entwicklungen und fand immer die Wege, gerade und krumme, um seinen Willen in die Tat umzusetzen. Er war tief durchdrungen von den innersten Bedürfnissen der Forschung, gleichzeitig aber wenig geneigt, Dinge, die ihm störend in die Quere kamen, zu ertragen. In seinem Berliner Zimmer hatte er im Laufe der Jahre soviel Menschliches und Jämmerliches zu sehen bekommen, daß er ein Menschenverächter großen Stils geworden war; er hat durch Mißachtung des Subjektiven im anderen, durch seine Art, die immer auch das weniger Präsentable an Motiven eines Menschen in sein Exempel einsetzte, schweren seelischen Schaden angerichtet; man kann jetzt in historischer Ferne wohl die Frage aufwerfen, ob seine großen Erfolge im Gründen von Instituten und im Beschaffen der Geldmittel nicht zu teuer bezahlt wurden mit dem durch seine Schuld beschleunigten Prozeß des Sinkens der akademisch aufrechten Haltung und des akademischen Stolzes.

Die Universität Straßburg, die bei ihren besonderen Beziehungen zum Reich ihm gegenüber weniger fügsam war, suchte er kleinzukriegen, indem er lange Zeit hindurch keinen Ruf nach Preußen an Straßburger Dozenten ergehen ließ; es kam so weit, daß die Universität ihren Rektor *Ziegler*, den Philosophen, zum Reichskanzler *Hohenlohe* schickte, der aus seiner Statthalterzeit als wohlwollender Patron in guter Erinnerung stand; *Hohenlohe* sah alles ein, sagte aber schließlich doch: „Ich kann Ihnen nicht helfen, der Mann ist mir zu stark." Das Wort war auch im Buchstabensinne treffend, wenn man *Hohenlohes* zierliche Figur mit dem robusten Format des Hochschulgewaltigen konfrontierte. *Althoffs* äußere Erscheinung ließ nicht den Mann von Geist vermuten, der er tatsächlich war; ein runder, ausrasierter Bart umlief die Züge, bei deren Modellierung die Grazien nicht ganz bei der Sache gewesen waren; ihr Träger glich so sehr einem friesischen Fischer, daß man die Abwesenheit von Ohrringen als einen Stilmangel des Bildes empfand.

Zahlreiche, teils wahre, teils nur dem Sinne nach echte Anekdoten umrankten ihn seinerzeit; für den, den er zu verwenden gedachte, war gut verhandeln mit ihm; aber man hatte doch das Gefühl, sich in der Nähe eines Geschöpfes zu befinden, das jeden Augenblick mit der Tatze zum Schlage ausholen konnte. Für Erörterungen peinlichen Inhalts verfügte er über einen scheinbar gutgelaunten Zynismus, der den Gesprächspartner entwaffnete; eine preußische theologische Fakultät, die sein Mißfallen erregt hatte und das zu spüren bekam, entsandte ihren weißhaarigen Senior zu ihm, der in langer Rede ihre Beschwerden entwickelte und schloß: „wir haben den Eindruck, daß Sie uns planmäßig schlecht behandeln." Auf *Althoffs* lächelnd gegebene Antwort: „mein lieber Herr Konsistorialrat, Ihr Eindruck ist vollkommen zutreffend", war ja nun weiter nichts zu sagen.

Althoffs Selbstherrlichkeit ging nicht so weit, daß er, von einzelnen Fällen abgesehen, das Recht der Selbstergänzung bei Besetzung von Lehrstühlen ignoriert hätte. Diejenigen, deren Nachdenken in den Paragraphenkategorien des Beamtenrechts erschöpfende Ergebnisse sehen, haben für jenes Sonderrecht kein Verständnis; dabei ist das Vorschlagsrecht der Fakultäten dasjenige Moment, auf dem die Erhaltung des geistigen Niveaus der einzelnen Fächer und der Hochschule überhaupt beruht. Niemand außer den im gleichen Niveau stehenden geistigen Arbeitern ist imstande, den wirklichen gegenwärtigen und vor allem zukünftigen Wert eines Mannes zu beurteilen, der für eine Professur in Frage kommt; noch alle amtlichen Persönlichkeiten von Intelligenz, denen die Betreuung der Universitäten zufiel, haben das, wenn nicht sofort, so doch im Laufe ihrer Tätigkeit eingesehen. Absolute Sicherheit gegen gelegentliche Fehlurteile gibt natürlich auch dieses Verfahren nicht; wie sollte das in menschlichen Dingen möglich sein; jedenfalls aber sind sie weit seltener, als wenn sachfremde juristische Verwaltungsstellen von ihren (oder anderer Leute) Gesichtspunkten aus die Auswahl treffen. Die wartenden Privatdozenten sind naturgemäß geneigt, der Lauterkeit der Vorgänge bei Berufungen zu mißtrauen; es war dies eines der Motive, aus denen sie unter Ausnützung der tragenden politischen Welle 1918 die Teilnahme ihrer Vertreter an den Fakultätssitzungen durchsetzten, die als Aufsichtsinstanz gedacht waren; ehrliche Leute unter ihnen gaben bald zu, daß sie sich ein ganz falsches Bild von den für sie in düstere Geheimnisse getauchten Vorgängen gemacht hatten. Ich selbst habe mehr als 50 Jahre lernend und lehrend an deutschen Hochschulen verbracht; ich habe mehr als 30 Jahre lang aktiv und verantwortlich bei zahlreichen Neubesetzungen von Professuren mitgewirkt und kann sagen: die Öffentlichkeit weiß nichts davon, mit welcher kritischen Sorgfalt und von wie reinen Gesichtspunkten aus die Siebung der Kandidaten vorgenommen wird, ehe es zu einem Vorschlage an die Regierung kommt. Charakteristisch war mir das ungläubige Erstaunen des Inhabers einer konfessionellen Professur, als sich herausstellte, daß ich keine Ahnung hatte, ob ein Fakultätskollege von mir evangelisch oder katholisch war.

Es ist in der grundsätzlichen Struktur der Universitäten begründet, daß nicht jeder die höchste Stufe, die ihm vorschwebt, erreichen kann; die Tore sind weit offen für alle, die in ihrer meist noch ziemlich jugendlichen Altersstufe wissenschaftlich aussichtsvoll erschienen, aber ob sie die in sie gesetzten Erwartungen erfüllen, entscheidet sich erst im Laufe der Jahre; eine sichere Anwartschaft wird mit der Zulassung zur Lehrtätigkeit nicht erworben; es sind immer weit mehr Kandidaten da, als offene Stellen; es können also aus der Zahl der möglichen Aspiranten immer nur einige schließlich durchs Ziel gehen. Darin, daß auf jeden, der Erfolg hat, mehrere kommen müssen, denen dies versagt ist, liegt eine oft agitatorisch ausgenützte Härte des akademischen Weges; aber sie ist nicht aus der Welt zu schaffen, und vor allem: jeder, der Dozent wird, kennt diesen Tatbestand und muß ihn von vornherein in seine Lebenskalkulation einsetzen; daß er im Falle des Scheiterns die Schuld nicht bei sich, sondern in Einrichtungen und in den Personen sucht, von denen die Auswahl abhängt, ist menschlich und ein psychologisches Gesetz.

Die akademischen Verstimmungen der Wartenden, deren Kelch ich selber schmerzlich geleert habe, sind Anlaß zu einer Vereinsgründung geworden, die schon durch den Namen charakteristisch wirkt; der „Verein der Nichtordinarien“ ist unter den zahllosen Vereinen, die ich kenne, der einzige, der seine Wesensbestimmung in einer Verneinung, in der Festlegung dessen, was er nicht ist, zum Ausdruck bringt; der Name enthält zugleich eine für das wissende Ohr vernehmbare Kriegserklärung an die Adresse der Ordinarien. Der Verein hätte manches Nützliche leisten können und hat auch wohl gelegentlich eine Milderung persönlicher Härten als sein Verdienst buchen können; im ganzen aber ist er eine unglückliche, von schiefen Voraussetzungen ausgehende Unternehmung, an der sich keineswegs alle Nichtordinarien beteiligten; ich habe ihn einmal in einer scherzhaften Tischrede, die mir natürlich übelgenommen wurde, den „Verein der unbegrenzten Möglichkeiten“ genannt und ihm als Motto in Umkehrung des Bibelspruches empfohlen: „Viele fühlen sich auserwählt, aber wenige werden berufen.“ Ich konnte das ohne Überhebung tun, weil ich selber an Bitterkeit in den Wartejahren mehr getragen hatte, als irgendeines der anwesenden Vereinsmitglieder; aber wir kamen seinerzeit nicht auf den Gedanken, auf dem Wege der Agitation etwas erreichen zu wollen; die akademische Waffe ist die Arbeit. Wer die Universitäten vernichten wollte, deren Arbeit heute noch den wertvollsten deutschen Exportartikel darstellt, brauchte nur zweierlei zu tun: das Recht der Selbstergänzung nehmen oder einschränken, und aus der Zugehörigkeit zum Lehrkörper — nach Analogie des Dienstaltерssystemes der Beamten — eine Anwartschaft werden lassen; geschieht dieses beides, so sinken unsere akademischen Forschungsstätten zu Fachschulen herab, in denen, wie vielfach im Auslande, die Söhne der Staatsbürger mit nützlichem Handwerkswissen versehen werden; aber mit der Wissenschaft ist es vorbei. Nur das Bewußtsein, nicht aus irgendwelchen Gnaden, sondern ausschließlich auf Grund eigenen Verdienstes in den obersten Rang der Gilde Eingang finden zu können, läßt die Höchstleistungen erscheinen, die neue wissenschaftliche Werte schaffen; mit acht Stunden Bürosessel ist es dabei freilich nicht getan; diese Höchstleistungen werden von denen nicht mehr gebracht werden, die Aussicht haben, im normalen Trott der Tage auch bei mäßigen Anstrengungen doch schließlich etwas zu erreichen.

Das bisherige System hat die deutsche Wissenschaft groß gemacht, und es würde viel Mut oder Unkunde dazu gehören, um daran etwas ändern zu wollen. Es ist dem allgemeinen Bewußtsein kaum gegenwärtig, wie sehr die moderne Gestaltung der Kulturwelt von der Arbeit der Universitäten, zu denen auch die technischen Hochschulen gehören, beeinflußt worden ist. Es war deutsche Wissenschaft, die, als uns bald nach Beginn des Weltkrieges wegen Mangels an Salpeter die Munition auszugehen drohte, mit seiner künstlichen Gewinnung aus der Luft in die Bresche sprang; auf deutscher Universitätsarbeit beruht der einstweilen noch vom Auslande nicht einzuholende Vorsprung der chemischen und der optischen Industrie, die Entdeckung der Krankheitserreger und die Beseitigung der Seuchengefahren, die Immunisierungen, die im Kriege Hundertausende von Soldatenleben rettete, ebenso aber auch die Entdeckung der drahtlosen Wellen und der Methoden, mit denen Physik und Astronomie den Weltraum erschlossen und die Zusammensetzung der fernsten Sterne erkennen lernten; das Bild des weltfremden, unpraktischen Gelehrten, der sich in seiner Höhle, wie *Faust*, mit nutzlosen Gedankenknäueln herumschlägt, spukt zwar noch in den Köpfen; das Wesen der Universität wird damit nicht umrissen.

Die innere Struktur der Universität entspricht ihrer historischen Entwicklung und den Gesetzen ihrer Eigenart; man kann sie, wenn man politische Schlagworte gebrauchen will, als demokratische Aristokratie bezeichnen; bei grundsätzlich gleichen formalen Rechten Aller ist bestimmend doch die Einsicht und der Wille der Besten. Sie setzt sich selbst in freier Wahl ihr Oberhaupt, das kein Monarch, kein Präsident, kein Diktator ist, sondern nur der episodisch Erste unter Gleichstehenden, und sie gibt ihm, wie Venedig dem Dogen, nur ein Amtsjahr, damit sein persönlicher Einfluß nicht zu groß wird.

Die Universitäten halten, wie Englands politische Sitte, fest an manchmal belächelten altmodischen Festgebräuchen, die das Symbol dafür sind, daß sie bewußt den Zusammenhang mit den Geistern der Vergangenheit pflegen wollen, die auch die guten Geister der Zukunft sein sollen.

Wie verschieden sich das allgemeine und das offizielle Bewußtsein zum Geist der Universitäten stellen kann, habe ich erlebt, als ich in kurzem zeitlichem Abstande als delegierter Rektor von Freiburg an Universitätsjubiläen in Basel und Berlin teilnahm. In Basel war es ein von der ganzen Bevölkerung begangenes Fest, auf dem allerdings die nach deutschen Begriffen wesentlichsten Attribute der Feierlichkeit nicht vertreten waren — Orden, Frack, Sekt; dafür schritten die studentischen Korporationen und die Innungen im gleichen Zuge, und im alten Münster ließen die durch die Scheiben brechenden Sonnenstrahlen gleichmäßig die Metallspitzen ihrer bunten Fahnen funkeln; es war ein Bild, das die Festwiese der Meistersinger in der Wirklichkeit erstehen ließ. In Berlin war es ein höfisches Fest mit höfischer Disziplin, die sich u. a. darin äußerte, daß die auswärtigen Abgesandten am Tage vor der Hauptfeier in einer Generalprobe üben mußten, wie sie bei Überreichung ihrer Glückwunschadressen gehen und stehen sollten. Der Kaiser nahm mit seinen Söhnen am Festakte teil; die betrübende Wirkung war, daß keiner der Redner — sei es freiwillig, sei es auf Weisung des Hofmarschallamtes — den Namen *Bismarck* in den Mund zu nehmen wagte; immerhin war er ja nicht ganz unbeteiligt gewesen an den Geschehnissen, die von dem Zustande Deutschlands im Jahre 1810 zu dem von 1910 hinüberführten; auch 1848 mit der historisch interessanten Rolle der Studentenschaft bei der März-Revolution wurde taktvoll verschwiegen; die deutsche Geschichte brach 1815 ab und setzte 1864 wieder ein. Das war ein wirklicher Verrat am Geiste der Wahrheit, dessen sich schwache Diener schuldig machten. Es war so betrübend, daß ich nach *Sanssouci* fuhr, um mich von den Geistern, die um diese Stätte schweben, wieder aufrichten zu lassen.

Doch das sind Ausnahmen, die wegen Verneinung der sonst gültigen Regeln in der Erinnerung haften; wer mit akademischem Sinn eine Weile wirkliche akademische Luft geatmet hat, wird in jeder anderen Existenzform an Heimweh nach der Freiheit leiden.

Alle diese Betrachtungen gelten den Universitätsverhältnissen, wie sie zur Zeit meines amtlichen Daseins waren; es soll sich inzwischen, wie ich höre, darin einiges geändert haben.

Wandlungen des Ich.

Ja und nein auf diese Artikel zu sagen, ist mehr als in der Kinderlehre antworten.
Wie es Euch gefällt.

Der Aufseher eines öffentlichen Parkes geriet in Auseinandersetzungen mit einem Besucher, dessen seltsames Benehmen ihm auffiel; schließlich kam der Vertreter der Autorität mit der Polizeifrage: „Wer sind Sie denn überhaupt?“ Die Antwort: „Ja, wenn Sie mir das sagen könnten“, wird jenen zwar nicht befriedigt, aber auch kaum zu einer Fortsetzung der Unterhaltung mit dem seltsamen Kauz gereizt haben. Der Name des Aufsehers ist nicht überliefert worden; der junge Mann mit den funkelnden blauen Augen und dem widerborstig aufstrebenden Haar hieß *Artur Schopenhauer*.

Eine solche Antwort gibt nur jemand, dem der Zweifel am Wesen des eigenen Ich dauernd gegenwärtig ist; der naive Mensch kommt lebenslänglich nicht auf einen solchen Gedanken. Die bürgerliche Neugier fragt: „Wer bist du?“; die philosophische Neugier grübelt über die Frage: „Was bin ich, wer bin ich“, und sieht keinen Aufseher, an den sie sich wenden könnte. Das primitive Ich der meisten Menschen ist sich selbstverständlich; es hält sich für ein einmal gegebenes, einheitliches, gleichbleibendes Gebilde; auch die religiöse Betrachtungsweise und die Sittenlehre — von beiden ist hier nicht die Rede — wenden sich an ein feststehendes Ich.

Das durchschnittliche Ich kennt sich nur sehr unzulänglich. Wir alle, auch die Nachdenklichen, lernen uns einigermaßen kennen, nicht aus dem, was in unseren Köpfen vor sich geht, sondern aus unseren Handlungen, aus denen uns neue und überraschende Seiten unseres Wesens aufgehen; manchmal entdecken wir dabei, daß von unseren Feinden das eigene Ich der schlimmste ist.

Diese Unkenntnis unseres Ich ist einer der Gründe für die Schwierigkeiten des Verkehrs mit uns selbst; *Knigges* Umgang mit Menschen ist geschrieben; *Knigges* Umgang mit dem eigenen Ich steht noch aus; allzuviel würde er uns auch nicht nützen. Von uns wissen wir wenig genug; aber das Ich des anderen ist uns völlig verschlossen; wir suchen Rapport und glauben ihn zu finden im Wort. Das gesprochene und geschriebene Wort dringt wohl zu dem fremden Bewußtsein, aber zu was es dort wird, was es anklingen läßt an Bildern, Gefühlen, Impulsen, das wissen wir nicht. Wer alt genug geworden ist, hat es erlebt, wie matt und fehlervoll im tiefsten Grunde das Verstehen zwischen Menschen ist. Jedes Ich ist einsam, und das um so mehr, wenn es ein Sonder-Ich ist, wenn es von der landläufigen Prägung der Scheidemünze abweicht. Wir stehen vor dem Gehäuse eines fremden Ich, wie der nächtliche Wanderer vor einem Gebäude, in dem einige Fenster beleuchtet sind; aus der Form der Schatten, die sich daran vorbeibewegen, schließen wir auf das Treiben der Bewohner; eintreten können wir nicht. Die Verständigungsversuche zwischen Menschen gleichen den Bemühungen von Tauchern, die, luftdicht abgeschlossen in ihren Gummianzügen, die Glasscheiben vor ihren Gesichtern aneinanderpressen müssen, um auch nur einen Laut von drüben zu vernehmen. —

Das philosophische und das naturwissenschaftliche Denken kennt ein Ich ausschließlich gebunden an lebende Form; aber nur ein kleiner Prozentsatz von Menschen ist von dieser Anschauung wirklich durchdrungen; die gewöhnliche Betrachtungsweise, die aus grauen Zeiten in unsere Gegenwartswelt hineinragt, geht andere Wege; in wechselnden Gestaltungen, wie die Zeit und die schaffende Phantasie sie gaben, konnte das Ich auch außerhalb des Körpers, in dem es eine Weile residiert hatte, sein Dasein weiterführen (von dem, was es vorher getrieben hatte, war, abgesehen von den Lehren der Seelenwanderung, dank der Denkfaulheit nicht weiter die Rede). Das Ich der alten Griechen verließ im Traum für Stunden den schlafenden Körper; im Tode löste es sich ganz los und lebte, ein mattes Abbild von früher, im Reiche der Schatten; Naturvölker häuften Steine auf die Ruhestätten ihrer Toten, um die Wiederkehr ihrer bedrohlichen Gestalten zu verhindern; zu allen Zeiten erschienen Geister und Gespenster, erkennbar an dem Aussehen, in dem sie früher als Lebende gewandelt waren; christliche Auffassungen glauben an eine unsterbliche Seele, die wohl auch ein Abbild der früheren Persönlichkeit sein muß, da es in dem geträumten Jenseits ein Wiedersehen, d. h. ein Wiedererkennen gibt.

Im wachen Tageslichte ist für die Auffassung aller Zeiten ein Körper Herberge des Ich; für die wissenschaftliche Betrachtungsweise ist er mehr: Bedingung, Voraussetzung für den geistigen Teil des Ich, das mit ihm entsteht, wächst, gedeiht, kränkelt und stirbt. Einem merkwürdigen Tatbestande begegnen wir auf dem Wege dieser Betrachtung: das geistige Ich ist nicht faßbar, nicht sichtbar, es ist nicht räumlichen Gesetzen untertan; aber es reist mit mir, kann heute in Berlin und übermorgen in Rom sein.

Beim Suchen eines fremden Ich treffen wir zunächst immer auf sein Gehäuse und bemühen uns instinktiv, schon ehe wir nähere Beziehungen versuchen, aus der Fassade auf den Bewohner zu schließen. Volksweisheit, zum Teil Niederschlag alter Erfahrung, zum Teil fehlgreifend durch voreilige Verallgemeinerung und durch das Beharrungsvermögen eingewurzelter Irrtümer, sucht regelmäßige Beziehungen zwischen der äußeren Form eines Menschen und seinem geistigen Ich; *Shakespeare* mit seinem Wirklichkeitsblick, hielt nicht viel davon: „kein Wissen gibts, der Seele Bildung im Gesicht zu lesen“; gesetzmäßige Beziehungen zwischen Körperbau und seelischem Wesen behaupten neuere ärztliche Auffassungen, von denen einiges Bestand haben mag, auch wenn der suggestive Reiz der Neuheit verblaßt sein wird.

Einer allzu hohen Bewertung der äußeren Form steht schon das im Wege, daß sie selber nichts Bleibendes ist. Das Leben des Leibes besteht aus einer unablässigen Auswechslung der Substanz; die Haut und die Auskleidung des

Verdauungskanals stößt ohne Unterbrechung oberflächliche Bestandteile nach außen ab; die inneren Organe, die Muskeln und Knochen überlassen diese dem Blutstrom, der dafür neues Bau- und Betriebsmaterial heranführt. Nach einer gewissen Zeit, die für Knochen und Zähne eine Reihe von Jahren betragen mag, ist von dem früheren Körper nichts mehr vorhanden. An der Haut findet die Erneuerung so rasch statt, daß ein Liebender mit seinem ersten Kuß nach zwei Wochen der Trennung schon nichts mehr von dem früheren Rot der warmen Lippen berührt — immerhin ein tröstlicher Gesichtspunkt im Spiele der Untreue. Die gute Mutter *Daubmann* in Endingen am Kaiserstuhl, die sich 1932 den Schwindler nahekommen ließ, würde, auch wenn es der echte Oskar gewesen wäre, kein Atom des Sohnes vor sich gehabt haben, der 1914 in den Krieg zog; was wir pietätvoll in der Urne bergen, ist nicht der irdische Rest des ganzen Menschen, sondern nur die Asche dessen, was in den letzten Jahren seinen Bau zusammengesetzt hat. Wir sterben nicht erst im Augenblick des Todes; unaufhörlich stirbt es an uns und in uns, und was wir das Ende nennen, ist nur der Moment, in dem der Erneuerung ein Ziel gesetzt ist. Für die oberflächliche Betrachtung, die sich auch nicht zu lange ausdehnen darf, bleibt trotz Schwindens und Wiederkehrens der Substanz die äußere Form bestehen; es ist derselbe Vorgang, als wenn am Sandsteinbau eines Münsters im Laufe der Jahrhunderte die ganze Masse, Stein für Stein, je nach dem Grade seiner Zermürbung, ausgewechselt würde; das Freiburger Münster, der Kölner Dom stünden dann in gleicher Silhouette vor dem Abendhimmel; alle Einzelheiten der Rosetten und Säulen wären in Farbe und Form, wie sie früher waren, obgleich kein Gramm des Stoffes mehr vorhanden wäre, dem vor 600 Jahren die alten Meister in ihren Bauhütten Gestalt gaben. Den Vorgängen im Körper entspricht noch mehr ein anderes Bild: jahraus, jahrein zog z. B. das zweite Garde-Regiment von seiner Berliner Kaserne aus die schattenlose Friedrichstraße entlang auf das Tempelhofer Feld, für die Anwohner immer die gleiche, von denselben Marschklängen rhythmisch bewegte Schlange von jugendlichen Körpern und erhitzten Gesichtern, auch nach 20 und 30 Jahren derselbe Anblick, wenn auch in Wirklichkeit nichts mehr von der alten Menschensubstanz vorhanden war.

Die von Tag zu Tag mitkriechenden kleinen Veränderungen unseres leiblichen Ich nehmen wir nicht wahr, nicht einmal an den rasch wachsenden kindlichen Körpern; die Alternden bemerken in gewissen Abständen, z. B. im scharfen Märzenlicht nach dunklen Wintermonaten, daß die Zeit wieder eine neue feine Linie gezogen, eine Rundung verschärft, eine neue Runzel angelegt hat. Das Sammelergebnis längerer Fristen quittieren uns Photogramme oder die vorsichtigen Wendungen von Jugendfreunden beim Wiedersehen nach langer Pause; sie sind im Herzen erschrocken, wie alt der andere geworden ist.

Es ist schade, daß man nicht nach dem Modell des Ludwigshafener Pflanzenfilms eine fortlaufende Bildserie menschlicher Entwicklung anlegen kann; in jenen höchst reizvollen Aufnahmen wurde das sich auf Wochen und Monate erstreckende Keimen, Wachsen und Blühen von Rosen, Maiglöckchen, Flieder usw. in einen Vorgang von Minuten zusammengedrängt; wenn man von einem Menschen vom ersten Tage seines Lebens an 60 Jahre lang täglich eine Aufnahme machte, gäbe es im Film ein volles Bild seiner Entwicklung im Laufe von 30 Minuten; technisch wäre es schon zu machen, aber es ist unwahrscheinlich, daß irgendein Vorsatz dieser Art zwei Menschenalter lang vorhalten würde, außer vielleicht in einer der staatlichen Züchtungsanstalten, in der auch andere langfristige Fragen behandelt werden würden.

Und trotz der dauernden Wandlungen erkennen wir nach dreißig, vierzig Jahren, wenn wir Blick haben, einen Menschen wieder, in dem längst alle Substanz erneuert und an dem alles in der Form anders geworden ist. Eine allzu vernünftige, bequeme Betrachtungsweise sagt: die „Idee" des Menschen bleibt; gewiß bleibt sie, nur daß diese Idee nichts ist, was an dem Gegenstande haftet; sie lebt nur in meinem

Kopfe, nicht im Gegenüber; sie bedeutet meine Art, das Objekt zu sehen und zu klassifizieren; mit der Idee ist es nichts.

Was am Menschen über alle Veränderungen hinweg wirklich bleibt, ist die Form seiner Bewegungsäußerungen — Gang, Mimik, Blick, Sprache. Die Sprache insbesondere haftet so fest in unserer Erinnerung, daß wir z. B. am Telephon, angerufen von einem durchreisenden Bekannten, den wir jahrzehntelang nicht sahen, manchmal sofort antworten: „Ach, du bist es, Emil." Welche Feinheit der unterscheidenden Wahrnehmung gehört dazu, um das möglich zu machen, und doch nicht mehr, vielleicht weniger als bei den jungen Schwalben, die vom Neste in der Schwalbenkolonie aus unter den zahlreichen futterbringenden Alten schon aus der Entfernung nur diejenigen mit Gezwitscher begrüßen, die zu ihnen gehören. Ich saß einmal in der Bahn einem Herrn gegenüber, der über seiner Zeitung einschlief und dabei in eigentümlicher Weise die Augen verdrehte; ich kannte das irgendwoher und kramte in meinen Erinnerungen, bis plötzlich das Bild eines Studiengenossen in mir hochkam, der vor 50 Jahren am Biertisch mit diesen Augenbewegungen einzuschlafen pflegte; ich hatte ihn nie wieder gesehen. Als mein Visavis erwachte, sagte ich ihm: „Sie müssen doch August S. sein." Er lachte und sagte: „Nein, das ist mein Bruder."

Alle Bewegungen sind unmittelbarer Ausdruck von Gehirnvorgängen; es scheint, daß die Befehlsformen der Zentrale, die sich des wechselnden äußeren Materials als Werkzeug bedient, am wenigsten wandelbar sind; jene Zentrale ist das, was für ein Heer das Hauptquartier ist, dessen strategische Eigenart als gleichbleibend erkennbar ist, unabhängig davon, welche Regimentsnummern es an diese oder jene Stelle dirigiert. Der Stoffumsatz im Gehirn, der Wechsel in seinen Bestandteilen ist deswegen keinesfalls gering; die reichliche Versorgung mit Blut spricht für das Gegenteil; aber seine inneren Strukturverhältnisse müssen von besonderer Festigkeit sein. Das Gehirn ist auch dasjenige Organ, das im Hungerzustande am längsten sein Gewicht behält — eine sehr weise Einrichtung; die verantwortliche Leitung des Ganzen muß unter schwierigen Verhältnissen am besten gesichert sein.

Wir selbst kennen die Form unseres körperlichen Ichs. des treuen Seelengehäuses, nur unzulänglich; wir sehen uns ja nie vollständig, besonders nicht in Bewegung; wenn wir uns in unserer eigenen Gestalt, wie sie vor 30 Jahren war, entgegentreten könnten, würden wir uns vermutlich nicht erkennen, am wenigsten unsere Stimme, die wir wegen der Nachbarschaft von Ohr und Kehlkopf und der Resonanz im Schädel ganz anders hören als die Umstehenden; es ist überraschend, im Diktaphon zum ersten Male sein Organ so zu hören wie die Umwelt es empfindet; ich jedenfalls war unangenehm überrascht von der Schärfe meines Tones und gewann Verständnis für manche von mir nicht verschuldete Deutungen meiner Sprechweise, die mir im Laufe der Zeit bei Fremden entgegengetreten sind.

Wir haben auch sonst kein einheitliches Verhältnis zu unserem körperlichen Ich; in gewissem Umfange empfinden wir es schon als Außenwelt, besonders solche Teile, die, wie die Haare, nicht mehr durch Nervenleitung mit unserem Bewußtsein verbunden sind; auch empfindende Partien können unter besonderen Umständen von uns abrücken und fremd werden; es ist ein sehr eigentümliches Erleben, wenn man einem operativen Eingriffe an einer unempfindlich gemachten Stelle des eigenen Körpers zusieht; wir wissen, es ist unsere Hand, die da liegt; sonst vermittelte sie uns die feinsten Tastwahrnehmungen, und nun ist sie ein fremder Gegenstand, dessen chirurgischer Bearbeitung wir ebenso sachlich gegenüberstehen, wie der operierende Arzt. Der einfache Mensch weiß auch nichts davon, wie das Abbild der Welt, das er in sich trägt, von seinen leiblichen Sinnesorganen bestimmt, begrenzt, gefärbt wird, aber er wird immer wieder wenigstens auf die Tatsache gestoßen, daß auch das Wohlbefinden seiner Seele in innigster Abhängigkeit steht von dem Zustande des körperlichen Futterales. —

Ein seelisches Ich ist nicht schon darum vorhanden, weil die üblichen körperlichen Voraussetzungen für sein Dasein erfüllt erscheinen; es gibt Menschenformen, die zwar Träger abgestufter Grade von Bewußtsein überhaupt sind, aber doch kein Ich enthalten, junge Kinder und ausgewachsene geistig Defekte. In der Reihe der vom Kinde aufsteigenden Entwicklung ist ein nicht weiter zu zerlegendes Ichgefühl das erste; zum wirklichen Ich gehört mehr: das bewußte Auffassen des inneren Geschehens als einer Einheit zugehörig, die nicht erst von heute ist; die seelische Fähigkeit, frühere innere Geschehnisse zu erneuern und sie gleichzeitig als Eigentum anzuerkennen, die Vorgänge also, die wir als Gedächtnis bezeichnen, sind es erst, die das Ich entstehen lassen. Wer sich die Mühe nehmen will, soweit mitzudenken, kann sich ein Ich vorstellen, wie es ohne die Gabe der Erinnerung sein würde: Gefühle wären vorhanden von angenehmer oder unangenehmer Färbung, Sinneseindrücke, flüchtige Vorstellungen, auftauchende Impulse, aber alles nur ein Momentzustand, erlöschend, sobald es da war, ohne Zusammenhang mit früheren ähnlichen oder abweichenden Zuständen; es könnte ein mannigfaltiges, sogar reiches Erleben sein, abhängig in seinen Stimmungen von dem Augenblickszustand des Körpers, aber sinnlos, ohne Ergebnisse, ohne Frucht. Es ist das kein reines Phantasiebild; es kommt vor unter krankhaften Verhältnissen. Die Natur, die für gewöhnlich grausam ist in den Versuchen, die sie mit ihren armen Geschöpfen anstellt, macht ab und zu einmal das schmerzlose Experiment, die Fähigkeit der Erinnerung isoliert zu zerstören, ohne gleichzeitig den Verstand zu vernichten; ich habe solche Augenblicksmenschen in Händen gehabt, für die geistig alles, was eben noch war, sofort versank, und die nichts hatten, als die Gegenwart; ist dieser gegenwärtige Moment beschwerdenfrei, so verbringen die Zeitlosen und Ichlosen ihr Dasein in oberflächlicher Heiterkeit; wäre es nicht sonst zu schwer erkauft, möchte man sich einen Zustand wünschen, in dem alles Schmerzliche der eigenen Vergangenheit ausgelöscht ist.

Das Erinnerungsvermögen verbindet auch die Schichten des Ich, die durch eingeschobene Phasen der Dunkelheit von einander getrennt sind; der periodisch wiederkehrende Zustand des Schlafes, eine Ohnmacht oder Narkose, epileptische Anfälle, Betrunkenheit usw. unterbrechen episodisch das Ichbewußtsein; wer Talent zur Selbstbeobachtung hat, kann beim Erwachen aus tiefem Schlafe wahrnehmen, wie man die abhanden gekommenen Beziehungen — Ort, Zeit, Lebenslage, Hoffnungen, Sorgen —, die in ihrer Gesamtheit das Ich zusammensetzen, erst wieder zusammensuchen muß; oft reicht aus dem Traume eine schwere oder heitere Stimmung in den wachen Seelenzustand, die im Tageslichte als ein nicht hingehöriger Bestandteil des Ich erst wieder ausgemerzt werden muß. Diese Verrichtung des Sortierens des inneren Inventars will manchmal bei verzögertem Erwachen nicht gleich gelingen, besonders wenn man im Schlafdefizit war (z. B. nach einer durchfahrenen Nacht) und im fremden Zimmer, im fremden Bett zu sich kommt; es ist ein unbehaglicher, beklemmender, allerdings nur auf Sekunden beschränkter Zustand der inneren Enteignung; die Tiefe der Entfremdung bringt eine scherzhafte Redewendung in der Formel zum Ausdruck, daß man nicht weiß, „ob man ein Junge oder ein Mädchen ist“. Diese Unterbrechungen des Ichbewußtseins stören nicht unsere Überzeugung von der zugrunde liegenden Kontinuität des Ich, die natürlich mit einer wirklichen Einheit nicht gleichzusetzen ist.

Wenn man die Gesetze des Naturgeschehens für allgemeingültig ansieht, ist es wahrscheinlich, daß seelisches Geschehen in seinem Wesen ebensowenig unwandelbar ist, wie die Gehirnteile, die, gleichviel wie man sich das vorstellen mag, mit ihm auf Gedeih und Verderb verkuppelt sind; mit einer selbständigen Seele von eigenen Gnaden, die auf einige Zeit im Körper Platz nimmt und ihn eines Tages wieder unbeschädigt verläßt, können wir in Betrachtungen, die von der Erfahrung ausgehen, nichts anfangen; es wird mit dem seelischen Ich nicht anders sein als mit dem körperlichen: beides nichts Dauerndes, nichts, was ein für allemal in sich geschlossen dasteht, beides im ewigen Werden und Vergehen begriffen, festgeformt nur für eine oberflächliche Betrachtung.

Schon in früheren Kapiteln ist von den Irrtümern die Rede gewesen, denen wir beim Blick in verflossene Phasen unseres Ich unterliegen, vom Vergessen, von den Erinnerungsfälschungen, vom Abblassen der Gemütsbewegungen usw.; wir wandeln uns unaufhörlich und merken es nicht; wir sind nach Ablauf von Jahren nicht mehr dieselben, aber wir bilden uns ein, daß wir es seien; auch der skeptische Selbstbeobachter, der die Fehlerquellen kennt, bedarf immer wieder greifbarer Einzelbeweise, bis ihm zur Sicherheit wird, daß wir auch seelisch ein Schauplatz sind, auf dem sich allerlei Vorgänge nacheinander abspielen, die vom Bande der Erinnerung und vermöge einiger Selbsttäuschungen zu einer trügerischen Einheit zusammengefaßt werden. Diese Einheit besteht für mich nicht schon deswegen, weil ich alles seelische Geschehen als mein Erlebnis empfinde; dieses jedem Augenblick eigene Ichgefühl haben auch die vorhin erwähnten zeitlosen und erinnerungslosen Kranken, die weit entfernt sind von dem Besitze eines wirklichen Ich.

Und doch ist in jedem ein Bleibendes vorhanden, ein zweites gleichgebautes Stockwerk über dem, was wir auf körperlichem Gebiete als persönliche Eigenart der Bewegungsformen (im weitesten Sinne) verzeichneten — die Form der seelischen Reaktion gegenüber der Umwelt. Ihre Beobachtung am anderen und ihre richtige Einschätzung ist die Voraussetzung der technisch guten Menschenbehandlung, die darnach strebt, nicht nur vorauszusehen, was jemand unter bestimmten zukünftigen Umständen tun wird, sondern auch diejenigen Motive in ihm zu wecken, die ihn dazu bringen, das zu tun, was wir wollen. Wir bezeichnen die Dauerform der persönlichen Reaktionsart als Charakter, sprechen von „Charakter haben“, wenn die Reaktionsart gleichmäßig und fest ist, wissen aber auch, daß vieler Menschen Charakter darin besteht, keinen „Charakter“ zu haben. Ausgesprochene Charaktere bleiben lebenslänglich so, wie sie waren; Eigenschaften wie Gelassenheit, Hast, Voreiligkeit, Zaudern, Mißtrauen, Jähzorn, Wahrheitsliebe usw., die wir am Jüngling beobachteten, finden wir am Alternden noch immer; gewiß kann Vorsatz und Willenstraining ihre Äußerungsformen abschwächen; aber im Grunde ist der Mensch Dauerträger einer bestimmten Art den Dingen gegenüber. Manche Gesetze des normalen Seelenlebens werden am deutlichsten erkannt in ihrer Unverbrüchlichkeit, wenn sie auch in die Zustände von psychischer Störung hineinwirken; die angeborenen Formen des Willens bestimmen auch das bei gleicher Art der Krankheit persönlich verschiedene Reagieren; es hängt von ihnen ab, ob z. B. jemand, der an Verfolgungswahn leidet, auf die vermeintlich erlittenen Kränkungen mit wörtlichen Beleidigungen, Gewalttätigkeiten, mit einer Eingabe an Hindenburg, mit Abfassung einer Broschüre, mit Resignation oder mit Selbstmord antwortet. —

Als Auswirkung dieser Zusammenhänge sehen wir in jedem Lebenslaufe das immer neue Wiederkehren „typischer Erlebnisse“; der Unpünktliche begegnet immer Hindernissen, die es ihm nicht erlauben, zur rechten Zeit zu den Mahlzeiten zu erscheinen oder ein Manuskript abzuliefern, der finanziell Undisziplinierte wird auch durch eine Erbschaft nicht reicher, weil ihm das Geld durch die Finger läuft, der Willensschwächling hat das Pech, daß gerade nur er immer in Stellungen gerät, in denen man es wegen der Schlechtigkeit der Vorgesetzten nicht aushalten kann; es ist nicht, wie die Erlebenden beschönigend meinen, eine besondere boshafte Hartnäckigkeit des Schicksals, die sie verfolgt; es ist ihre immer gleiche Art beim Zusammenstoßen mit dem Leben.

Mein typisches inneres Erlebnis ist das Gefühl der Unzulänglichkeit gegenüber plötzlichen, persönlich unangenehmen menschlichen Situationen; wer mich nur aus der zweiten Hälfte meines Lebens kennt, lächelt vielleicht ungläubig; ich habe allmählich gelernt, es zu verbergen. Ich bin 25 Jahre alt geworden, ehe ich überhaupt angefangen habe, einiges

Selbstbewußtsein zu entwickeln; meine Jugend war nicht dazu angetan, diese Entwicklung zu fördern. Ich war immer zu jung für meine Lebenslage, selten körperlich wirklich wohl, gehindert als Knabe durch das immer im unpassenden Momente einsetzende Nasenbluten, das schließlich von mir als ein Makel empfunden wurde, dazu meist ärmlicher ausgestattet als meine Umgebung. Das Bewußtsein, hinten in der Hose ein Loch und schiefgetretene Hacken zu haben, fördert nicht die Freiheit der Bewegung unter Bessergestellten.

Nach und nach, als ich Erfolge sah, trat das ein, was *Busch* (Kritik des Herzens) erschöpfend festgelegt hat:

— später fand ich auf der Weide
außer mir noch mehre Kälber,
und nun schätz ich, sozusagen,
erst mich selber.

Ich sah, daß ich für gewöhnlich das, was die anderen leisteten, auch konnte und oft mit geringerem innerem Aufwande. Geblieben ist mir ein nicht zu Überwindendes, daß ich Kränkungen gegenüber nicht sogleich im Vollbesitze meines geistigen Rüstzeuges zur Abwehr bin; ich besitze nicht die zweckmäßige Robustheit rücksichtslosen Zuschlagens; es tritt zunächst eine Art von Shok ein, der die geistigen Prozesse stillegt, dann aber auch der Einfluß eines überlebhaften Rechtsgefühles, das fragt, ob der andere nicht vielleicht recht haben könnte. Die quälendsten Erinnerungen sind nicht die an Schuld oder Unrecht, das man beging, sondern die Bilder der Lebenslagen, in denen man Verkennung und Unrecht hinnehmen mußte. Aus dieser inneren Konstellation heraus bin ich lebenslänglich ein guter Hasser gewesen, dem die Stimmung der Verse geläufig war:

Vergeben? nein, und kein Vergessen;
die je mich kränkten, will ich hassen,
und müßt' ich auch mein Heil verpassen,
kann ich sie nur in Teufelsessen
am Spieße langsam rösten lassen.

Gewiß ist das nicht christlich gedacht, aber ich habe Ehrlichkeit versprochen, und es liegt nicht in meiner Absicht, eine Erbauungsschrift zu verfassen. Die mir nach Lage der Dinge oft versagte persönliche Ahndung hat der Himmel so häufig übernommen, daß ich darin nach und nach — es dauert manchmal lange — einen Ausgleich zu sehen gelernt habe; die meisten, die mir im Laufe der Jahrzehnte wirkliches, ungesühntes Unrecht zufügten, haben irgendwie ein schlimmes Ende genommen — Zufall natürlich, den nur meine Stimmung manchmal in diese befriedigende Beleuchtung rückt.

Auch in der wissenschaftlichen Arbeit habe ich nicht von Anfang an den Mut zum Ich gehabt. Der Novize, der zwar das elementare Handwerkszeug zu brauchen gelernt hat, aber noch eine Menge Autoritätsglauben mitbringt, ist zunächst befriedigt, wenn er in seinem Bereiche die Erfahrungen, die er macht, mit denen der herrschenden Lehre in Übereinstimmung zu halten vermag; es ist eine Genugtuung ähnlich der reisender Engländer, die in den Sammlungen vor allem Wert darauf legen, daß alles da ist, was im Bädecker steht. Nach und nach treten, dank der eigenen Art, zu sehen, die Zweifel auf, die für jeden Fortschritt Voraussetzung sind. An den Bemühungen, sie zu begründen, wächst die wissenschaftliche Persönlichkeit, bis sie schließlich in Überzeugungen hineinreift, die fest genug sind, um sich gegen die normale Verneinung des Neuen zu behaupten. Bei diesem Prozesse, der sich mehr oder weniger deutlich in jedem Forscherleben abzeichnet, war mir der Mangel an naivem Selbstbewußtsein eine Hinderung; ich entsinne mich sehr lebhaft der brennenden Zweifel, die mich anfielen, als die Psychiatertagung in München vor langen Jahren von mir vorgetragene, neue Auffassungen über die Struktur der Geisteskrankheiten, die sich später durchgesetzt haben, geschlossen ablehnte mit Mienen, wie sie bei einer Heiligtumsschändung angemessen gewesen wären; die Ablehnung wirkte bis in die — mitleidigen — Mienen der Freunde hinein. *Spätere Erfahrungen haben mich innerlich von Zustimmung* oder Beifall unabhängig gemacht; ich habe gefunden, daß ich am meisten darauf rechnen konnte, mit einer Meinung auf die Dauer recht zu behalten, wenn ich mit ihr allein stand; noch besser freilich waren die Aussichten, wenn ich dafür geschmäht wurde. Das klingt überheblich; ich weiß es, meine Freunde; aber ich habe mich vor mir selber so oft zu gering eingeschätzt, daß ich mir auch einmal das Vergnügen leisten kann, mich zu überschätzen.

Die Gleichgültigkeit gegen die Meinung der Leute entwickelt sich Hand in Hand mit dem Verzicht auf Versuche, zu denen sich der jüngere Mensch unwiderstehlich getrieben fühlt, andere zur eigenen Meinung bekehren zu wollen. Man überzeugt nur selten jemanden durch Gründe; die Bemühungen gleichen der fruchtlosen Arbeit des Windes, dem sich das Schilf einen Augenblick beugt, um alsbald wieder in die frühere Haltung zurückzufedern. Wie wenige werden überhaupt durch wirklich verstandesmäßig verarbeitete Motive geleitet; meist sind es Gefühle, unklare Regungen, die Schwerkraft der Gewohnheit oder suggestible Modellierbarkeit, was das Tun bestimmt; man erlebt es, denkt sich sein Teil und läßt sie gewähren. Das Bewußtsein, nur einmal zu existieren und das Wissen um die Kürze des Jedem zugemessenen Tageslichts — Erkenntnisse, die in wirksamer Klarheit nur nach und nach dem Besitzstand des Ich zuwachsen — verschiebt die Maßstäbe und verleiht den inneren Gütern erhöhten Wert; die Meinungen, die andere Leute haben, werden unerheblich. Bei dem produzierenden Menschen komplizieren sich die Vorgänge; es gehen dort — abgesehen von dem Motiv des Geldverdienens — mehrere Strömungen durcheinander; die eine gipfelt in dem Wunsche, etwas aus sich herauszustellen, was sich sehen lassen kann, was Beifall findet, bestimmte Wirkungen ausübt, die andere ist darauf bedacht, mit der Arbeit vor dem Ich und vor dem Geiste bestehen zu können; der Lohn liegt hierbei in dem Lustgefühl, von dem jedes dem eigenen Wesen und der besonderen Begabung entsprechende Tun begleitet wird; zunehmende Weisheit und die Einsicht für das Begrenzte und Relative auch des besten, was man schaffen könnte, führt dazu, die innere Befriedigung immer mehr auf diesem, als auf jenem Wege zu suchen.

Eine glatte Sonderung in den Motiven des Schaffens ist bei der Verschiedenheit des Stoffes der Betätigung und bei der Struktur des Ich nicht möglich; wie mannigfach und innig die Verflechtungen sind, ermißt man, wenn man sich die Frage vorlegt, was an geistigen Betätigungen ein Mensch zu üben Lust hätte, der endgültig der letzte auf dem Erdballe wäre, ausgeliefert absoluter, aussichtsloser Einsamkeit; würde in dieser Lage *Rafael* noch seine Madonna malen, *Bach* seine Fugen, *Goethe* seinen Faust, *Kant* seine Kritik der reinen Vernunft schreiben? Ich überlasse die Antwort der Phantasie des Lesers. —

Die Jungen und die Alten.

Ein alter Mann ist stets ein König Lear;
was Hand in Hand mitwirkte, stritt,
ist längst vorbeigegangen;
was mit und an Dir liebte, litt,
hat sich wo anders angehangen;
die Jugend ist um ihretwillen hier,
es wäre töricht, zu verlangen:
komm, ältele Du mit mir.

Goethe.

Bei einem Ausfluge saßen junge und alte Herren zusammen auf einer Bank am Waldesrande; in den Gräsern der Wiese, die sich davor ausbreitete, konzertierten die Grillen in der ihnen eigenen Weise. Das Gespräch ging über die Wandlungen der Welt; die Alten stellten die ihren Jahresringen entsprechenden Betrachtungen an; einer meinte z. B., auf solchen sonnigen Flächen seien in seiner Jugend sicherlich Grillen zu hören gewesen, und jetzt gebe es keine mehr; die Jungen hielten es kaum aus vor dem Geschrille der munteren Hüpfer.

Die Szene spielte bei einer Naturforscherversammlung, und so wurden auch die Gründe der Verschiedenheit der Weltbilder wissenschaftlich erörtert, z. B. für diesen Fall, daß das Ohr der alten Herren den Schwingungen der Grillengeige, die bis zu 20000 in der Sekunde gehen, wegen sinkender Elastizität des aufnehmenden Organes nicht mehr zu folgen vermag.

Das Bild jener Bank und der Diskutierenden ist mir immer lehrreich und tröstlich, wenn die Unterschiede in der Auffassung der Dinge zwischen Jungen und Alten verstimmende Formen annehmen wollen; es zeigt, daß die Frage: Recht haben oder im Unrecht sein, inhaltlos wird vor der Einsicht in die Wandlungen, denen die organische Psyche, die Trägerin des Spiegels der Welt, im Laufe des Lebens unterworfen ist; die gestaltenden Bedingungen zu erkennen, darauf kommt es an; die Erkenntnis des Waltens von Gesetzmäßigkeiten ist immer geeignet, persönliche Verstimmungen zu entgiften.

Zur Zeit sind die Unterschiede in der Art, die Dinge zu sehen, besonders lebhaft; aber es ist das nur eine episodische, zeitbedingte Steigerung einer in allen verflossenen Phasen in gleicher Weise erkennbaren Erscheinung. Immer hat das Alter die Jugend für voreilig, übertrieben begeisterungsfähig, unbesonnen und unkritisch gehalten; immer hat die Jugend sich revanchiert und das Alter schwunglos, eigensinnig und beschränkt genannt; die Jugend ist immer *Siegfried*, dem ein Alter in einer mürrischen Höhle im Wege ist; sie ist gelegentlich, in gereizten Stimmungen, in Versuchung, zu sagen: „was treibst Du Dich mit Deiner abgestandenen Weisheit noch immer im Lichte herum, mach doch, daß Du in Dein Grab kommst, wo Du hingehörst". (Einer modernen psychologischen Richtung war es vorbehalten, aus diesen uralten Dingen das nagelneue, effektvolle Gebilde des Ödipuskomplexes entstehen zu lassen.)

Das Alter hat es leichter, die Zusammenstöße der Auffassungen mit Ruhe hinzunehmen; die Jugend, die sich im Besitze absoluter Werte und Maßstäbe fühlt, die nichts kennt, als sich selbst, die an die ewige Dauer der Gefühle glaubt, ist ihrer Natur nach unduldsam. Das Alter hat jenes Stadium der Entwicklung an sich selbst erlebt; es kann mit ironischer Gelassenheit, vielleicht auch mit wehmütigem Neide auf das Glück solcher Stimmungen, zusehen, wie sich der Most absurd gebärdet.

Ja, so waren wir auch einmal, so voll von Illusionen, voll Glauben an die eigene Kraft, entschlossen, wenn man uns nur endlich einmal heranließe, die Welt nach unserem Kopfe umzugestalten, bis dann im grauen Gleichschritt der Tage die liebsten Blüten nach und nach verstaubten und verdorrten.

Das Seltsame an den Wandlungen des Ich, die den Jahresringen parallel gehen, ist, daß sie für das Bewußtsein so lange unmerklich bleiben; jede Entwicklungsstufe ist sich selbstverständlich; keine empfindet sich, wenn nicht Reibungen mit der Welt oder besonders geübtes Nachdenken auf die Frage führen, als anders gegenüber der unmittelbar vorausgehenden Phase. Wer seinen Lebenslauf als Ganzes sieht, stellt wohl einmal Betrachtungen an über den Gang der Kurve: was ist Höhepunkt? was ist Niedergang? ist man mit 25 Jahren auf der Höhe, und mit 40 Jahren, wie es dem Fünfundzwanzigjährigen erscheint, bereits auf dem Abmarsch? „Auch Einer" erzählt, wie sie als junge Kerle einen Kameraden auslachten, weil er 30 Jahre alt geworden war; ist man der wahre Mensch erst mit 50 bis 60 Jahren — der Altersstufe, die früher die politischen Gestalter der Welt stellte — wenn das Wollen noch ungebrochen, Überblick und Urteil aber reif und sicher sind? Diese Erwägungen ähneln, auch in ihrer Unfruchtbarkeit, den Betrachtungen, ob das Frühjahr nur die Vorbereitung auf den Sommer, der Herbst nur einen Ausklang der guten Zeit bedeutet.

Gerecht beurteilen kann man sich gegenseitig nur innerhalb der Breite einiger benachbarter Jahresringe; je mehr sie auseinander rücken, um so mehr handelt es sich nur noch um Verstehen und Entschuldigen. Das Alter ist dabei in einer unglücklichen Stellung: seine Zeitgenossen sind größtenteils dahin; es wird nicht mehr von seinesgleichen beurteilt.

Die schematische Betrachtung jedes Lebenslaufes, die ihn in graphischer Darstellung sieht, sondert Aufstieg, Abstieg und die eigentliche Höhenwanderung, die, wenn auch mit kleinen Schwankungen, in einer Ebene auf dem Plateau verläuft; normalerweise ist das Mittelstück länger als die Phase der Vorbereitung und des Abklingens; den objektiven Wert, den Verkehrswert eines Menschen, beurteilen wir für gewöhnlich nach dem, was er im mittleren Teil seiner Wanderung war. Jedem Altersabschnitt kommen bestimmte seelische Eigentümlichkeiten zu, deren Dasein wir stillschweigend voraussetzen, wenn wir mit Leuten verschiedenen Alters zu tun haben. Abweichungen von dem Durchschnittsbilde, das wir erwarten, fallen uns auf: altkluges, blasiertes Wesen bei einem Jüngling, Unreife in mittleren

Jahren, stutzerhafte Anwandlungen bei einem Alten. Nicht selten besteht das Charakteristische am Wesen eines Menschen darin, daß er lebenslänglich Eigenschaften zeigt, die eigentlich nur zu einer seiner verschiedenen Lebensphasen gehören; gerade sein Bestes kann darin den vollkommensten Ausdruck finden; es gibt geborene ewig Junge und geborene Alte; in unserer Vorstellung sind *Alkibiades*, *Körner*, *Hölderlin* ewige Jünglinge, *Caesar* ein Mann, und *Schopenhauer* ein grämlicher Altgeborener; es ist in diesem Zusammenhang das Besondere an *Goethe*, daß er auf jeder Lebensstufe völlig das war, was seinem Jahresringe entsprach. Jede Altersstufe hat auch ihre eigene Glücksbilanz, die ihr zugemessenen und angemessenen Freuden und Kümmernisse; Bemühungen, aus diesen Gesetzmäßigkeiten auszubrechen, Bemühungen, die mit den Jahren an Häufigkeit zunehmen, werden bestraft; es ist tiefe Weisheit, die *O. Wilde* ausspricht: das Tragische am Alter ist nicht das Altwerden, sondern das Jungbleiben. In der landläufigen Meinung ist Jungsein ein Glück, Altern ein Mißgeschick; wenn es anders wäre, würden nicht so oft literarische und philosophische Rettungsversuche des Altersglücks unternommen werden, in denen zwar einige Mängel zugegeben, um so lebhafter aber die stillen Freuden, besonders das Freiwerden von der Peitsche der erotischen Leidenschaft, gepriesen werden; diese Betrachtungen haben etwas von den Tröstungen an sich, die menschenfreundliche Optimisten in einer eingeregneten Sommerfrische feilbieten, daß die Luft doch so schön staubfrei, feucht und milde sei. „Was man sich in der Jugend wünscht, hat man im Alter die Fülle“ — mag schon so sein, wenigstens ab und zu einmal; nur daß man dann meist nichts mehr damit anfangen kann.

Soviel steht trotz alledem fest, daß die Phase des Alterns im allgemeinen gefürchtet wird; die meisten Menschen machen Versuche, ihren Beginn hinauszuschieben, vor anderen und vor sich selbst zu verheimlichen, Versuche, die bald etwas rührendes, bald etwas lächerliches oder groteskes haben. Es gibt alte Herren, die Jugend simulieren, wie ein Geisteskranker, dem die Entmündigung droht, Gesundheit vorzutäuschen versucht; geschieht dies im Verkehr mit der Jugend, so stellt sich die Formel ein: „Fühlung behalten mit den Jungen“; sie ist die freundliche Verschleierung einer Stilwidrigkeit; ein alter Mann, der sich bemüht, wirklich Arm in Arm mit den Überzeugungen und Stimmungen der Jugend zu marschieren, — auf Stiftungsfesten ist es für Stunden möglich — steigt herab; er verkennt zudem, gewöhnlich aus Eitelkeit, das Zwingende der Gesetze des Jahresringes; keine Altersstufe ist im Alleinbesitze der Wahrheit, und was für die eine Weisheit ist, kann Torheit sein für die andere.

Das naive Denken setzt nach unbewußten Eindrücken für seinen Gebrauch irgendeine Zahl der Lebensjahre fest, von der an es seinen Nächsten als alt bezeichnet; ich habe immer mit innerer Belustigung die Verschiedenheit der Antworten beobachtet, die mir Studenten gaben, wenn ich sie in der psychiatrischen Vorlesung fragte, wann bei einem Manne das Senium, das eigentliche „Alter“, beginne; manchmal war dabei in den letzten Semestern meiner Lehrtätigkeit eine zarte Rücksicht erkennbar, die Antwort so zu fassen, daß meine, des Fragenden, Altersstufe jedenfalls noch diesseits der Barrière blieb.

Die ersten körperlichen Wirkungen des langsamen Raubes, den die Zeit an uns begeht, stellen sich ein schon lange vor dem Beginn des allgemeinen Abstieges vom Plateau — das Sinken der Elastizität der Kristallinse im Auge; es macht für weitsichtig Geborene schon ziemlich frühzeitig den Gebrauch einer Brille beim Lesen nötig. Nicht viel später beginnt die Abnahme der absoluten Größe der Muskelkraft, noch nicht bemerkbar im gewöhnlichen Leben, wohl aber beim Sport, dessen sachverständige Jünger sehr genau die zeitlichen Grenzen kennen, bis zu denen Höchstleistungen möglich sind. Kapitän *Scott*, der auf dem Heimwege vom Südpol mit 40 Jahren umkam, weist in seinen ergreifenden letzten Notizen einen englischen Warner besonders darauf hin, daß er doch noch nicht zu alt gewesen sei und es am längsten von seinen Gefährten ausgehalten habe. In Abhängigkeit von den innerlichen Veränderungen des regulierenden Apparates im Ohr sinkt auch die Sicherheit bei allen Präzisionsbewegungen, die eine Intaktheit des Gleichgewichtssinnes fordern — Tennisspielen, Radfahren u. dgl. Physiologische Einzelheiten der erotischen Kurve, von denen ich hier nicht mit genügender Freiheit sprechen könnte, habe ich in meinem Büchlein über die Wechseljahre des Mannes gegeben.

In geistiger Hinsicht ist das erste, bei der Häufigkeit seines Vorkommens nicht als Makel empfundene, Zeichen die Einschränkung der Fähigkeit, Eigennamen zu behalten. Der Name ist von allen Beziehungen, die sich an das Bild eines Menschen heften, die äußerlichste und eine rein zufällige; zu allen übrigen führen irgendwelche Fäden des Denkens; aber den Namen, ebenso wie die gleich zufällige Hausnummer und die Nummer des Telephonanschlusses muß man „behalten". Ich habe als junger Assistent, wenn ich eine Abteilung von 50 Kranken übernahm, am zweiten Tage jeden beim Namen nennen können; später erlebt man die Unannehmlichkeit, schon nach kurzer Zeit auf den Namen eines Patienten, der wieder in der Sprechstunde erscheint, nicht kommen zu können; man weiß ganz genau alle Einzelheiten seiner Vorgeschichte und des Untersuchungsbefundes, aber der Name, der Name! Das geht während der Unterhaltung noch ganz gut — den Titel weiß man ja —, aber wenn es an das Schreiben des Rezeptes oder eines Zeugnisses geht, heißt es Farbe bekennen. Daß man den Namen nicht weiß, einzugestehen, wäre ein Kunstfehler; wie soll der Kranke Zutrauen zu einem Arzte haben, der so wenig Interesse an ihm nimmt — so deutet es der Laie —, daß er nicht einmal mehr das wichtigste weiß, die Kombination der Buchstaben, die ihren Träger in der Schar der Zweifüßler kenntlich macht. Es gibt Tricks, mit deren Hilfe man den Klienten dazu bekommt, seinen Namen selber zu liefern, aber ich darf sie aus ärztlichem Korpsgeist an dieser Stelle nicht preisgeben.

Etwas bedenklicher schon ist das Symptom, daß der Alternde einem Hörer nach kurzem Abstande dieselbe Geschichte zum zweiten Male erzählt, weil ihm die Erinnerung an das erste Mal nicht gegenwärtig ist; es gehört zu den Regeln gesellschaftlicher Wohlerzogenheit, sich nichts davon merken zu lassen, daß man es merkt.

Dieses rasche Verblassen der Erinnerungsbilder empfinden manche Alternde in einer Hinsicht als einen Vorzug: sie können Bücher, die ihnen gefallen haben, bald wieder mit dem Reize verhältnismäßiger Neuheit lesen.

Das Gedächtnis, um dessen beginnende Abnahme es sich handelt, ist nicht derjenige Teil der Intelligenz, von dem die geistige Kraft, die Wirkung eines Menschen bestimmt wird; neben jenen Defekten kann die Energie der Interessen, die Kombinationsgabe und die Urteilskraft in voller Schärfe erhalten sein; es ist wahrscheinlich, daß *Haydn*, als er mit 69 Jahren die Schöpfung komponierte, *Fontane*, der im siebenten Lebensjahrzehnte seine besten Romane schrieb, und *Goethe*, der mit 73 Jahren die Marienbader Elegie dichtete, längst mit jenen kleinen Versagern des Gedächtnisses Bekanntschaft gemacht hatten.

Der auf Beobachtung gestimmte Alternde wird von der Selbstwahrnehmung dieser Mängel nicht so sehr berührt; man weiß Bescheid um ihre Gesetzmäßigkeiten und kann durch Aufmerksamkeit ihre Wirkung nach außen abschwächen; wir alle verfügen über geistige Reserven, die wir nötigenfalls mobil machen können. Kein Mensch arbeitet lebenslänglich mit dem Maximum von Druck, unter den er seine Maschine setzen könnte; wir alle hätten, ehrlich gesprochen, mehr leisten können, wenn wir uns mehr, d. h. bis zum Äußersten, angestrengt hätten. Aus diesen nicht voll ausgenutzten Fonds, die früher einen Luxusbesitz darstellten, kann man noch eine Weile für den Bedarf schöpfen.

Subjektiv einschneidender als die Gedächtnismängel ist ein anderes: die Wahrnehmung, daß die gefühlsmäßigen Schwingungen der Seele in der Weite des Ausschlages nachlassen. Es ist nicht allein etwa Abstumpfung durch ewige Wiederholung der Dinge, nicht bloß die zunehmende Einsicht für die Eitelkeit alles irdischen Wesens; es ist etwas Selbständiges, eine geringere Ansprechbarkeit der Saiten, die wie unter einer Sordine liegen. Man empfindet das am schmerzlichsten bei den feineren Erlebnissen, z. B. beim Hören bestimmter Musik, die man liebt; man macht die Wahrnehmung, daß ihre Hauptwirkung auf uns nicht mehr in dem liegt, was sie in der Gegenwart ist, sondern in dem Wecken der Stimmungen, unter denen wir sie in besseren Jahren aufgenommen haben.

Die Beobachtung dessen, woran man vorbeigeht, ohne davon im Innersten berührt zu werden, und wie rasch man an Dingen vorbeigeht, die uns eine Weile berührten, gibt einen Maßstab für den Grad und das Tempo der Wandlungen, die sich in uns vollziehen.

Auch das Verhältnis zu den Dingen der ferneren Vergangenheit erleidet nach und nach eine Verschiebung. Ein Wiedersehen mit Jugendfreunden erfüllt unsere Erwartungen nicht, bleibt unbehaglich und gezwungen; die Wiederkehr an Stätten der Erinnerung bringt uns unser eigenes Ich nicht zurück; wir treffen eine leblose Vergangenheit, und das Wiedersehen mit ihr wird fast zu einem Abschied von uns selbst; das Verzichten bei der Trennung von Haus, Möbeln, Büchern färbt sich zu einer Vorübung auf den Generalverzicht. Alles, was den Alternden trifft, erhält seine besondere neue Beleuchtung durch das Wissen, daß es nun bald damit zu Ende ist. Diese Entwicklung vollzieht sich nicht immer ohne Schwierigkeiten; die Denkgewohnheit, das zukünftige Geschehen, die Schicksale des Vaterlandes, der Kinder und Enkel in der Phantasie vorwegzunehmen und mitzuerleben, läßt sich nicht so geschwind abstellen. Das Alter sollte sich zu jeder Zukunft so stellen wie die Menschheit als Ganzes zu der Frage: Wie lange reichen die Kohlenvorräte der Erde noch aus? Es berührt die Gegenwart nicht; unsere Nachfahren mögen, wie wir es auch gemußt haben, sehen, wie sie fertig werden.

Das gefühlsmäßige Bewußtsein des Lebensalters folgt

nicht automatisch der Neubildung der Jahresringe; die Illusion, immer derselbe zu sein, betrügt uns wie in allen vorausgehenden Zeitschichten des Lebens. Man muß manchmal die Zahl seiner Jahre vor sich hinsprechen, um die Gedanken und Gefühle anklingen zu lassen, die wir, wenn sie anderen gelten, mit jener Altersbezeichnung verbinden.

Für die Umstehenden wirkt es als „Egoismus", wenn das Alter aus der Tatsache seines Wanderns am Rande des Lebens Folgerungen zieht, wenn es sich nicht mehr in fremde Interessenkämpfe hineinzerren lassen will, Konflikten aus dem Wege geht und nur noch dem zu leben wünscht, was in seiner besonderen Bilanz wertvoll erscheint. Zwei Reihen von Freuden erweisen sich dabei als treu und dauerhaft, als enttäuschungsfrei: der Umgang mit der Natur und der Verkehr mit den abgeschiedenen Geistern der Vergangenheit, die im gedruckten Worte zu uns sprechen; es ist wie ein stiller Bund der Alten jeder Zeit, die sich über die Niederungen des Lebens hinweg, gegenseitig verstehend, zunicken. Die Kunst hat das Bild dieser Form des Alters gern dargestellt; in der Zelle des heiligen *Hieronymus* liegen die wilden Tiere, die Leidenschaften, freundlich beruhigt zu den Füßen des beschaulichen Denkers; den gleichen Feiertagsfrieden atmet die Eingangsszene des dritten Aktes der Meistersinger in der stillen Stube des Schusterpoeten, deren Konzeption wohl von jenem Bilde nicht unbeeinflußt gewesen ist.

Von einer wirklichen Würdigung solcher Stimmungen ist die Jugend weit entfernt. Ihr Verhältnis zum Alter ist niemals ganz einfach gewesen. Auf früheren Kulturstufen genoß das Alter an sich wegen seiner Erfahrung und der vorausgehenden Leistungen im Leben eine ehrfürchtige Schätzung; seit die Ausdehnung der Bildungsmöglichkeiten keine Schicht mehr als bevorzugte Inhaberin der Weisheit erscheinen läßt, ist das anders geworden. Das Alter sieht sich heute in eine Art von Verteidigungsstellung gedrängt; seine Meinungen werden allenfalls mit Respekt angehört, gelten aber nicht mehr als wesentlich; seine Beweismittel verfangen nicht bei der Jugend. Das Alter hat vielfach das Gefühl, sich entschuldigen zu müssen, daß es überhaupt noch eine Meinung hat.

Freilich hat die Jugend manchmal recht mit ihrer Einschätzung; es gibt Altersweisheit, die nur noch doktrinär ist, und Erfahrungen, die nicht, wie es sein soll, zum Werkzeug dienen, sondern den Träger zum Sklaven seiner Erinnerungen machen.

Aber die Jugend verlangt zuviel, wenn sie will, daß das Alter sich mit Wärme in den Dienst jeder neuen jugendlichen Welle stellen sollte; der Typus des Alten, von dem jedes Neue deswegen, weil es neu ist, abgelehnt wird, ist gewiß nicht erfreulich; aber auch der Alternde, der noch neuen Befruchtungen zugänglich ist, hat recht, wenn er sich nicht von Jedem und nicht wahllos mit Ideen befruchten lassen will, die schon darum für gut gelten sollen, weil sie neu sind.

Die Begeisterungsfähigkeit der Jugend ist die Voraussetzung jeden Fortschrittes; aber sie allein ist keine Bürgschaft für die Güte dessen, wofür sie sich einsetzt. Die Alten wissen, daß jugendlicher Enthusiasmus, ebenso wie dem Wertvollen, vielfach auch Verirrungen und Entwicklungen gegolten hat, die Dekadenzerscheinungen waren oder sich im Laufe der Zeit als Holzweg entpuppten; das energische Drängen der Jugend ist der Motor des Wagens, aber auch Steuerung und Bremse sind nötig, wenn das Fahrzeug nicht im Graben stranden soll.

Altersweisheit ist mißtrauisch gegen alles, was stolz und glänzend vierspännig vorfährt; sie weiß, daß dauerhafte Errungenschaften der Menschheit langsam, fast unbemerkt, bedeckt vom Wegesstaub angewandelt kommen; aber fremde Einsicht hat noch nie jemandem Nutzen gebracht; es ist das Tragische an der Entwicklung des Menschen, daß jeder seine Dummheiten von neuem machen muß, ja, daß er kaum aus seinen eigenen etwas lernt.

Für die Teilnehmer meines Jahresrings, die im Kriege ihre Söhne und ihre Hoffnungen verloren hatten, bildete Deutschlands Zusammenbruch die entscheidende Lebensstufe. Für diejenigen, die sich um jene Zeit, dem Alter nach, dem Ende der Plateauwanderung näherten, wurde der Abstieg, das Müdewerden der Schwingen, die Resignation, beschleunigt. Die Zeit vor dem Kriege, in der wir von dem Dauerbewußtsein getragen wurden, Angehörige eines großen, freien, geachteten, gefürchteten Vaterlandes zu sein, blieb uns der Maßstab, nach dem wir neues Geschehen werten mußten; der Jugend fehlt die Möglichkeit des Vergleiches; die Stimmungen jener Phase sind ihr, dem Erleben nach, fremd und vielfach unverständlich.

Aber wir, die wir es in der Jugend leichter gehabt haben, dürfen nicht ungerecht sein gegen eine Generation, die, aufgewachsen in armselig gewordenen Verhältnissen, bedrückt von der Aussichtslosigkeit ihrer Lebensbahnen, in heißem Brausen versucht, ihrem Dasein neue Ziele, neuen Inhalt zu geben. Es kommt für diese Entwicklung nicht darauf an, ob sie uns Alten gefällt; die Jugend ist die Zukunft; sie wird ernten, mögen die Früchte ihres Tuns nun süß oder herbe sein.

Bildungsquellen.

„Von wem auf Lebens- und Wissens-Bahnen
Wardst du genährt und befestet?
Zu fragen sind wir beauftragt."

Ich habe niemals danach gefragt,
Von welchen Schnepfen und Fasanen,
Kapaunen und Welschenhahnen
Ich mein Bäuchelchen gemästet.

So bei Pythagoras, bei den Besten
Saß ich unter zufriednen Gästen;
Ihr Frohmahl hab ich unverdrossen
Niemals bestohlen, immer genossen.

Goethe.

Der entfernte Beobachter der Dinge auf diesem Erdball, auf dessen Standpunkt wir uns schon öfters gestellt haben, würde in den hier und da verstreuten, größeren und kleineren Anhäufungen von Menschen zwei grundsätzlich verschiedene Typen erkennen: der eine, in glücklichen Klimaten, seit Jahrtausenden im gleichen Zustand verharrend, unverändert in Gewohnheiten, Kenntnissen, Fertigkeiten, ohne Interesse für alles, was über den Tagesbedarf hinausgeht, existierend schlechthin wie Pflanzen und Tiere, der andere in Unruhe und Betrieb, wandelbar, fortschreitend an Einsicht und in der Beherrschung und Gestaltung der Umwelt; wir nennen diesen Teil „Kulturmenschheit". Wie jung ihr Wesen, gemessen am Alter des Menschengeschlechtes überhaupt, noch ist, erkennen wir an der Größe der Summe von Arbeit, die von ihr immer wieder aufgewendet werden muß, um ihr noch unsicheres Niveau aufrechtzuhalten. Der moderne gebildete Mensch muß ein Drittel der Zeit seines Daseins daran geben, bis er erst einmal so weit ist, wie seine Väter waren; nichts an geistigem Erbe findet er in sich vor; jeder fängt von neuem an und muß sich durch Energie und Beharrlichkeit in den Besitz dessen setzen, was ihn zum vollwertigen Teilnehmer des gehobenen Menschentums macht.

Die Regel, daß im Leben des einzelnen sich Wiederholungen des Geschehens aus der Geschichte der Menschheit abzeichnen, daß alles, was dort späte Errungenschaft ist, auch vom Individuum in seinem Dasein spät und mühsam erreicht wird, gilt schon für die ersten elementaren Stadien der Entwicklung; Hühnchen, die aus dem Ei schlüpfen, sind schon im Besitze der meisten der ihnen überhaupt beschiedenen Fähigkeiten; das menschliche Kind wird ein Jahr alt, ehe es beginnt, auch nur die schwierige Verrichtung des aufrechten Ganges zu lernen und wird mehrere Jahre alt, ehe es darin einige Sicherheit erreicht. Die Mühsal auf den Bänken der Schule, in den Werkstätten und Hörsälen, ist nur eine geistige Fortsetzung dieser ersten Strapazen und Nöte. Unter dauernden Anstrengungen drängt die Kulturmenschheit als Ganzes vorwärts; ein großer Teil der Strebenden bleibt zurück; ein gewisser Prozentsatz gelangt bis zu einer allen gemeinsamen, vorgeschobenen Linie; einzelne wenige, die eigentlichen Träger des Fortschritts, dringen darüber hinaus und schlagen ein paar Schritte weiter neue Grenzpfähle ein, die dann im Laufe der Generationen auch von den übrigen erreicht werden. Das Depot von Erinnerungen an verflossene Tatsachen, an die Meinungen, Leistungen und Irrtümer derer, die vor uns da waren, der Niederschlag von alten Erfahrungen in Form von Urteilen und Grundsätzen, dieser bunte Packen von abgelegten und noch brauchbaren Kleidern des Geistes wird als Bildungsmaterial bezeichnet; es gehört zum Ehrgeiz des modernen Menschen, als ein „Gebildeter“ zu den gesetzlichen Erben dieser alten Güter gezählt zu werden. Die Gebildeten und die Ungebildeten, die als etikettierte Gruppen den sie trennenden Graben für tiefer halten, als er ist, neigen dazu, durch Dünkel und Überheblichkeit auf jener, Mißtrauen und Haß auf dieser Seite sich gegenseitig Unrecht zu tun.

Wer darf sich denn *gebildet* nennen? Spezialistische Ausbildung in irgendeinem Fache des Wissens oder Tuns genügt gewiß nicht; es genügt auch nicht das heute durch Zeitungen und Lektüre jedem zugänglich gewordene breite

Halbwissen einer Unmenge von Tatsachen und Beziehungen, die Fähigkeit, über alles eine Meinung zu haben und darüber in den fertig übernommenen Formulierungen anderer Leute zu reden. Das alles ist heute mühelos zu haben und gibt den Millionen, die sich als gebildet fühlen, ihr Gepräge; weil sie im Grunde genommen unsicher sind und fast alles aus zweiter Hand beziehen, ist es so leicht, sie zu beeinflussen und mit irgendwelchen Auffassungen zu imprägnieren. So ist z. B. die Schaffung einer Einheitszeitung ein wirksames Mittel, um einheitliche Überzeugungen in Millionen von Hirnen entstehen zu lassen, die sich dann einbilden, von selbst darauf gekommen zu sein.

Zum Begriff wahrer Bildung gehört mehr, vor allem Kraft und Selbständigkeit des Urteils, das, gestützt auf tatsächliches Wissen, dem Träger erlaubt, seinem persönlichen episodischen Erleben in dem großen Zusammenhange der Dinge seine Stelle anzuweisen; als gebildet darf sich nur derjenige fühlen, der ein freiwilliger, bewußter und kritischer Teilhaber an dem geistigen Gesamtgut der Menschheit ist.

Der Besitz an Bildungsstoff muß dabei im einzelnen sehr verschiedenartig sein; seine Fülle ist so überwältigend, daß auch die größten Geister sich nur einen Bruchteil davon, eine Auswahl, anzueignen imstande sind. Das auswählende Prinzip ist die festliegende Uranlage des einzelnen, auf die man wieder rückwärts aus dem Ergebnis der Wahl schließen kann. Wie ein chemischer Körper aus einem Gemenge der ihm dargebotenen Dinge sich nur mit dem verbindet, was ihm verwandt ist, nimmt auch der Geist als Dauerbesitz nur das ihn ansprechende auf. So kann die Bildung eines Menschen vorzugsweise eine philosophische, künstlerische, historische, ästhetische sein; Grundvoraussetzung angesichts dieser Möglichkeiten bleibt aber immer ein gewisser Schatz an allgemeinem menschlichem Wissen, ein Gerüst von Linien der großen Zusammenhänge, innerhalb deren dann einzelne Fächer mit Vorliebe gefüllt werden.

Wohin ich selbst als Persönlichkeit in der Reihe dieser

Abstufungen gehöre, mögen die Umstehenden entscheiden; von mir aus kann ich nur sagen, daß ich mich von Jugend auf bemüht habe, mich in selbständiger Denkarbeit zum Herren des meinem Wesen und meiner Begabung angemessenen Bildungsmaterials zu machen.

In der historischen Reihenfolge steht an der Pforte auch meiner Entwicklung die alte Bibel meiner Kindertage. (Von dem Gange meiner religiösen Entwicklung wird später noch die Rede sein.) Nach der Bibel, deren Erzählungen dem kindlichen Gemüte die Bilder des Morgenlandes nahebrachten, habe ich lebenslänglich immer wieder gegriffen, nicht weil ich darin Erbauung gesucht hätte, sondern weil sie ein menschliches Dokument von höchstem Range, ein Buch der Weisheit, den Rahmen einer Fülle poetischer Anschauungen bedeutet. Ein Teil ihrer Wirkung beruht auf der Übersetzung *Luthers*, der ein sprachgewaltiger Dichter war; ein Vergleich mit der philologisch korrekten „Textbibel" zeigt in zahllosen Einzelheiten, wieviel der Genius des Übersetzers dem Stoffe an Stimmung, Schwung und Färbung gegeben hat. Auf mein Verhältnis zum neuen Testamente hat *D. F. Strauß* Einfluß ausgeübt; die Lektüre seines Lebens Jesu gehört zu den intellektuellen Genüssen, die ich mir von Zeit zu Zeit immer wieder gönne. Es ist seit *Nietzsche* üblich geworden, von seiner Rolle in der Entwicklung der religiösen Anschauungen in herabsetzenden Wendungen zu reden; aber wer an dem Streite der Meinungen unbeteiligt ist, steht voll Bewunderung nicht nur vor der Tat des Siebenundzwanzigjährigen an sich, zu der damals eine andere Portion von Mut gehörte als heute auf dem gleichen Gebiete, sondern auch vor der Sauberkeit und Feinheit seiner auf ein erstaunliches Wissen gestützten Beweisführung; es macht dabei für den Nichttheologen wenig aus, ob die Textkritik, wie mich Sachverständige versichern, seitdem viele seiner Thesen als hinfällig erwiesen hat.

Die Philosophie findet der Mediziner auf seinem heutigen Ausbildungswege nicht vor; nachdem ich privatim den Zugang zu ihr entdeckt hatte, habe ich immer bedauert, daß dem normal erzogenen Arzte diese Denkschulung vorenthalten wird, zu der im übrigen, dank der Herabsetzung der Anforderungen an die Vorbildung der Studierenden, schon längst die Voraussetzungen fehlen würden. Was mich an die Philosophie brachte, war nicht ein eigentlich philosophisches Buch, es war die Lektüre des „Auch Einer", der mir in frühen Semestern in die Hände fiel und mich auf das Lebhafteste anzog, weniger durch den eingeflochtenen Roman oder die Pfahldorfgeschichte, als durch das Tagebuch. Nicht, daß seine auf *Hegels* Bahnen sich bewegenden Gedanken mich verführt hätten, aber Probleme wurden mir zum Bewußtsein gebracht und verlangten nach Lösung. Tastende, ohne Leitung unternommene Versuche, in das dunkle Gebiet einzudringen, führten immer wieder auf den Zentralpunkt der modernen Philosophie, auf *Kant*; so packte ich den Stier bei den Hörnern und machte mich an das Studium der „Kritik der reinen Vernunft"; ich habe vor kurzem an den Datumsvermerken in meinem antiquarisch erworbenen Exemplar gesehen, wie wenig Druckseiten ich täglich vor mich brachte. Die Fragen, die um die Subjektivität von Raum und Zeit kreisen, sind das erste wirklich neue in der Philosophie seit den Griechen; sie lassen keinen mehr los, dem sie einmal in Zweifelsform aufgegangen sind, und heute, angesichts des *Einstein*schen Weltbildes, werden sie dringlicher als je.

„Auch Einer" hatte mich auch auf *Schopenhauer* hingewiesen; er war der erste Philosoph, von dem ich dann alles, was er geschrieben hat, und vieles davon immer wieder gelesen habe. Wer von neueren philosophischen Darstellungen herkommt, fühlt sich bei *Schopenhauer* von einer intellektuell kristallklaren Luft angeweht; nichts wird verschleiert, die Worte bedeuten wirklich das, was dasteht; mit größter Ehrlichkeit werden, mögen die Ergebnisse sein wie sie wollen, aus den erkennbaren Voraussetzungen die Schlußfolgerungen gezogen. Dieser rücksichtslose Mut des Erkennens und Bekennens hat wesentlich dazu beigetragen, daß er als unbequemer Störer des philosophischen Optimismus jahrzehntelang totgeschwiegen wurde; für die *Hegelianer* gab es keine Rätsel, weil alles sich dialektisch bewältigen ließ; es offenbarte sich hier der unversöhnliche Widerspruch der in der Grundstruktur liegenden Verschiedenheiten des Sehens und Denkens; natürlich bestand nicht, wie *Schopenhauers* wahnhaft gefärbter Groll es vermutete, ein Komplott der Philosophie-Professoren; aber ein wenig hatte er doch recht; sicherlich hätten diese die Berufspflicht gehabt, von dieser exzeptionellen geistigen Erscheinung Notiz zu nehmen, aber sie war zu unbequem. Seine Zeit kam; die Nachwelt, auf deren Urteil er sich selber mit Zuversicht vertröstete, hat ihm die Stellung angewiesen, die ihm zukommt; aber noch immer hat die Schulphilosophie in ihren historischen Darstellungen, z. B. in *Kuno Fischers* Geschichte der Philosophie, ihm gegenüber nicht die volle Unbefangenheit gewonnen.

Natürlich ist seine Metaphysik, wenn man es so nennen will, ebenso anfechtbar wie alle anderen über die Erfahrung hinausgreifenden Systeme vor ihm und nach ihm, aber die von ihm in ihrer Tiefe aufgefaßte und für das belebte Naturgeschehen durchgeführte Trennung von Wille und Vorstellung wird nicht wieder verwischt werden. Als Denker wird er ein Vorbild bleiben in der Bestimmtheit, mit der er alle Zugeständnisse an den Philisterstandpunkt ablehnte, daß irgendeine Auffassung der Welt unrichtig sein müsse, weil sie für unser Gefühl trostlos ist.

Im Laufe der Zeit habe ich in weitem Umfange alte und neue philosophische Autoren gelesen, namentlich als es darauf ankam, für meine Straßburger Vorlesung über physiologische Psychologie innerlich eine breitere Grundlage zu gewinnen; es lag in der Natur des Gegenstandes, daß mir dabei besonders *Fechner*, *Wundt* und *Möbius* wertvoll wurden.

Nietzsche, dessen betäubender Anziehungskraft jeder eine Zeitlang unterliegt, gehört nicht zu den Philosophen; er war ein Geist, funkelnd im Überschuß seines Reichtums, ein Rhetor, ein Stück von einem Dichter, ein blendender Stilist; aber man kann nicht viel von ihm lesen, ohne hinterher von einem Gefühl des Katzenjammers befallen zu werden; es liegt das zum Teil an der von ihm bevorzugten Form des Aphorismus, der seinem Wesen nach nur Halbwahrheit bedeuten kann und den Autor auf die Dauer in Widersprüche mit sich selber verwickeln muß. Wie wenig *Nietzsche* als konsequenter Denker bedeutet, erkennt man, wenn man sich vorstellt, man sei genötigt, eine kurze Darstellung seiner Lehre zu schreiben; niemand ist dazu imstande; seine breite Wirkung geht schließlich auf eine Handvoll Schlagworte zurück, durch die das Publikum ihn für ausreichend gekennzeichnet hält. Die *Nietzsche*-Literatur hat für den Psychiater etwas besonders Peinliches durch die laienhaften Betrachtungen über seine Krankheit; es gibt noch immer Darstellungen, die seine auf organischen Hirnveränderungen beruhende Geistesstörung, wie bei *Lenau, Schumann* und anderen, psychologisch aus seinen seelischen Voraussetzungen zu erklären versuchen; das ärztliche Interesse liegt ganz wo anders als die Erklärer meinen; es liegt in der Feststellung, wie erstaunlich lange dieses glänzend ausgestattete Gehirn auch in der den Geist schließlich vernichtenden Krankheit noch Funken zu sprühen vermochte; der „Fall Wagner" z. B., in dem das Gescheiteste, das Beste und das Böseste steht, was über *Wagner* gesagt werden kann, entstammt der Krankheitszeit. *Nietzsche* wird noch eine Weile der verführerische Prophet der Jugendlichen, der Halbgaren und der Unklaren bleiben.

Das grundsätzliche Verhältnis zur Philosophie verschiebt sich im Laufe eines langen Lebens; der jugendliche Drang, gegen die der Erkenntnis gezogenen Schranken anzurennen, wird müde, und die Hoffnung, irgendwo über den störenden Zaun spähen zu können, senkt nach hundert Enttäuschungen ihre Schwingen; man bescheidet sich, wie die weise Gewordenen aller Zeiten, mit der Erkenntnis, daß das wichtigste und beste sich unserer Erkenntnis versagt.

Um so weniger ist man empfänglich für die Ergebnisse der niemals erlahmenden Versuche, mit angenehmen Deutungen die Lücken des Nichtwissens auszufüllen. Die Philosophen von Fach sind in einem Punkte nicht anders als andere Leute: sie vertragen schmerzliche Wahrheiten nicht; die Geschichte der Philosophie ist eine Geschichte der Bemühungen, nicht ein Weltbild überhaupt, sondern eine erträgliche Gesamtansicht zu gewinnen und anderen Bedürftigen zu vermitteln. Die Trostgebilde haben in ihren Formen gewechselt; am beliebtesten waren immer diejenigen, die Verkleidungen religiöser Vorstellungen in philosophisch gefärbtem Gewande darstellten. Neuerdings ist die „Wertphilosophie“ daran, die sich wenigstens bemüht, mit ihren Gedankengängen auf irdischem Boden zu bleiben. Von meinem Standpunkte aus gesehen ist diese Richtung schon durch die Inschrift über ihrem Denkgebäude genügend gekennzeichnet. Eine Philosophie, die nichts voraussetzt als das einzige, was sicher ist, nämlich die Tatsache unseres Bewußtseins, und die keine Bindungen anerkennt als die der Denkgesetze, hat mit „Werten“ nichts zu schaffen, die immer eine Beziehung zu etwas außerhalb von ihr, eine Abhängigkeit von etwas Wertgebendem anzunehmen nötigen. Gewiß gibt es eine menschlich wichtige Wertlehre in mancherlei Formen: die Ästhetik als die Lehre von den Werten in der Kunst, die Ethik als Darstellung sittlicher Werte, die Nationalökonomie für wirtschaftliche Wertungen; alles das bedeutet Denkarbeit, hat aber mit Philosophie nichts zu tun. Fragt man bei den Wertphilosophen an, was denn „Wert“ bedeutet, so erfährt man: „Wertvoll ist, was kulturell bedeutsam ist“ — eine Antwort, die in fataler Weise an die Formel von *Fritz Reuter* erinnert, daß die Armut von der Poverteh kommt.

Auch zur Phänomenologie habe ich trotz redlicher Bemühungen, und obgleich *Husserl*, ihr Vater, jahrelang mein Universitätskollege war, kein Verhältnis gewinnen können; ja, es ist mir, wenn ich ganz ehrlich sein soll, nicht einmal gelungen, zu erkennen, was sie eigentlich will; es ist unökonomisch, Mühe und Zeit auf die Annäherung an eine Disziplin zu verwenden, die von sich selber sagt: was Phänomenologie ist, kann man nicht sagen, das kann man nur ahnen. Ich habe dabei das Gefühl, jeden Boden unter den

Füßen zu verlieren. Der Hauptsache nach handelt es sich wohl um den Versuch einer psychologisch verfeinerten Selbstbeobachtung, die sich als „Wesensschau" ausgibt, und dann auf dialektischem Wege Ergebnisse unter Dach zu bringen versucht, die auf andere Art nicht kommen wollen. Ich glaube, die Sache dauert nicht mehr lange; indessen, ich bescheide mich auch hier; vielleicht liegt es an der Unzulänglichkeit meiner Gaben, wenn ich mit diesen neuesten Richtungen nichts anzufangen weiß.

Zu den Naturwissenschaften habe ich nur das Verhältnis des empfänglichen Nehmenden gehabt; wer, wie ich, zur höheren Mathematik und zur Chemie keinen selbständigen Zugang hat, ist für zahlreiche Fragen auf fremdes Urteil angewiesen; da es mir aber immer mehr auf die große Anschauung als auf Einzelheiten ankam, war das keine Beeinträchtigung meiner inneren Beziehungen.

Treue und erzieherische Begleiter sind mir lebenslänglich die Sterne gewesen; ein großes astronomisches, aber auch für irdische Entfernungen brauchbares Fernrohr, das auf einer Plattform meines Daches stand und mir meine himmlischen Freunde heranholte, hat lange auf dem Hartmannsweilerkopf Dienste geleistet und ist schließlich dem Feinde in die Hände gefallen. Es gibt Großstädter, die niemals einen Blick zu den Sternen emporschicken, und vielen Menschen bedeuten sie nichts; ich habe mit ihnen schon als Kind Freundschaft geschlossen. Sie in ihren von uralter Phantasie geschaffenen Bildern zu sehen, erscheint als müßige Spielerei; es ist aber doch mehr. Man stelle sich vor, was für ein triviales Schauspiel der nächtliche Himmel darbieten würde, wenn seine Lichtpunkte angeordnet wären wie auf dem amerikanischen Sternenbanner. Das Kommen und Gehen ihrer immer gleichbleibenden Gestalten verlegt für den Kundigen den Wandel der Jahreszeiten auch an den Himmel. (*Spitzweg* gehörte nicht zu den Kundigen; auf seinem in der Schackgalerie hängenden Bilde, die Serenade, mit den schönen Kontrasten zwischen Innenlicht und dem Schimmer der Sommernacht, glänzt das Wintergestirn des Orion am Himmel.) Eine Ferne, in der man weilt, wird erst zur Fremde, wenn nicht mehr die Sternbilder der Heimat am Himmel stehen.

Das Wissen um ihre Entfernungen von uns und voneinander vermittelt, wie nichts anderes, das Ahnen der Unendlichkeit von Raum und Zeit. Gegenüber diesen Maaßen verblaßt alles, was uns auf unserem Erdbrocken ehrwürdig vor Alter erscheinen will. Es ist ein reizvoller Gedanke, daß diese Gruppen von leuchtenden Punkten sich schon in der Netzhaut des Neandertalers wie in der von *Plato* und *Christus* gespiegelt haben; sie schlagen so eine Brücke des Denkens und Fühlens zu jedem Geist, der je zu ihnen aufgeblickt hat, wie heute zwischen Liebenden, die nicht zueinander können.

Es ist nützlich, mit seinen Kümmernissen vor sie zu treten; sie sehen die unsterbliche Torheit des Menschengeschlechtes nun schon eine Million Jahre mit an und lächeln darüber schweigend, jetzt wie zu allen Zeiten.

Alles kleinliche fällt vor ihrem ruhigen Blick dahin; der Mensch wird sanft zurückverwiesen in das ihm angemessene Bewußtsein, ein Punkt, ein Stäubchen, ein Nichts zu sein; was uns erregt und quält, verliert seinen Stachel, wird belanglos vor diesen Symbolen ewiger Gesetze.

Zu ernstlicher Befassung mit der Erdkunde hat mich der Krieg gebracht; am Mobilmachungstage 1914 habe ich mir ein Lehrbuch der Geologie gekauft, um mir durch Arbeit auf einem ganz neutralen, abseitigen Boden ein Gegengewicht gegen die kommenden Erregungen des Tages zu schaffen; der Stoff hat mich dann nicht mehr losgelassen, ich habe vieles gelesen und mir für einzelne Fragen ein bescheidenes Maß von Sachkunde erworben. Es ist eine Steigerung der Freude am Reisen, wenn man Landschaft nicht nur als Gegenwartsbild in sich aufnimmt, sondern in ihrem Werden versteht, wenn man hinter dem heutigen Gesicht zugleich das Antlitz verschollener Epochen zu sehen vermag; es ist wie im medizinischen Studium der aufhellende Übergang von der beschreibenden Anatomie zur Entwicklungsgeschichte. Es ist z. B. nicht dasselbe, ob ich beim Einfahren in den Hegau das Vorhandensein von einem halben Dutzend isolierter Bergkegel verzeichne, oder ob ich sie als erstarrte Schlotinhalte von Vulkanen sehe, deren Aschenmantel von dem großen Alpengletscher über dem Bodensee abgehobelt wurde; es erfüllt die Phantasie, wenn auf der Höllentalbahn das Passieren einer gleichgültigen Kieshalde vor Hinterzarten das grandiose Bild des Gletschers heraufbringt, der vom Feldberg einmal bis hierher reichte und eine Endmoräne von Geröll zurückließ, die von der Eisenbahn angeschnitten wurde; der Kaiserstuhl ist nicht mehr nur der Träger edler Reben und der südlichsten Flora Deutschlands; seine Lößdecke, in deren tief eingeschnittene Schluchten die Sommersonne jetzt mitleidslos hineinbrennt, ist der greifbare Zeuge des Bildes nach der Eiszeit, als auf den noch vegetationslosen Flächen sturmgetriebene Staubwirbel wanderten, die ihren Inhalt in tiefen, alles zudeckenden Schichten absetzten.

Auch bei Richtigstellung unseres dünkelhaften Menschenstandpunktes leistet die Geologie nützliche Dienste; gegenüber den gewaltigen Wandlungen der Erdoberfläche, die sich über so lange Fristen erstreckten, daß ganze Generationen keine Veränderung der Welt wahrnehmen konnten, wird unser Einzelschicksal zu einer lächerlichen Größe.

Die Freude am Erkennen, wie alles kam und wurde, ist auch das, was die Beschäftigung mit der Geschichte anziehend macht. In Prima wurde uns ein deutscher Aufsatz aufgegeben: „*Cicero* preist die Geschichte als Lehrerin des Lebens, *Goethe* als Erregerin des Enthusiasmus; wer von beiden hat recht?“ Es war das wohl das erstemal, daß ich mit der vorschriftsmäßigen Lösung die später so oft erzwungene Verwandlung des Entweder-Oder in ein Sowohl-Als auch vollziehen mußte. Wenn man älter wird, erregt die Geschichte keinen Enthusiasmus mehr; aber die Beobachtung des ewigen Kreislaufes der Dinge und der menschlichen Meinungen hat etwas Beruhigendes, wenn man über ein

Augenblickserleben verzweifeln möchte; man lernt, daß sich, nicht zufällig, aber in Abhängigkeit von der immer gleich*bleibenden Struktur des Menschengeistes, eine engbegrenzte* Anzahl von politischen Bewegungen und Formen immer wiederholt, daß jede neue Phase sich für endgültig hält, und vor allem, daß eine unerbittliche Gerechtigkeit, nicht von außen her, aber aus innerer Folgerichtigkeit heraus, das Verhältnis von Schuld und Sühne auch für Völkerschicksale in Ordnung bringt; es wird alles angekreidet, nichts vergessen.

Der Jüngling verläßt das Gymnasium, versehen mit einem nützlichen Gerüst von Jahreszahlen; ob sie geistigen Inhalt bekommen haben, ist eine Frage der Persönlichkeit seines Geschichtslehrers; später übernehmen für die meisten Gebildeten die Zeitungen in ihrer Art die geschichtliche Unterweisung ihrer Leser. Mich haben die großen Geschichtswerke ebenso wie die Biographien der historischen Persönlichkeiten immer lebhaft gefesselt; einen besonderen Reiz gewinnt ihre Lektüre, wenn man so weit ist, nicht mehr bloß sachliche Darstellung von tatsächlichen Vorgängen zu suchen, sondern zu erkennen, mit welcher Verschiedenheit sich die gleichen Dinge im Urteil und im Temperament der einzelnen Historiker abspiegeln. Es gibt z. B. keinen schärferen Kontrast als die gelassene Höhenkühle, mit der *Ranke* alles Geschehen verzeichnet, und die feurig-subjektive, dichterisch beschwingte Art, mit der *Treitschke* Geschichte schreibt, bei dessen Perioden ich gleichzeitig immer seinen Stimmklang aus dem Kolleg von 1883 höre. Zu den klassischen historischen Werken gehört für mich auch die immer wieder gelesene Sammlung von *Bismarcks* Reichstagsreden. *Treitschke* und *Bismarck* nach dem Kriege zu lesen, war mir lange Zeit nicht möglich; *Treitschke* nicht, weil sein Glaube an den ewigen Bestand eines großen und starken Deutschlands zu schmerzlich mit der Wirklichkeit kontrastierte, *Bismarck* nicht, weil die düsteren Ahnungen seiner letzten Jahre durch unsere Schuld in Erfüllung gegangen waren. Aber wer diese Hemmungen überwindet, hört bei *Bismarck* immer wieder etwas wie das Klingen der Worfschaufel in der Hand des Cherub, die Spreu und Weizen sondert. —

Zu den Dichterwerken, die einen Lebenslauf geleiten, hat man je nach dem Jahresringe ein wechselndes Verhältnis; aber es bleibt ein gewisser Bestand dessen, was nie veraltet.

Als Student und Assistent habe ich jahrelang keinen Tag zu Ende gehen lassen, ohne einen Akt von *Shakespeare* zu lesen. Es gab das über die Wechselfälle eines jungen Lebens hinweg ein zweites Stockwerk ruhigen, zeitlosen Daseins; ich bin auf diese Art dazu gekommen, seine Dramen viele Male zu lesen und mir eine gewisse Vertrautheit mit dem Wesen des Dichters zu erwerben; in meinen Aufzeichnungen habe ich festgestellt, daß ich einundzwanzig von seinen sechsunddreißig Dramen in den besten Aufführungen auf der Bühne gesehen habe.

Niemand wird mit *Shakespeare* innerlich fertig, auch wenn man nicht wie *Goethe*, *Ludwig* u. a. die Gefühlsnöte des Gleichstrebenden vor dem Unerreichbaren durchzumachen hat; er ist schöpferisch so reich und so rätselvoll, daß man nicht bis zu seinem Grunde durchzudringen vermag.

Ich habe mich immer wieder daraufhin geprüft, auf was die ganz einzigartige Wirkung seines Genius auf uns beruhen mag. Sie geht nicht in gleicher Weise von allen seinen Stücken aus; einen gewissen Teil seiner Dramen könnte man ohne Schaden missen; sie beanspruchen nur das biographische Interesse, daß sie eben auch, soweit das sicher ist, *Shakespeare* zum Verfasser haben.

Die blinde Verehrung und die Betrachtungen der Literaturspezialisten, die in jeder Zeile eine Offenbarung, die Verwirklichung einer ihrer Theorien sehen wollen, vergißt, daß *Shakespeare* nicht in der Luft schwebte, daß er Theaterdirektor war und Rücksicht auf die Kasse zu nehmen hatte. Manche ästhetisch heiß umstrittene Frage über die innere Harmonie seiner Stücke findet ihre nüchterne Lösung darin, daß er auch der Schicht von Besuchern, die wir heute als Galerie zusammenfassen, etwas bringen mußte, damit sie wiederkamen; vor einem gehobenen Publikum wäre ein großer Teil seiner absurden Späße und seiner Zoten nicht notwendig gewesen; die Rücksicht auf diese höhere Schicht war es dann wieder, die ihn veranlaßte, dem Zeitgeschmack in geschraubten Wendungen, in übersteigerten Bildern und Vergleichen die uns störenden Zugeständnisse zu machen. Manche Widersprüche in seinen Dramen, die den Erklärern soviel Not machen, wie z. B. der zwiespältige Charakter des *Polonius*, erklären sich vielleicht damit, daß der uns überlieferte Wortlaut auch alle Varianten enthielt, von denen bei den Aufführungen zu verschiedenen Zeiten bald die eine, bald die andere benutzt wurde.

Was *Shakespeare*, dessen dramatischer Griff die Zeitgenossen packte, eigentlich war und bedeutete, haben sie wohl kaum empfunden; es wäre sonst nicht denkbar, daß alles Wissen von seiner Person so rasch und so gründlich bis auf wenige mühsam zu suchende Spuren erlöschen konnte; dieses Nichtwissen hat die seltsame, eine Zeitlang namentlich in England lebhaft geführte Diskussion möglich gemacht, ob nicht *Bacon* der Verfasser von *Shakespeares* Dramen gewesen sei, eine Diskussion, die der *Punch* mit der endgültig entwaffnenden Wendung abgeschlossen hat, daß *Shakespeare* wahrscheinlich ein anderer Mann gleichen Namens gewesen sei.

Ein Teil seiner Stücke interessiert uns nur noch literarhistorisch durch die Frage, was er aus überliefertem Stoff gestaltet, was er erfunden hat, ein anderer vom Standpunkte der dramatischen Technik aus; seine eigentliche Wirkung aber beruht auf dem Teil seines Lebenswerkes, der aus der in ihm verkörperten einzigartigen seelischen Konstellation entsprungen ist; er vereinigte in sich Eigenschaften, die in ihrer Gesamtheit sonst niemandem verliehen worden sind: den sicheren dramatischen Instinkt, höchste Intelligenz, Besonnenheit in heftigster Leidenschaft und die starke lyrische Empfindung. Gerade diese letztere bedingt, ohne daß es uns immer zum Bewußtsein käme, den verschwiegenen Reiz vieler Partien.

Sein Wissen um die dunklen Gänge der Seele ist erschreckend; er muß im Rate der Götter gesessen haben, als Menschen erschaffen wurden; niemand kann ihm etwas vormachen; sein Wirklichkeitsblick durchschaut alle Hüllen und dringt bis zu den verborgensten Gründen des Herzens; diese Klarheit des Sehens gibt ihm die Fähigkeit der hohen Gerechtigkeit, mit der er seinen eigenen Geschöpfen gegenübersteht; wer bei ihm das Wort hat, ist von seinen Voraussetzungen aus im Rechte, der Heilige sowohl wie der Bösewicht, im Gegensatz zu *Schiller*, den man immer mit dem moralischen Zollstock hinter seinen Figuren stehen sieht, und dessen eigenes sittliches Pathos in ihrer Rede mitklingt. *Shakespeares* Moral ist eine ganz andere, tiefere; sie ist ganz undogmatisch, ganz unchristlich, aber im höchsten Sinne menschlich, aufgebaut auf dem Bewußtsein einer immanenten Gerechtigkeit, die nichts ungesühnt läßt, nicht vermöge des Eingreifens einer höheren Macht, sondern durch innere Folgerichtigkeit aus den Gesinnungen und aus den Taten der Menschen heraus. Diese geistige Freiheit besitzt nur jemand, der im Reiche der Leidenschaften selber das ganze Maß des Erlebens bis zu seinen Grenzen durchschritten und durchlitten hat.

Man könnte seine Stücke einteilen in solche, die in objektiver künstlerischer Gestaltung ein dramatisch wirksames Geschehen vor uns abrollen lassen, und andere, in denen das Subjektive des Dichters in bestimmender Weise mitschwingt und uns durch das Halbdunkle und Ahnungsvolle mehr ergreift als die Handlung, wie z. B. in Richard II., König Lear, Maß für Maß, Sturm, und vor allem im Hamlet. Auch hier handeln und reden die Personen im Charakter ihre Rolle, aber durch alles, was sie bringen, hindurch, hört man das Vibrando der Stimme eines durch eigenes Erleben im tiefsten bewegten Menschenkindes. Es ist vor allem der Ton der Resignation, den man vernimmt, die Auswirkungen des schmerzlichen Wissens um die Täuschungen dieses Lebens, um die ganze Armseligkeit des Menschentums. Auch die Grazie in seinen heiteren Stücken trägt den Schatten eines Trauerflors am Arme; um alle die munteren Mädchengestalten, die uns entzücken, weht ein Herbstgefühl der Vergänglichkeit; für ein Ohr, das auch Nebentöne aufzufassen vermag, ist die Stimme dieser Beichten, weil sie ungewußt und ungewollt erklingt, vernehmlicher, als in den Sonetten.

Shakespeare hat von allen dramatischen Dichtern am meisten Geisteskranke auf die Szene gebracht; es existiert, vorwiegend von Psychiatern herrührend, eine ganze Literatur über die Frage der Naturtreue dieser Gestalten. Die meisten Betrachtungen darüber sind ärmlich, weil sie nur mit ihren Fachmaßstäben hantieren und es für wesentlich halten, welche Diagnosen den seelisch abnormen Persönlichkeiten anzuheften wären; das will wenig bedeuten, da die psychiatrischen Namensbezeichnungen nichts bleibendes sind und wie die Herbstmoden wechseln. Wirkliches Interesse liegt auf kulturgeschichtlichem Gebiete; wir erfahren, gesehen durch das Wahrheitsauge des Dichters, mehr, als aus irgendwelchen ärztlichen Schriften, über das damalige Verhältnis der Welt gegenüber den Geisteskranken überhaupt, die frei herumliefen, solange sie harmlos waren, sobald sie aber als gefährlich erkannt waren, in entehrenden Formen eingekerkert und mit absonderlichen Methoden behandelt wurden; wir sehen, was damals als charakteristisch für das Geisteskranksein galt, insbesondere aus der Rolle des Edgar im König Lear, der Geisteskrankheit simuliert und Züge bringt, die nur aus der unmittelbaren Beobachtung *Shakespeares* stammen können.

Sein richtiger Instinkt hat ihn vor den modernen Entgleisungen behütet, die seelische Erkrankungen in sinnvoller Weise aus leidenschaftlich bewegten Zuständen entstehen lassen und sie so verstehen wollen; es war ihm, auch wenn er darüber gewiß theoretisch nicht nachgedacht hat, ersichtlich klar, daß das Seelenleben der Geisteskranken, weil es aus zwingenden organischen Gründen erwächst, überhaupt kein psychologisches Interesse im Sinne der Bühne besitzt. Geisteskrank zu werden, ist ein Unglück, wie anderes auch; aber als ein nicht aus der Persönlichkeit heraus geborenes, sondern zwangsläufig beeinflußtes Geschehen birgt es keine Konflikte, wie sie der Dichter braucht. In den beiden ausgebauten Rollen Geisteskranker, Ophelia und König Lear, hat *Shakespeare* mit sicherem Gefühl aus dem Bereiche der seelischen Störungen diejenigen herausgegriffen, die nicht im Sinne psychologischer Verwicklung, wohl aber als poetisch wirksame Bilder für ihn verwendbar waren; es sind gleichzeitig solche, in denen auch in der Wirklichkeit die Äußerungen der Kranken häufig sinnvolle Beziehungen zu ihrem tatsächlichen Erleben erkennen lassen; *Goethe* in seiner Gestaltung der Figur von Gretchen wandelt auf diesen vorgezeichneten Bahnen.

Es ist mißlich, sich über das persönliche Verhältnis zu äußern, das man zu *Goethe* hat; seine Stellung im geistigen Weltenbau ist endgültig festgelegt, und nach stillschweigender Übereinkunft hat man sich dem zu fügen. Diese Übereinkunft erwächst keineswegs aus wirklichen, auf eigener Kenntnis seines Werkes und seines Wesens beruhenden Überzeugungen; die durchschnittliche betrübliche Gleichgültigkeit der Mehrzahl der Gebildeten gegenüber allen Dichterwerken besteht auch in ihren Beziehungen zu *Goethe*. Man würde erschrocken sein, wenn man während der literarischen Hochflut des Goethejahres eine zuverlässige Statistik über die Zahl der Zeitgenossen hätte aufstellen können, die von *Goethe* mehr gelesen haben, als was die Schule ihnen nahegebracht hat.

Wenn wir von den Vertretern der Literaturgeschichte und den Verfassern von Festartikeln absehen, ist es eine verhältnismäßig kleine Gemeinde, die wenigstens mit einem Teil seines Lebenswerkes innerliche, über Faust I. und die Gedichte hinausgehende Fühlung hat, eine Gemeinde, die sich großenteils aus stillen, nachdenklichen Geistern zusammensetzt. Die Tatsache, daß *Goethe* uns im gedruckten Wort der Gegenwart auf Schritt und Tritt begegnet, ist kein Beweis dafür, daß er gekannt wird; zitiert wird er freilich immerfort und bei jeder Gelegenheit, wie kein anderer; er ist im heutigen Schrifttum allgegenwärtig, aber das kommt aus zweiter Hand und wird von Feder zu Feder weiter gegeben.

Eine erstaunliche Tatsache wird dabei aber doch deutlich: *Goethe* hat sich auf allen Lebensgebieten ein so umfassendes Wissen und eine so hohe menschliche Weisheit erworben und in Wortform gegossen, daß es gar nicht mehr möglich ist, irgend etwas zu denken oder zu sagen, zu dem nicht eine Parallelstelle, eine vorgängerhafte Äußerung oder ein prophetisches Wort bei dem Alten von Weimar zu finden wäre. So ist *Goethes* eigentliche Rolle gar nicht die eines Dichters seines Volkes, sondern die des Vorbildes eines harmonischen, nach allen Richtungen voll entwickelten Menschentums; nicht nur, was er geschrieben hat, ist für uns heute *Goethe*, sondern viel mehr das, was er gelebt hat. Gegen das bedrückende Bewußtsein seiner Überlegenheit gibt es kein anderes Mittel, als dasjenige, das er sich selber *Shakespeare* gegenüber verordnet hat, ihn zu lieben, und das wieder ist nicht so einfach angesichts seines kühl objektiven, auf Selbstbewahrung bedachten Wesens.

Als ganz junger Mensch kann man, um einmal ehrlich zu sein, mit *Goethe* nicht allzuviel anfangen; lyrisch empfängliche Seelen entzücken sich am ersten Teil des Faust und an den Gedichten seiner guten Zeit; die unglückliche Idee, seine Dramen auf der Schule in der Literaturstunde zerstückeln zu lassen, treibt den Jüngling von vorneherein in ein schiefes Verhältnis zu dem Dichter; seine Prosa läßt einen jungen Menschen bald erliegen; eine der wenigen Formen, in denen er sie noch wirklich genießen kann, sind *Stifters* Studien. Der tiefe Reiz seiner reifsten Gedichte, Ruhe in der Schönheit, erschließt sich erst dem, der von dem vorbereitenden Verkehr mit zugänglicheren Epigonen herkommt.

Im Laufe eines langen Lebens ändert sich die Lage; je mehr man geistig den Niederungen des Lebens entwächst, um so höher steigt *Goethe*; nicht, daß die Neigung zunähme, das traditionelle enthusiastische Preisen in festgelegten Redensarten mitzumachen oder alle tiefsinnigen Deutungen der Erklärer hinzunehmen; aber der Verkehr mit seinen Werken wird mehr und mehr zu einem Bedürfnis stiller Stunden und ihre Lektüre zu einem ruhig tragenden, reuelosen Genießen; man fühlt, daß man auf diesem Erdball keinen besseren Umgang finden kann.

Dieses Gefühl wird nicht mühelos geschenkt; wer nicht in blinde Begeisterung verrannt ist, hat genügend Gelegenheit, sich vieles anders zu wünschen, sich zu ärgern über die Verschnörkelungen des Stiles, über die allegorische Passion und die überflüssige Geheimnistuerei; *F. Th. Vischer* hat der aus diesen störenden Momenten erwachsenden Versuchung nicht widerstehen können, in seinem geistvollen dritten Teil des Faust, den ihm Literaturprofessoren und humorlose Goethe-Spezialisten lebhaft verargt haben, die Altersmanieren parodistisch darzustellen; er hat damit dem wahren Goethefreunde ein Büchlein von befreiender Wirkung geschenkt.

Zu dem zahlenmäßig beschränkten Schatz von lyrischen Gedichten ersten Ranges, die in deutscher Sprache existieren, hat *Goethe* das meiste beigetragen; *Storm*, der an lyrischer Kraft gleich nach ihm kommt, hat den Mut gehabt, auszusprechen, daß den Größten nur eine begrenzte Zahl von ewigen Versen gelingt, eine Feststellung, die ihm *Heyse* und *Keller*, die geborenen Epiker, übel genommen haben. An unsterblichen Zeilen von *Goethe*, *Heine*, *Storm* und *Mörike* kann man zu erkennen versuchen, worauf ihre eigenartige Wirkung beruht. Ein Subjektives dabei läßt sich nicht demonstrieren; das Hinüberfließen der gehobenen Stimmung, aus der das Gedicht erwuchs, in die Seele des empfänglichen Lesers, ist ein innerer Tatbestand, über den man nicht diskutieren kann, der aber doch nicht im Subjekte liegt, da in der Einordnung dessen, was als dem höchsten Range zugehörig gilt, in berufenen Köpfen und Herzen eine merkwürdige Übereinstimmung besteht.

Ein äußeres Kennzeichen ist den so wirkenden Gebilden gemeinsam: ein Minimum von sprachlichem Aufwande bei einem Maximum von stimmungerzeugender Macht; die knappste Fassung des seelischen Gehaltes ist gefunden, kein anderer Ausdruck kommt daneben noch in Frage; es gibt keine konkurrierende zweite Form, die dasselbe gleich glücklich ausdrücken könnte; kein falscher Nebenton stört, der Rhythmus ist mit dem Worte zusammen geboren, und im Zusammenklingen der einzig möglichen Vokale und Konsonanten, die sich rufen und winken, findet das unbewußt fordernde Bedürfnis des inneren Ohres seine reinste Befriedigung; hier, in der Klangwirkung, liegt noch ein Geheimnis verborgen, zu dem in manchen Fällen nur der mit sekundärer Sinnesempfindung Begabte einen Schlüssel hat. Ein wesentliches Kennzeichen einer hohen Rangstufe lyrischer Gedichte ist, daß sie, weil sie Zeitloses, menschlich allgemein Gültiges aussprechen, uns in jedem Jahresringe gleich viel bedeuten, während die überwiegende Mehrzahl aller dichterischen Gebilde die eine oder die andere Altersstufe besonders oder ausschließlich anspricht.

Um *Storm* ganz würdigen zu können, muß man sein Nordland lieben. *Heyse* hat ihn geneckt mit seiner „Husumerei", wie er es nannte. Gewiß ist er in seinen Stoffen nicht von moderner Vielseitigkeit, aber seine Kunst ist nicht beschränkt. Man atmet bei ihm den Hauch des Meeres, den Duft der allzu kurz blühenden Rosen und die Sonnenluft über seiner Landschaft, der unabsehbar weiten, von den Schwingen der Freiheit überspannten Fläche. Von seinen Novellen ist manches verblaßt; man kann sie nicht mehr alle mit reiner Freude lesen; aber von einigen, wahren Gedichten in Prosa, fühle ich mich heute noch, wie vor 50 Jahren, beschenkt durch die Stärke und Tiefe der Empfindung, die in dem Rhythmus einer zarten, fast scheuen, musikalisch gedämpften Sprache vernehmbar wird. —

Die Gemeinde derer, die *Mörike* wirklich kennen und lieben und in ihrem Urteil über das „ganz nett" herauskommen, ist noch kleiner als die der Freunde *Storms*. Sein Maler Nolten steht *Goethes* Prosa zu nahe, um eine breite Wirkung ausüben zu können, und die Zahl seiner unsterblichen Gedichte, die zwischen belanglosen Gelegenheitsversen zerstreut sind, übersteigt kaum das Dutzend. Wenn man die Jahre ihrer Entstehung nebeneinander stellt, findet man, daß sie sich auf eine merkwürdig kurze Lebensphase zusammendrängen, für die ihm höchste Meisterschaft verliehen war.

Im Vergleiche mit *Storm*, der ihn eigentlich entdeckt und der Welt zugeführt hat, ist *Mörike* der objektivere, sozusagen mehr klassische Künstler; aber beide sind sich gleich in ihrem nahen Verhältnis zum Naturgeheimnis und in der Kraft des ahnungsvollen Wortes, das jedes Halbdunkel des Gefühles in lichte Form verwandelt.

Heine gegenüber kommt man, auch wenn man ihn gut und in seinem ganzen Lebenswerke kennt, aus zwiespältigen Empfindungen nicht heraus; man bewundert den großen Künstler und würde doch nicht, wie etwa bei *Fontane*, den Wunsch haben, mit ihm in häuslicher Gemeinschaft zu leben. Die Menschlichkeiten, die uns stören, sind für viele der Grund, warum sie auch zu dem Dichter kein Verhältnis zu gewinnen vermögen.

Es wäre unbillig, wollte ich mich hier nicht auch dankbar an *Geibel* erinnern, der als Dichter, trotz seiner Resonanz bei den Zeitgenossen, hinter den Genannten weit zurücksteht, dessen Gedichte aber durch die formale Sicherheit und Makellosigkeit der Form für den Heranwachsenden eine wahre Schule des poetischen Sprachgefühles bedeuten.

Die Prosaschriftsteller, deren Lektüre ein Menschenleben begleitet, sondern sich im Laufe der Zeit in Strichvögel und Dauergäste; ungezählte Bücher hat man gelesen, und nur einige Dutzend davon halten über die Jahrzehnte hinweg Stand in dem Sinne, daß man sie in gewissen Zwischenräumen mit derselben ursprünglichen Freude wieder liest, mit der man *Beethovens* Sinfonien oder *Schuberts* Quartette immer von neuem genießt; ein Leser, der am Stoffe klebt und nur für die Fabel interessiert ist, bringt dafür kein Verständnis auf.

Wenn man als Alternder noch einmal nach den Büchern greift, die in der Jugend reizvoll und lesenswert erschienen, kommt man lebhaft zum Bewußtsein der Wandlungen, die sich in unseren Ansprüchen besonders an die Form der Darstellung vollzogen haben. Es ist nicht zum wenigsten der

Einfluß und das Vorbild der Skandinavier, der Russen und der Franzosen mit ihrer Feinheit der psychologischen Analyse und der Steigerung der Technik des Erzählens, was auch den deutschen Roman und die Novelle auf ein früher unbekanntes Niveau gehoben hat. Zu meinen liebsten Dauergästen unter den Erzählern rechne ich *Turgenjew*, *Hamsun*, *Kjelland*, *Lie* und besonders *Bang*, aus deutschem Sprachgebiete *Stifter*, *Gottfried Keller*, *Storm*, *Fontane* und *Keyserling*. Bei *Fontane* fühlt man sich immer, was man auch von ihm in die Hand nehmen mag, in der wohltuenden Gesellschaft eines weise gewordenen, vornehm gesinnten, alten Herrn; in unsere Beziehungen zu ihm spielt auch die Wirkung heimatlicher Regungen hinein; ich kenne geistig hochstehende Süddeutsche, die nicht imstande sind, ein wirkliches inneres Verhältnis zu ihm zu gewinnen. Der zu wenig bekannte *Keyserling* — nicht der Hohepriester von Darmstadt — ist wohl der feinste Stilist in deutscher Sprache, begrenzt zwar in der Auswahl und im Stimmungsgehalt seiner Stoffe, aber unübertroffen in der mit zartestem Pinsel malenden Fähigkeit, den stillen Reiz der Landschaft und die müden Dämmerungen der Seele in Worte zu bannen.

So bestimmt mein urteilendes Gefühl gegenüber dem gedruckten Worte ist, so bescheiden schätze ich meine Sachkunde für Malerei, Plastik und Architektur ein; gewiß kann ich nötigenfalls in Gesellschaft die fälligen Redensarten über Präraffaeliten, über die Düsseldorfer Schule, über *Van Gogh* und *Leibl*, über Rustikastil und Barockbauten von mir geben, aber ich habe in mir selber nicht, wie angesichts von Dichterwerken, einen für mich überzeugenden, aufweisbaren Maßstab für das, was gut und was schlecht ist. Das mir hieraus erwachsende Minderwertigkeitsgefühl wurde immer gemildert, wenn ich in den großen Galerien das ratlose und fruchtlose Herumirren der normalen Besucher beobachtete. Bilder gefallen mir oder mißfallen mir, ohne daß ich mir über die Gründe Rechenschaft ablegen könnte oder auch nur wollte; eine meiner, natürlich sehr primitiven

Hilfen ist die Erwägung, ob ich ein Bild dauernd meinem Schreibtisch gegenüber an der Wand sehen möchte. Häufig decken sich meine Einschätzungen mit denen der Kunstgeschichte oder der Tageskritik, manchmal aber auch nicht; bedrückend ist das nicht weiter für denjenigen, der alt genug geworden ist, um die sich im Laufe der Jahrzehnte abspielenden Wandlungen des Urteils der Sachverständigen selbst miterlebt zu haben. Als Berliner Student führte ich Besucher aus der Provinz in die Nationalgalerie, um ihnen den einzigen dort hängenden *Böcklin* — das Gefilde der Seligen mit den linealgeraden Schwanenhälsen und den verbogenen Figuren der Liebenden — als Kuriosität vorzuführen. Dann kam in der allgemeinen Schätzung seine große Zeit, und jetzt ist sein Ruhm wieder im Verblassen, genau wie der von *Makart*, *Piloty* und vielen anderen, einmal hochverehrten Malern. Man härtet sich allmählich ab gegen die Mißgefühle, die aufsteigen wollen, wenn Bilder, die man liebt, kurzerhand, weil sie wohlgefällig sind, als „Kitsch" abgetan werden, und lernt diese Urteile mit der nach meinen Erfahrungen wirksamen Methode zu entgiften, daß man von dem anderen zunächst eine Definition des Begriffes Kitsch verlangt. Das belächelte Wort des alten Bayernkönigs vor den Kartons von *Cornelius*: „Ein Maler muß malen können" ist gar nicht so dumm; jedenfalls ist die darin liegende Hochschätzung des handwerklichen Könnens — das *Cornelius* übrigens in hohem Maße besaß — sympathischer, als das übliche verstiegene Gerede vor den modernen Exzessen der Unfähigkeit im Futurismus und im Kubismus.

In jungen Jahren habe ich einmal ein schmerzliches eigenes Fehlurteil über ein Bild erlebt; ich hatte bei meiner Großmutter ein Gemälde von *David Teniers* entdeckt, eine 20 × 30 cm große Darstellung einer munter angetrunkenen holländischen Innenszene mit dem Zeichen D. T. rechts unten in der Ecke. Ich schloß mit der alten Dame einen Vertrag, daß mir im Falle des Verkaufes Prozente zustehen sollten, und wanderte mit dem Bilde zu dem Direktor des alten Museums, der aber meine 18-jährige Begeisterung nach dem ersten Blick mit dem einen Worte „Fälschung“ vernichtete; es hat mich eine Weile geschmerzt, bis später die Bilderfälschungs-Prozesse mit ihrem Nachweis des umfangreichen Irrens der gehobenen Sachverständigen meinem Selbstgefühl in Malsachen wieder auf die Beine halfen.

Auch der Musik gegenüber, die für mich die höchste der Künste bedeutet, habe ich nie den Ehrgeiz endgültiger Werturteile, wohl aber immer das Verhältnis des intensiv Genießenden gehabt. Des Streitens über Musik ist kein Ende, aber es ist zwecklos; denn eine Verständigung über die Schönheit von Musikwerken ist nur zwischen Leuten gleicher Geistesstruktur möglich. Gleichmäßige Schätzung *Bach*scher Fugen und der Melodienfülle *Schuberts* ist nur dann denkbar, wenn beide dem Hörer gleichwenig bedeuten. Für die ausgesprochene musikalische Empfänglichkeit gabeln sich die Wege; die Leute, denen die mathematisch kunstvolle Verschlingung der Klangformen Freude bereitet, sind ganz verschieden von den romantisch bedürftigen Seelen, die den Wert von Musik danach beurteilen, ob man auf ihr gefühlsmäßig dahintreiben kann; jene, die abstrakten Trockenhörer, verachten den naiven und verschwommenen Standpunkt der Romantiker; diese wiederum sind der Meinung, daß keine Kunstfertigkeit in Kontrapunkt und sonstigem Bau den Reiz der frisch quellenden Melodik ersetzen kann. Für sie stehen an der Spitze der Komponisten nicht die großen Techniker, sondern diejenigen, deren gesegnetes inneres Ohr zuerst ungehörte, ewige Melodien gehört und der Welt geschenkt hat. Für die in dieser Weise Empfindenden steht noch vor *Beethoven Schubert*, den der Weltgeist in so jungen Jahren totschlagen mußte, weil er sonst alle Nachfolger überflüssig gemacht haben würde. Man stelle sich *Schuberts* Lebenswerk vor, wenn er *Haydns* Alter erreicht hätte; es ist ein Jammer um den mit ihm durch den blöden Zufall einer Krankheit ausgelöschten Schatz ungeborener, unsterblicher, neuer Kombinationen von Tönen. In dieser Meinung macht mich auch die Theorie moderner Komponisten nicht irre, daß der Kreis der möglichen melodischen Formen abgeschlossen sei, und daß man neues Heil auf neuen Wegen suchen müsse. Ich habe nicht die Absicht, mich an dieser Suche noch zu beteiligen.

Mit zwei Vertretern der abstrakten Musikfreude habe ich über diese Dinge oft diskutiert. Der eine war mein Fakultätskollege *v. Kries*, ein kritisch scharfer, ausgesprochen logisch mathematischer Kopf, selber ausübender Musiker von Rang, für den die alte Musik das Höchste bedeutete; nach einem Brahmsabend gestand er mir, daß ihm vieles gefallen habe, daß er sich aber am nächsten Morgen mit Reue und Selbstvorwürfen über diese Schwäche herumgeschlagen habe. Er war geistig frei genug, eine Bestellung mit gutem Humor auszurichten, um die ich ihn gebeten hatte: eine reizvolle, ganz junge Pianistin, die ein Konzert gab, war sein Logiergast; sie spielte nach seinem Sinne meisterhaft in akademisch korrekter Kühle; ich ließ ihr sagen, sie möge sich, ehe sie sich an *Beethoven* machte, zunächst einmal eine unglückliche Liebe eintun; ich habe nicht erfahren, ob sie meinen Rat befolgt hat. Ein anderer fanatischer Freund der alten Musik war ein Oberstleutnant *Wyneken*, ein feinknorriger, vornehmer alter Soldat, der im Vorstand des Oratorienvereines saß, dessen Vorsitzender ich war. Er hatte ein seltsames dickes Buch geschrieben, in dem er sich um die Aufdeckung bestimmter mathematischer Gesetze in klassischen Kompositionen bemühte, so wie der alte Engländer im „Kampf um die Cheopspyramide" von *Eyth* die Zahl Pi als Grundlage der Proportionen des Pyramidenbaues nachzuweisen suchte. Es gab mit ihm jedesmal Schwierigkeiten, wenn das Jahresprogramm der Choraufführungen aufgestellt werden sollte; er legte sich in seiner scharfen hannoverschen Sprechweise immer ins Zeug für die „alten bewäährten Sstücke", deren Reihe nur von *Heinrich Schütz* bis zu *Bach* reichte; *Beethoven* wurde von ihm schon als frivoler Neuerer mit Mißtrauen betrachtet. Er trat in freundlichen Formen aus dem Vorstande aus, als er erfuhr, daß ich in Bayreuth gewesen war; mit einem solchen Menschen konnte er unmöglich noch die Beine unter denselben Tisch strecken.

Die inneren Nöte, die *Nietzsche* im „Fall Wagner“ verewigt hat, sind kein Einzelschicksal; die Abhandlung ist formal eine Absage an *Wagner*, in Wirklichkeit aber doch das verzweifelte Flossenschlagen eines Wesens, das am Haken hängt und so wenig loskommen kann, wie viele nach ihm.

Das objektive Dilemma besteht darin, daß *Wagner* eigentlich kein Musiker ist, sondern ein Dichter, der unter anderem mit musikalischen Mitteln wirkt und doch musikalisch beurteilt werden soll; die subjektive Schwierigkeit liegt vor allem in dem schlechten Gewissen, mit der man der Verführung des alten Zauberers immer wieder unterliegt, der uns in raffiniertem Wechsel über öde Strecken zu entzückenden Oasen hinschleppt und durch Ermüdung der Sinne die hypnotische Voraussetzung der ekstatischen Empfänglichkeit schafft.

Wagner hat mich mein ganzes Leben hindurch begleitet, angezogen, abgestoßen und immer wieder angezogen; ich verdanke ihm in allgemein künstlerischer Beziehung die genußreichsten Stunden meines Daseins. Den Gang der Kurve seiner Bedeutung für die Welt habe ich bewußt miterlebt; sein Stern, der eine Weile verdunkelt schien, ist noch nicht am Untergehen, wenn auch das Gesamtwerk die Spuren des Alterns nicht verkennen läßt.

Alle Vorbehalte, die man bei *Wagner* machen muß, gelten nicht für die Musik von Tristan und Isolde, die ich, im Gegensatz zu den für die Meistersinger Begeisterten, für das lebensstärkste Kind seines Genius halte; ich habe die Oper mehr als 50mal in den besten Aufführungen gehört und sehe in ihr die größtmögliche Annäherung an den Begriff der absoluten Musik, die, nicht gebunden an Zeit und Stoff, den Hörer auf die höchsten menschlichen Höhen der Empfindung trägt, ohne Reue zu hinterlassen.

Momentbilder und Gestalten.

Nur in jungen Jahren trägt uns das dunkle Boot des Schlafes in gleichmäßiger Fahrt von Ufer zu Ufer; wenigen Beglückten bleibt dieser Kinderschlaf das Leben hindurch treu; wir anderen müssen verzichten lernen und uns mit dem Addieren der uns zufallenden Bruchstücke von Stundendauer begnügen.

Bei jedem Erwachen hocken schon lange auf allen vier Pfosten des Bettes die grauen Gestalten der Sorge; wehe Dir, wenn Du Dich mit ihnen einläßt! Je mehr Du nach ihnen hinhörst, um so dringlicher wird ihr Raunen und Flüstern von Deutschlands Schicksalen und von Deinen eigenen; mit dem Wiedereinschlafen ist es vorbei.

Das Wachliegen an sich ist, je älter man wird, um so weniger ein Übel; man hat längst den Anspruch auf volles Wohlbefinden aufgegeben und rechnet nicht mehr peinlich aus, wieviel Stunden nun schon an der natürlichen Grundlage des neuen fordernden Tages fehlen; in dem Schweigen der Einsamkeit des Schlaflosen genießt man, wissend und behutsam, das höchste Glück des reifen Menschen, frei zu sein von allem, was uns seinen Willen aufdrängen will.

Mannigfach sind die Versuche, den zögernden Schlummer wieder herbeizulocken; wer das Nahen seiner Schritte beobachtet, erreicht nur, daß er immer weiter zurückweicht; aber über den, der unbefangen ist oder sich unbefangen stellt, streut er gern von neuem eine Handvoll Mohn aus.

Diese Unbefangenheit in sich zu erzeugen — das ist das große Kunststück. Mit dem Zählen, das diejenigen empfehlen, die es nicht nötig haben, weil sie neun Stunden durchschlafen, habe ich nie etwas erreicht; es entspannt die Aufmerksamkeit nicht; nützlicher ist es mir, wenn ich mir in Gedanken einen Band *Hölderlin*, *Horaz*, *Goethe*, *Mörike*, *Storm* oder *Heine* vornehme und mich auf dem Rhythmus der vielen Gedichte, die ich auswendig weiß, treiben lasse, bis die Worte verblassen und ihren Sinn verlieren, oder ich gehe wieder auf Reisen und erlebe die Bilder der Nordsee, des winterlichen Engadin, aus Sizilien, Afrika oder Griechenland; wohl sind sie lebhaft in ihren Farben, aber sie haben nichts mit dem Tage zu tun, sie wollen nichts von mir, und ihre ferne Kühle wirkt milde und beruhigend.

Auch ungerufene Bilder der Vergangenheit dürfen herein, wenn sie anklopfen, um für einen Augenblick Leben zu gewinnen; auf wallendem dunklen Innengrunde tauchen sie auf, flüchtig beschienen, manchmal nur soweit erkennbar, daß man fragt: wie war es doch?, Situationen, ernste und komische, verblichene Schatten von Freunden und Feinden, von Frauen und kleinen Mädchen, an denen einmal mein Herz gehangen hat.

Einige Momentaufnahmen solcher nächtlichen Gäste aus verschollenen Tagen mögen hier auf den weißen Blättern erscheinen, wahllos, ohne Zusammenhang, außer dem einen, daß es meine Gäste sind.

Nächtliches Straßburg.

> Wie wir einst so glücklich waren,
> müssen's jetzt durch Euch erfahren.
> *Goethe.*

Die Straßburger Nacht begann im Sommer und Winter um zehn Uhr; dann läutete vom Münster her die alte Glocke eine Viertelstunde lang in getragenem Rhythmus, wie ihn nur ein gewaltiger Klangkörper zu geben vermag; mochte der Tauwind von den Vogesen her stürmen oder ein kalter Vollmond die Winternacht in seinem Banne halten, mochten die Herzen unter den geschwärzten Dächern im verschiedensten Takte schlagen, immer ging der Tag gleichmäßig zu Ende in dem ruhevollen Ausschwingen des tiefen und vollen Klanges, der wie ein Symbol der Zeitlosigkeit und Unwandelbarkeit über die Welt mit ihren lächerlichen Erregungen hinzog. Wie oft bin ich in jenen Jahren um dieses Erlebens willen auf dem Balkon gestanden, bis es zu Ende war. Ich habe das Läuten vor kurzem wieder vom Münsterplatz aus gehört, nachdem ich im Voraus alle Gefühle abgewürgt hatte, die das Herz eines alten Straßburgers heute dort überwältigen wollen. Es bedarf der Münsterakten nicht, um zu wissen, daß das Zehnuhrläuten auf eine alte Stiftung aus deutscher Zeit zurückgeht; einem Franzosen wäre Sinn und Stimmung dieser Form des Abschiednehmens vom Tage nie aufgegangen. —

In einer Sommernacht geschieht etwas Seltsames; Mitternacht ist längst vorüber; nur noch wenige Wanderer tauchen auf und verschwinden im Schatten der krummen Gassen, aber noch immer hören die Nachtschutzleute trotz der Polizeistunde Gesang von Männerstimmen, die sie überall begleiten; sie können nicht ergründen, von wo das Singen kommt; alle Fenster sind dunkel, die Wirtschaften still, und doch tönt es in der ganzen alten Stadt geisterhaft aus der Luft: im tiefen Keller sitz' ich hier; schließlich kommen sie auf den Gedanken, so unwahrscheinlich er ist: das Singen muß vom Münsterturm kommen, aber wie kann das sein, da er doch seit Sonnenuntergang geschlossen ist. Für alle Fälle postieren sie sich vor die Turmtüre und ihr Warten wird belohnt; sorglos kommt eine Handvoll junger Männer die Treppe herab. Oben in der Laterne hatten sie ein munteres Gelage gehalten und Studentenlieder gesungen. Der Abstieg von ganz oben war schwierig, manches Streichholz war entzündet und weggeworfen worden; befriedigt sagte der eine Schutzmann zum anderen: „Siehste, was habe ich Dir gesagt, es waren doch keine Sternschnuppen“. Am nächsten Morgen sah die Sache nicht mehr lyrisch aus; verschiedene Paragraphen schnörkelten sich drohend vor den Ernüchterten; die von einem Mitgliede der Münsterbauhütte Eingeladenen mußten sich mit einer Spende für wohltätige Zwecke von einer Verfolgung der Sache loskaufen; dem Hauptschuldigen, der den Turm erschlossen hatte, kostete der fröhliche Einfall die Stelle. —

In den engen Gassen des Stadtzentrums lagen — seit Jahrhunderten unter dem gleichen Dach — die alten Weinstuben, in denen man so ausgezeichnet aß, und die Münchener Bierkneipen, in denen Assistenten und jüngere Dozenten verkehrten; manche Nacht sah uns die „Wolfsschlucht" vereinigt in den tiefen Diskussionen, für die Jugend, geistige Regsamkeit und der noch bestehende Glaube an die Möglichkeit letzter Erkenntnisse den Boden bereiten. Mein Weggenosse war am häufigsten der Privatdozent der Anatomie *Mehnert*, den ich nach abgeschlossenem Tagewerk um halbelf in seinem Laboratorium abzuholen pflegte; er kam mit, nachdem wir einige resignierte Betrachtungen über die Schwäche der menschlichen Natur ausgetauscht hatten. Er kam aus Dorpat und hatte wohl in studentisch-revolutionären Kreisen verkehrt; jedenfalls witterte er immer heimliche Beobachtung durch Spitzel der russischen Polizei; wir lächelten darüber, ohne sogleich zu wissen, daß wir der schleichenden Entwicklung einer Geistesstörung beiwohnten, die mir zur Sicherheit wurde nach einem Briefe, den ich von ihm aus Cairo erhielt; er sammelte dort Embryonen aus Straußeneiern für entwicklungsgeschichtliche Fragen und schrieb mir in großer Erregung, er habe jetzt herausbekommen, daß *Waldeyer*, der Berliner Anatom, ihn auf Schritt und Tritt durch Spione beobachten lasse, um seine Ergebnisse wegzufischen. Er verließ bald Straßburg, dozierte in Halle, wo sein Verfolgungswahn immer deutlicher wurde; er endete schließlich, indem er sich in einem Sanatorium mit einem Rasiermesser die große Schenkelschlagader öffnete; es war ein Jammer um den hochintelligenten, lyrisch empfänglichen Geist.

Um Mitternacht erst pflegte in der „Wolfsschlucht" *Dr. Lüderitz* zu erscheinen, von den Kellnerinnen angemeldet: „Die Nachtschicht ist angetreten." Er war ein blonder Hüne, Abkömmling des hanseatischen Hauses, das Lüderitzland erschlossen hatte in der Zeit, als *Bismarck* den Kaufleuten als deutschen Pionieren den Vortritt ließ. Er war ein liebenswürdiger Mensch, imponierend durch seine gelassene Verachtung der Arbeit. Ich kam einmal vormittags in sein Zimmer, in dem er, wie üblich, auf dem Sofa lag; es wunderte mich nicht, auf seinem Tische ein Glas Wein zu sehen, aber es war merkwürdig, daß nirgends eine Flasche zu erblicken war; auf meine Frage lüpfte er wortlos aber stolz die Tischdecke, die ein Faß Wein verbarg, aus dem er in kurzen Zwischenräumen sein Glas füllte, ohne sich vom Fleck rühren zu müssen. Bei einer Universitätsfeier war er, noch als Student, eingeschlafen und fuhr plötzlich mit einem Schrecken in die Höhe, als er vom Festredner mit lauter Stimme seinen Namen rufen hörte; der ähnliche Klang hatte den Duselnden getäuscht; der Redner hatte das Motto der Universität mit Emphase zitiert: Litteris et patriae. — Er ist schon lange tot. —

Gingen wir in Winternächten heim, so tönte wohl an einer Straßenkreuzung aus dem Dunkeln eine heisere Grogstimme: „Wer trinkt noch einen warmen Alkohol"?; man wußte, eine solche Stimme hatte nur Oberstabsarzt *Dr. Sarnow*, der wie eine Spinne auf der Lauer lag, um noch einen späten Trinkkumpan einzufangen. Er hatte ein Lehrbuch der Schnapsbereitung zusammengestellt; für die Krone seiner Schöpfungen erklärte er den Ebereschenschnaps; in vorgerückter Stunde gab er auch das Geheimnis dabei preis: die roten Beeren mußten im Herbste einmal gefroren sein, ehe sie verwendet wurden. „Im Badischen" kannte er bis Bühl die individuellen Vorzüge aller ländlichen Wirtschaften, soweit sie mühelos von der Bimmelbahn aus zu erreichen waren. Der nicht nur beim Grog ausgezeichnete Mann starb bald an einer Erkrankung der Aorta, die auf Erlebnisse im französischen Krieg zurückging.

Die Annäherung an das Burgerspital merkte man in eigenartiger Weise an der Häufung der Sargmagazine, zwischen denen im Metzgergießen die kleine Wirtschaft „zum Rindsfuß" lag — eines der alten Straßburger Häuser im Handtuchformat mit drei Fenstern Front und vier Stockwerken Höhe; dort verbrachten wir manchmal eine ruhige, solide Abendstunde bei Mutter *Welsch* und ihrer ansehnlichen Tochter, deren Gunst sich niemand rühmen konnte; das eigentliche Behagen lag wohl darin, daß man mit den strickenden Frauen bei seinem Viertel Wein um einen runden Tisch mit Stehlampe und rosa Schirm saß. Eine Treppe höher fanden die Sitzungen des Assistentenvereins statt, wo alle 14 Tage einer von uns einen Vortrag halten mußte, ehe es an's Kneipen ging; der nun auch verstorbene *Gerhardt* (das „Gerhardtchen"), der sich bei *Naunyn* als zukünftiger Assistent vorgestellt hatte, verbrachte einen Abend in diesem Kreise; er hat mir später erzählt, daß ihm das Niveau unserer Interessen Eindruck gemacht hatte; ich hatte gerade über „Shakespeare und die Psychiatrie" vorgetragen.

Im Sargmagazin nebenan wohnte ein älterer Freund, *Maas*, einer der heute nicht mehr möglichen Typen von ewigem Studenten, dessen Willensenergie bei seiner finanziellen Unabhängigkeit schlecht gefahren war; er „studierte" eine der unbestimmteren Wissenschaften, ich denke Nationalökonomie, ohne je zum Abschluß zu kommen. Er war natürlich auch verlobt und hatte seiner Braut versprochen, ihr alle silbernen Zwanzigpfennigstücke — eine zierliche, bald verschwindende Miniaturform — abzuliefern, die ihm in die Hand fielen; die Damen ließen die kleinen klirrenden Dinger an Armbändern aufreihen; wir halfen dem kleinen Mädchen, indem wir den gutmütigen *Maas* um größere Beträge anpumpten, die wir ihm am nächsten Tage in silbernen Zwanzigpfennigstücken wiedergaben. Nach langen Jahren hat er mich — verarmt, einsam und krank — seinerseits angepumpt, aber meine Silberlinge kamen diesmal nur dem *Charon* zugute, der schon am Tore hielt und wartete, bis das Fährgeld beisammen war. —

Bei später Heimkehr von Bällen geschah es wohl, daß mein Schlüssel, wenn ich ihn von außen in das Klinik-Tor steckte, auf den der Schwestern stieß, die zur Frühmesse zogen; *Marie Prospère*, ein kleines zierliches Nönnchen mit braunen Madonnenaugen, deren Wesen und Erscheinung das Bedauern weckten, daß ihr Herz für diese Welt abgestorben war, rief mir dann wohl auf Französisch einen graziös formulierten Wunsch für meinen kurzen Morgenschlaf nach.

Zu den Straßburger Sommernächten gehörte auch die „Blume“ in Kehl, ein kleines altes Gasthaus, in dessen Garten man, materiell wohlgeborgen und schnakensicher, bei altem Affentaler die Sterne zwischen den Baumwipfeln wandern sah. Straßburger Liebespaare schätzten die Unterkunft; der Wirt war vorurteilsfrei und verlangte keinen Trauschein; so flammte manchmal in den Zimmern des zweiten Stockwerkes, an dessen Fenster nur die Kastanienzweige klopften, auf dem Altar des Eros das verschwiegene Feuer empor. Als mein Freund R. die flüchtigeren Gestaltungen der Liebe zugunsten der bürgerlichen Dauerform aufgab, kam er auf die seltsame Idee, das erste Nachtquartier seiner Hochzeitsreise an dieser Stätte seiner verbleichenden Erinnerungen zu nehmen. Er wurde sofort bestraft; die alte Kellnerin, die sich, frei von Eifersucht, eine wohlwollende Teilnahme für den zarten Dienst der Aphrodite bewahrt hatte, sagte morgens im Vorbeistreifen zu ihm: „Gellesie, Herr Doktor, das vorige Mal habe Sie e nettere mitghabt.“ Sie hatte falsch gesehen; die kleine Frau war ihren episodischen Vorformen so zweifellos überlegen, daß der Ehemann selbst mir die Geschichte mit gutem Humor erzählen konnte.

In Kehl war es auch, daß Freund L., der begeisterungsfähige, gereizt von den Geistern des Weines, auf dem Bahnhofe einen lebhaften Krakehl mit elsässischen Beamten bekam. Der Zug war zu lang, und wir mußten vom Bahnsteig zwischen die Schienen herunter, eine Aufgabe, die für einen Kurzsichtigen bei alkoholischer Unsicherheit der Beine immerhin beachtlich war. L. explodierte in heftigen Schmähworten auf diese Hunde von Wackesbeamten, die ihm das eingebrockt hatten, als ihn schon eine feste Hand am Kragen hatte: „Was haben Sie da eben gesagt?“ Ich nahm den zornigen Schaffner auf die Seite und flüsterte ihm zu: „Helfen Sie uns ein bißchen; wir bringen den Kranken in die psychiatrische Klinik nach Straßburg; Sie sehen doch, was los ist.“ Er lachte verstehend und half dem Kranken in's

Coupé; die Sache war erledigt. In die psychiatrische Klinik haben wir den noch immer Schimpfenden nicht gebracht, wohl aber in die gegenüber liegende chirurgische, wo sein Assistentenbett stand. —

Berufsgefahren.

O! wie voll Disteln ist diese Werktagswelt.
Wie es Euch gefällt.

Der Beruf des Irrenarztes gilt bei den Laien als gefährlich; das ist nur mit Vorbehalt richtig; der ärztliche Beruf ist überhaupt nicht ungefährlich, auch auf den praktischen Arzt lauern allerhand Gefahren von Ansteckung usw. — Die Gefahren der psychiatrischen Arbeit liegen auch nicht im Verkehr mit den internierten Kranken, mit denen man ja, wenn man nicht will, nicht allein zu sein braucht; eine Ohrfeige, einen Biß, einen Faustschlag oder eine Ladung Spucke kann man natürlich im klinischen Betriebe beziehen; aber das rechnet nicht, das gehört zur Definition des Psychiaters; gefährlich sind nur ab und zu die ärztlichen Beziehungen zu erkannten oder nicht erkannten Geisteskranken, solange sie sich in der Freiheit bewegen; gefährlich sind auch die unberechenbaren Rückfälle bei Entlassenen, die vielleicht einen alten, nun wieder aufflammenden Groll gegen den Arzt im Herzen tragen. In seiner Sprechstunde befindet sich der Arzt gegenüber dem Angriffe eines Geisteskranken rechtlich in keiner anderen Lage als jeder andere Staatsbürger; es besteht für ihn kein erhöhtes Maß von Verpflichtung, sich über den Haufen stechen zu lassen; nur wird, wenn Notwehr zur richterlichen Beurteilung steht, vom Arzte, besonders aber vom Irrenarzte, ein erhöhtes Maß von Beherrschtheit verlangt werden dürfen. Nach dem Kriege hielten manche Nervenärzte, denen gegenüber abgewiesene und verhetzte Kriegsrentenbewerber schwer bedrohlich wurden, ihre Sprechstunde mit einem Revolver auf dem

Schreibtische ab; ich selbst habe immer als harmlos aussehende Waffe einen schweren stählernen Kantel zur Hand gehabt, mit dem man nötigenfalls schon etwas ausrichten konnte. —

Einzelne bedenkliche Berufsszenen sind mir in Erinnerung geblieben. In Straßburg wurde ich in das Hotel de la Ville gerufen; Angestellte und Angehörige standen verstört und ratlos vor der Türe eines Zimmers, in dem ein Ingenieur wohnte, der in großer Erregung gedroht hatte, jeden Eintretenden zu erschießen. In solcher Lage wäre es zweifellos zunächst Sache der Polizei und nicht des Arztes, einzudringen; ich entschied mich aber doch anders. Aus den Angaben der Familie schien hervorzugehen, daß es sich um einen Fall von progressiver Paralyse handelte; der Mann hatte mächtige Zechen gemacht, unsinnige Bestellungen aufgegeben — ein Rheinschiff voll Champagner, einen Waggon voll zinnerner Becher mit der Ansicht des Straßburger Münsters u. dgl. Ich glaubte bei der vorauszusetzenden Lockerung der geistigen Persönlichkeit nicht recht an die Gefahr von konsequenten Gewalttätigkeiten, hatte wohl auch noch zu viel Berufseigensinn in mir und ging in das Zimmer. Der Kranke lag im Bette, der Revolver auf dem Nachttisch, trat aber nicht in Aktion; die Laune war rosig, und wir haben uns in Frieden unterhalten. Die eigentliche Gefahrzone ist in solchen Fällen die Spanne Zeit, ehe man den mündlichen Kontakt aufnehmen kann; nachher ist man eher Herr des Steuers.

Mein damals noch bestehender Glaube an die relative Harmlosigkeit der Kranken mit „Hirnerweichung" ist später durch die Erfahrung richtig gestellt worden; ich habe in Freiburg zwei Fälle verhängnisvoller Gewaltakte von Paralytikern erlebt. Der eine Kranke saß an einem schönen Nachmittage auf einer Bank im Immental und schoß, mit tödlicher Wirkung, munter auf Passanten — wie der weiland Ahnherr des Herzogs von Enghien auf Dachdecker, deren Herunterpurzeln ihn amüsierte; der andere, ein Abgeordneter, sollte nachts in seiner Wohnung verhaftet werden und erschoß durch die Türe zwei Polizisten. Die Berufsannehmlichkeit in diesem Falle lag für mich darin, daß ich in einer öffentlichen Versammlung schon pränumerando beschimpft wurde für den Fall, daß ich es mir beikommen lassen sollte, meinen früheren Patienten für krank zu erklären; man legt es zu dem Übrigen. —

Die Frage des Eindringens in das Zimmer eines Geisteskranken wiederholte sich für mich in anderer Form. Auf einem Landsitze sollte ich den Sohn des Hauses untersuchen, um eventuell seine Überführung in eine Anstalt zu legitimieren; im Hause waren nur Frauen; der Kranke hatte sich eingeschlossen mit seinen Hunden und Jagdgewehren; auf mein Klopfen rief er: „Ich weiß ganz genau, was Sie wollen; Sie wollen mich einsperren; wenn Sie versuchen einzudringen, schieße ich"; er war durchaus der Mann dazu, diese Drohung zu verwirklichen. Die Lage war zweifellos brenzlich; da fiel mir ein, daß er alter Korpsstudent war, und ich sagte ihm durch die geschlossene Tür: „Daß Sie schießen, ist Ihr gutes Recht; aber ich halte es für richtiger, daß wir das in den üblichen Kommentformen erledigen." Er fand nun wohl, daß wir auf einem gemeinsamen Boden standen, der ihm etwas bedeutete; er faßte Vertrauen und machte höflich die Türe auf; wir haben dann ohne Schwierigkeiten zusammen zu Mittag gegessen; er war schwer geisteskrank. —

In der dringlichsten Gefahr schwebte ich einmal, durch die Schuld des Personals, bei der Aufnahme eines Kranken in die Straßburger Klinik; ich wurde auf die Männerabteilung gerufen; im Momente des Türöffnens sehe ich rechts von mir drei Pfleger stehen, die gespannt auf etwas links von der Tür blickten, das ich selber noch nicht wahrnehmen konnte; nach ihrem Ausdruck war es klar, daß es etwas Bedrohliches sein mußte. Ich fuhr herum — das Ganze dauerte nur eine Sekunde — und konnte gerade noch den Arm eines Mannes packen, der mit einem offenen Messer auf mich einstechen wollte; nun faßten die drei starken Männer auch Mut, und es gelang, den Kranken zu entwaffnen. Es war eine eselhafte Dummheit, mich ungewarnt in diese Situation hineingeraten zu lassen.

Bedenklich war auch die Lage, als es nötig wurde, eine Ausländerin, die ich zunächst in ihrer Villa behandelte, in die Klinik zu bringen; ihr ungebremstes Temperament wies auf ihre südamerikanischen Indianer-Ahnen hin. Sie trug immer einen ungesicherten Browning bei sich; die Zimmerwände und der Kamin zeigten die Spuren der Schüsse, die sie auf vermeintliche Verfolger abgegeben hatte. Ich empfahl dem Bezirksamt, den Transport in die Klinik durch die Zivil-Schutzleute morgens vor 9 Uhr vornehmen zu lassen; da hatte die Kranke noch ihren Morgenrock an, in dem sie nicht, wie in ihren Blusen, Revolvertaschen hatte anbringen lassen. Die zwei Beauftragten verloren aber angesichts der energischen Haltung der Dame den Mut, und ich wurde doch noch herantelefoniert. Die Sache verlief schließlich ohne Schießerei. Szenen dieser Art, in denen man zur aktiven Teilnahme an polizeilich gefärbten Prozeduren genötigt ist, gehören zu den unangenehmsten Berufserlebnissen.

Einmal spielte in meinem Hause eine vom Standpunkte der Wahrscheinlichkeitsrechnung ganz unwahrscheinliche Szene. Ich stehe am offenen Fenster; auf der Straße fährt ein Radler vorüber, dem im selben Augenblick mit hörbarem Knall ein Luftschlauch platzt; es schellt lebhaft; ein Herr verlangt mich zu sprechen, überrennt das Mädchen und erscheint im Zimmer; es ist der Radfahrer, der in großer Erregung behauptet, ich hätte auf ihn geschossen. Bei der Unterhaltung entpuppt er sich als ein Geisteskranker mit zahlreichen Sinnestäuschungen und Verfolgungsideen. Wie gering war zahlenmäßig die Aussicht, daß von den unendlich vielen, nach Raum und Zeit gegebenen Möglichkeiten gerade die eine im höheren Sinne zweckmäßige, verwirklicht wurde: Panne vor dem Hause des Psychiaters!

Eine besondere Art von Gefahr, eine strafrechtliche, bedeuten die Bestimmungen über das Berufsgeheimnis des Arztes. Die Kranken und ihre Angehörigen wissen in der Regel nicht — ich habe es oft bedauert — daß der Arzt sich strafbar macht, der bei Meyers zum besten gibt, was er bei der Behandlung von Schultzes erfahren hat; manchem üblen Schwätzer und Geschichtenträger könnte das Handwerk gelegt werden. Die Strafbestimmungen bedrohen aber auch den anständigen Arzt, der, von seinem Gewissen gedrängt, in einem dringenden Lebensinteresse anvertraute Geheimnisse preisgibt. Ich behandle z. B. einen jungen Mann an den Folgen einer Syphilis; er ist skrupellos und bewirbt sich um die Hand eines Mädchens, das ihn arglos liebt. Der Eventual-Schwiegervater kommt und bittet um Auskunft über die Gesundheit des Ehekandidaten. Gebe ich sein Geheimnis her, mache ich mich strafbar; verschweige ich es, kann ich vielleicht lebenslängliches Unheil über die junge Frau kommen lassen. Der seiner Aufgabe bewußte Arzt hat in solchen Fällen immer die Gefahr auf sich genommen und sich in den Dienst der Vernunft, nicht des Paragraphen gestellt.

Für mich wurde in einen dieser nicht seltenen inneren Konflikte eine besondere Spannung dadurch hineingetragen, daß der Patient, um dessen Geheimnis es sich handelte, von Beruf gesetzeskundig war. Er war Amtsrichter in Oberehnheim, einem Städtchen am Rande der Vogesen, erkrankte an Manie, deren Symptome: sehr gehobene Stimmung, Unternehmungsdrang und Verlust der Schätzung für die Wirklichkeit, ihn zu eigenartigen Handlungen brachten; er fing einen Weinhandel an, bestellte telegraphisch in Straßburg die Guillotine für einen Dieb usw. Der Respekt vor der Unantastbarkeit der Richter war damals noch so groß, daß der zuständige Unterstaatssekretär es nicht wagte, den für die Justiz kompromittierenden Mann kaltzustellen; er lebte wohl auch, trotz meines Gutachtens, in der uns so oft entgegentretenden Meinung, daß jemand, der gewandt, besonders gut gelaunt und witzig ist, nicht geisteskrank sein könne. Man glaubte erst daran, als der Amtsrichter ein Attentat auf ein juristisch Allerheiligstes beging: in einer Versammlung von Juristen sprang er auf den Tisch und rief: „Der Teufel soll das Bürgerliche Gesetzbuch holen".

In seiner gehobenen Stimmung verlobte sich der Kranke mit einem netten einfachen Mädchen, dem aber bald Bedenken über den Geisteszustand des Bräutigams kamen. Sie suchte mich auf, um zu hören, was ich davon hielte. Paragraphenmäßig hätte ich sie abweisen müssen; ich gab ihr aber Auskunft und redete ihr dringend ab, ihr Schicksal an das dieses Mannes zu binden. Sie löste die Verlobung, gab aber zu ihrer Entlastung mich als Ratgeber preis. Am Abend erschien der Amtsrichter mit dem Apotheker von Oberehnheim in meiner Wohnung, um mich zur Rede zu stellen; er erging sich, während der als Zeuge mitgebrachte brave Pillenmann sich auf dem Stuhle wand, in wundervoll beleidigenden Wendungen, wobei er immer wieder betonte: „Sie können gar nichts machen; Sie haben mich ja selbst für unzurechnungsfähig erklärt, ich kann mir das leisten, Sie zu beleidigen"; nachdem er das eine halbe Stunde besorgt hatte, wurde die Sache langweilig; ich verwies ihn in juristischen Wendungen auf die guten Aussichten des Klageweges, was ihm sehr einleuchtete. Es hätte vielleicht schon bei dieser Gelegenheit die erst später kommende Entscheidung des Reichsgerichts erfolgen können, daß es unter Umständen für den Arzt eine straflos machende Redepflicht geben kann, die den Vorrang hat vor der gesetzlichen Schweigepflicht. Leider kam es nicht zu dem geplanten Strafverfahren gegen mich; der Patient, der mich mit Drohtelegrammen spickte, — unterzeichnet: „Ein kaltblütiger Korsar" — stürzte bei einem wilden Ritt und brach das Genick.

Eine schleichende Dauergefahr für den Irrenarzt bilden die falschen Anschuldigungen von Geisteskranken und ihren Angehörigen, die z. B. widerrechtliche Freiheitsberaubung, schlechte Behandlung und sexuelle Attentate behaupten und bei der durchschnittlichen Urteilsfähigkeit des Publikums Glauben finden; persönlich gewöhnt man sich daran, aber für das Vertrauen der Öffentlichkeit in die Anstalten und Kliniken sind diese Dinge nicht förderlich. Ich selbst bin, unter dem roten Regime, Gegenstand einer solchen

— vergeblichen — Denunziation gewesen, bei der die Aussagen eines Geisteskranken benutzt werden sollten, um mich als politisch unbequemen Menschen zur Strecke zu bringen; den Ministerialdirektor, der sich in gehässiger Weise in den Dienst dieser Unternehmung stellte, hat inzwischen — nach dem früher erwähnten Gesetz von der schweigenden inneren Vergeltung — ein übles Schicksal ereilt; das Dreherchen der Zeit, von dessen magischer Kraft *Shakespeare* wußte, bringt manches in Ordnung.

Sehr häufig sind Anschuldigungen von geisteskranken Frauen und älteren Mädchen über sexuelle Unbill, die ihnen angetan sein soll; sie beziehen die krankhaften, subjektiven, auf Sinnestäuschungen beruhenden Erlebnisse auf ihre Umwelt, d. h. auf die einzigen Mannspersonen, mit denen sie auf den Frauenabteilungen in Berührung kommen, auf die Ärzte. In Straßburg zog eine aus der Klinik entlassene Geisteskranke von Arzt zu Arzt, um sich eine — eingebildete — Schwangerschaft attestieren zu lassen, von der sie nur nicht wußte, ob „der Doktor oder der Professor“ Vater des Kindes sei; im Laufe der Zeit änderte die Wahnbildung die Richtung; sie behauptete, von einem der Ärzte in der Stadt bei der Untersuchung körperlich ruiniert worden zu sein, lauerte ihm auf und schoß mit einem Revolver auf ihn. Die Laien haben solchen Dingen gegenüber nicht immer die gelassene Kritik des braven Landbürgermeisters, der in die Freiburger psychiatrische Klinik ein geisteskrankes Mädchen mit einem Briefe schickte: „Ich überweise der Klinik die Veronika Meyer; sie behauptet, vom heiligen Geiste schwanger zu sein. Diese Angabe verdient keinen Glauben; die Meyer könnte ebensogut sagen, der Großherzog oder der Herr Oberamtmann seien es gewesen.“

Akademische Bilderstürmer.

Ist eine Feder wohl so leicht hin
und her geblasen, als dieser Haufe?
Heinrich VI., T. II.

Nach dem *Rathenau*-Mord ging eine Welle sinnloser linksradikaler Gewalttätigkeiten durch Deutschland, die eine Anzahl von Todesopfern forderten; in Freiburg blieb es bei symbolischen Handlungen; kommunistische und sozialistische Studenten drangen in das Universitätsgebäude ein, rissen die Portraits einiger Professoren, deren nationale Haltung sie mißbilligten, von der Wand und zertrampelten sie; auch mein Bild befand sich darunter; es war eine gute Aufnahme. Als Beweggrund gaben sie an, daß das Bild von Professor *Kantorowicz*,* den sie als ihren Patron ansahen, von nationalistischen Studenten gestohlen worden sei. Das Bild war entwendet, das war unbestreitbar; aber die Täterschaft wurde an ganz falscher Stelle gesucht. Eine Studentin erschien beim Rektor, reuevoll gestimmt, und beichtete, sie sei schuld an allem; sie habe sich das Bild von Professor *Kantorowicz* angeeignet, weil sie ihn liebe — im kleinen eine Illustration zu dem Thema: Frauen in der Weltgeschichte. Man hat in jener humorlosen Zeit von dieser netten Geschichte zu wenig Gebrauch gemacht.

Während ich in effigie zertrampelt wurde, kamen Hörer meiner Vorlesung zu mir, um mich zu warnen; der Haufen sei gesonnen, mein Haus zu stürmen; ich ließ die Läden herunter und wartete ab. In solchen Lagen, die damals ja nichts Seltenes waren, gibt es zwei Arten des Verhaltens: der Versuch gewaltsamer Abwehr und der der Höflichkeit. Zu jener wäre ich als Jäger, der reichliches Schießmaterial im Hause hatte, wohl imstande gewesen; aber man muß sich darüber klar sein, daß man schließlich doch selber auch daran glauben muß; der Gewaltweg empfiehlt sich nur, wenn man sowieso, was ja in Zeiten politischer Wandlungen nichts Besonderes ist, auf Abmarsch gestimmt ist und den Gedanken vielleicht ganz reizvoll findet, wenn man schon nach Walhall ziehen muß, wenigstens mit einem Gefolge erlegter Feinde anzukommen. Ich beschloß, wenn die Herren Aufrührer kämen, es zunächst mit einer Einladung zu einem Glas Wein zu versuchen — immerhin mit dem Browning in der Tasche. Ich kam nicht dazu, die Güte der verschiedenen Methoden auszuprobieren; die Polizei hatte die Ansammlungen unterwegs zersprengt.

Sterbegebete.

Nun, ihr geheimen schwarzen Nachtunholde,
was macht Ihr da? *Macbeth.*

In Falkau, einem über die Abhänge hin in Einzelgehöften verstreuten Dorfe des Hochschwarzwaldes, erschlug ein älteres Mädchen ohne jeden erkennbaren Grund ihre allein mit ihr in einem Häuschen zusammenlebende Mutter; die alte Frau war nicht gleich ganz tot und fing an, die Sterbegebete zu murmeln; die Tochter beteiligte sich daran und schlug, als sie fertig waren, die Greisin vollends tot — eine wahrhaft grausige Nachtszene. Zunächst versuchte sie, die Leiche auf dem Herde zu verbrennen; als dies mißlang, trug sie die zerstückelten Teile in den Wald und begoß sie mit Petroleum; bei den Bemühungen, das Feuer in dem Haufen zu entfachen, gerieten ihre Kleider in Brand; schreiend stürzte sie auf das Feld, wo die Bauern die Flammen erstickten. Die Einzelheiten der Tat erweckten von vornherein den Verdacht, daß es sich um eine Geisteskranke handeln müsse; die Beobachtung in der psychiatrischen Klinik ergab sofort die Bestätigung; es lag eine schwere Psychose vor, die sich schleichend entwickelt hatte, unbemerkt von der urteilslosen Mutter; die Dorfgenossen hatten mit den zwei ganz für sich dahinlebenden Frauen keine Fühlung, hätten auch, wenn es anders gewesen wäre, kaum etwas gemerkt; man ist da droben in den endlosen Wintern mit ihren harten Daseinsbedingungen duldsam gegen Seltsamkeiten und Eigenbrötelei. Bedenklicher war, daß der Staatsanwalt nicht an die Annahme einer geistigen Störung heranwollte; er hatte sich auf die Idee festgelegt, daß die Täterin eine hartnäckige und raffinierte Simulantin sei. Nach einigen Wochen starb die Kranke in einem schweren Erregungszustand, dem ihr Herz nicht gewachsen war. Ich konnte es mir nicht versagen, dem Staatsanwalt zu schreiben, daß unsere Patientin den letzten noch ausstehenden Beweis für ihr Kranksein nunmehr durch ihren Tod erbracht hätte. Er drohte mit Veröffentlichung meines Briefes, gegen die ich durchaus nichts einzuwenden hatte; er hat seine Absicht leider nicht ausgeführt.

Kannibalismus in M.

Zerlegen laßt uns ihn, ein Mahl für Götter,
nicht ihn zerhauen wie ein Aas für Hunde.
Julius Cäsar.

Unter dieser immerhin beachtlichen Überschrift berichteten die Zeitungen über einen Vorgang, den ich nicht für glaubhaft gehalten haben würde, wenn mir nicht als Vorsitzendem des ärztlichen Ehrengerichts, der ich zwanzig Jahre lang war, die amtlich erhobenen Einzelheiten vorgelegen hätten. In M. praktizierte ein Arzt, wenn man mit diesem Worte eine Tätigkeit bezeichnen darf, die vor allem in immer wiederholten Eingriffen in das keimende Leben bestanden; sein Dasein pendelte zwischen Gefängnis, Freiheit und Zuchthaus hin und her. Er hatte einen Vater, der dem Sohne des Arztes als Studienobjekt sein Skelett vermacht hatte. Der alte Herr starb, und die Frage wurde dringend, in welcher Form die letztwillige Verfügung pietätvoll erfüllt werden sollte. Man beschloß, die Leiche im Keller zu kochen, um das Fleisch von den Knochen lösen zu können. So geschah es, und in fleißiger Bemühung gelang es, die knöchernen Bestandteile des Erblassers sauber abzupulen. Wohin nun aber mit den fleischlichen Resten? Auch dafür fand sich Rat; zwei Leichenträger wurden bestellt, die in Kindersärgen die Fleischeslast abtransportierten. Leider verführte sie die reichliche Entlohnung dazu, unterwegs ausführlich in einer Wirtschaft haltzumachen, während die auf der Straße zurückgelassenen Kindersärge das von ihrem Standpunkte aus begreifliche, lebhafte Interesse der Hunde erregten. Die Sache wurde ruchbar, und die Zeitungen schlugen Lärm. Das für das natürliche Gefühl Eigenartige war nun, daß sich für die formale Gerechtigkeit keine Handhabe fand, um diese etwas übertriebene Vorurteilslosigkeit zu ahnden; das einzige war eine polizeiliche Ordnungsstrafe von 50 Mark, die dem Arzte auferlegt wurde, weil er eine Leiche der normalen Beerdigung entzogen hatte; der Gesetzgeber hat nicht alle Gangarten menschlichen Tuns in den Bereich seines Strafarmes ziehen können. Das einhellige Urteil der ärztlichen Richter war an keinen Paragraphen gebunden.

Im Schatten der Guillotine.

> P.: Ihr müßt so gut sein, mein Herr und aufstehen und Euch hinrichten lassen.
> B.: — es ist mir ungelegen.
> *Maß für Maß.*

Mich umsummen Verse aus Kindertagen; ich kann sie nicht mehr ganz zusammenbringen, weiß auch die Herkunft nicht. Das Gedicht fing an:

Ein Vater mit seinem Sohne spazieren ging,
allwo ein armer Sünder am Galgen hing —,

der Knabe beneidet den in der Höhe Baumelnden und möchte das gerne einmal probieren; der Vater aber warnt ihn:

Mein Sohn, mein Sohn, das wünsche dir nicht,
da hacken dir die Raben ins Angesicht,
da willste wieder runter und kannste nicht.

Ich denke, daß mir diese Zeilen wegen der plastischen Anschaulichkeit, mit der sie die Situation wiedergeben, in Erinnerung geblieben sind; die Raben gehen zuerst an die Augen, weil sie das weichste sind. Es gab in Deutschland Jahrhunderte, in denen man nicht durch die Lande reisen konnte, ohne irgendwo auf einer Anhöhe einen Sünder am Galgen hängen zu sehen; man war mit dem Hängen rasch bei der Hand und hatte bessere Nerven als wir; eine Zeit, in der gebildete Richter Leute auf der Folter verhören konnten, ertrug auch den Anblick der Gehängten und ihren Verwesungsgeruch; man war durch die Luft in den Straßen der Städte, wo aller Unrat floß, nicht verwöhnt. Auf vielen alten Gemarkungsplänen findet man noch Namen, die auf den früheren Standort der abschreckenden Gerüste hinweisen; die „Galgenmatten" sind eine häufige Bezeichnung; ein Plan der Umgebung Freiburgs verzeichnet bei Heuweiler den „Malefikantenweg", auf dem der Karren des Delinquenten auf die Höhe rollte; die Ortsbevölkerung kennt den Namen nicht mehr. Im geographischen Bereich des Breisgaus zählte man 13 Galgen; die Rechtsgeschichte wird wissen, wie es kam, daß die Gerichtsbarkeit so verzettelt war. Der Anblick der sich gegen den Abendhimmel schwarz abzeichnenden Winkelhölzer, die entweder auf Gäste warteten oder die bereits Arrivierten im Winde baumeln ließen, der Lärm der Krähenschwärme, die um diese Stellen auf- und niederstiegen — alles das hat die Phantasie des Volkes mächtig erregt; die Zahl der volkstümlichen Bezeichnungen für Strick, Galgen und seine Opfer war riesengroß; in manchen ist eine Art von zärtlicher Vorsicht zu erkennen, die darnach trachtet, den Gegenstand seines Grausens zu entkleiden. Anhöhen wählte man als Standort, um die Vergeltung der Übeltaten möglichst weithin zur Anschauung zu bringen; Rücksicht auf die Verbrecher war es nicht, deren Subjektives jener Zeit ziemlich gleichgültig war; es war nicht die lyrische Absicht, den Sterbenden noch „mit einem Blicke die Welt umfassen zu lassen", und doch ist es beim Scheiden gewiß nicht gleichgültig, in welcher Umgebung man die letzten, abgezählten, rasch wegtropfenden Augenblicke durchlebt.

Betrachtungen dieser Art lagen mir nahe, als ich nach durchfahrener Nacht und kurzem Schlummer in dunkler Novemberfrühe zu meiner ersten Hinrichtung den Hof des Gefängnisses in Metz betrat; um die Tore hingen noch die Nebelfetzen der Nacht; das rostige Eisenwerk war naß, und von den Mauern, deren Bewurf hie und da abbröckelte, wehte den Eintretenden das ganze kalte Elend der Empfindungen an, das diese Wände aus den Blicken immer neuer Generationen von Gefangenen eingesogen hatten; man fühlte, hier wohnt ein Scheiden ohne Trost. Wohl keiner der Versammelten konnte sich diesen Eindrücken entziehen; der Leutnant, der einen Zug Soldaten kommandierte, und die als Zeugen erschienenen Spießbürger verharrten in gleicher Weise, übernächtig und käsig im Gesicht, in bedrücktem Schweigen, während der dünnblecherne Ton eines Glöckchens um Entschuldigung zu bitten schien, daß es sich überhaupt unter die Leute wagte.

In Elsaß, Baden und Württemberg wurde mit der Guillotine hingerichtet; diese maschinelle Abstraktion hat dem Scharfrichter einen großen Teil des finsteren Nimbus genommen, der ihn als Beilschwinger von jeher umwittert hat; er zieht nur noch an einer Schnur; die peinliche Sorge des Zuschauers, ob alles glatt gehen möchte, die bei dem Köpfen mit der Hand unabstellbar ist, wird durch die Guillotine gemildert, aber doch nicht ganz beseitigt; die schräg stehende Stahlklinge ist zwar scharf und der aus Stockwerkshöhe in Schienenführung herabsausende Bleiklotz, dem das Messer entwächst, hat ein gewaltiges Gewicht; aber man ist doch den Zwangsvorstellungen ausgeliefert, die um ein technisches Mißlingen kreisen. Bei einem Hingerichteten fanden wir später einmal bei der Sektion eine 10 Zentimeter lange abgebrochene Stahlklinge in der Brustwirbelsäule stecken, ein eingeheiltes und vergessenes Andenken an eine alte Messerstecherei; hätte sie höher gesessen, würde sie das glatte Durchschneiden des Halses verhindert haben; man darf der möglichen Szene nicht näher nachgehen in Gedanken. Eine grotesk-pedantische Prozedur ist die vorgeschriebene Verlesung des mehrere Seiten langen Urteils mit Aufzählung aller Beisitzer der Verhandlung usw. in Gegenwart des Delinquenten und angesichts des Gerüstes; der Paragraphengehorsam wird zur Unmenschlichkeit. Ist das überstanden, so geht alles übrige schnell.

Ich war das erstemal von meinem Freunde *Mehnert* als anatomischer Assistent eingeschmuggelt; die Anatomie legt Wert auf allerfrischestes Untersuchungsmaterial, wie es nur bei diesen Gelegenheiten zu gewinnen ist. Der Anatomiediener, der uns begleitete, war ein stattlicher Herr, der wie ein Schauspieler oder wie ein Hofprediger aussah; bei den Gefängnisbeamten avancierte er automatisch, ohne Widerspruch seinerseits, zum Herrn Professor. Ich wollte an der Leiche Versuche mit dem elektrischen Strome vornehmen; mein Apparat stand, da ich keine Genehmigung dazu hatte, unter Zeitungen verborgen; nur die Leitungsschnüre waren sichtbar. Das Wissenschaftliche interessiert hier nicht; ich kann aber kurz sagen, daß es sich um die Frage handelte, ob das menschliche Rückenmark für den elektrischen Strom erregbar ist, d. h. ob man von seiner bloßgelegten Fläche aus Bewegungen des Körpers erzeugen kann. Die Frage war bisher verneint worden, und ich ging mit geringen Erwartungen an die Sache heran. Die Entnahme von Gewebsstücken war schon im Gange, und auf dem Brustkasten der Leiche lagen Instrumente. In dem Momente, als meine Metallstifte das Rückenmark berührten, warf der kopflose Tote mit brüsker Bewegung der Arme die auf ihm liegenden Scheren usw. auf den Boden, zum Entsetzen der Aufseher, die gekommen waren, um von ihrem Klienten Abschied zu nehmen. Es stellte sich dann heraus, daß frühere Untersucher darum keinen Erfolg gehabt hatten, weil sie zu spät angefangen hatten; 15 bis 20 Minuten nach dem Tode hört die Erregbarkeit des Rückenmarks auf. Zum Ausbau meiner Versuche ließ ich mir bei späteren Hinrichtungen die gern gewährte Genehmigung der Staatsanwälte geben, vermöge deren es mir gelang, die Leichen schon 120 Sekunden nach dem Fallen des Beiles auf meinen Tisch zu bekommen.

Die Mehrzahl der Hinzurichtenden leistete keinen Widerstand; ein wüster Kerl, der einem 15jährigen Mädchen mit einem Rebmesser die Kehle durchschnitten hatte, schimpfte, bis ihm das Messer das Wort und den Hals abschnitt; er war auch der einzige, dessen Rumpf nachträglich in Konvulsionen verfiel; es ist möglich, daß ähnliche Vorkommnisse Anlaß gegeben haben zu den früher erwähnten Sagen von besonders willensstarken Mördern, die auch ohne Kopf noch herumlaufen konnten.

Als ich in Straßburg, zufällig mit meiner Frau, in einer Droschke zum Gefängnis fuhr, um meinen elektrischen Apparat für den nächsten Tag aufzustellen, erregten wir das brennende Interesse der diese Stätte umlungernden Menge; ein Gemurmel hub an: „Der Scharfrichter und seine Frau" — „in dem Kasten hat er das Beil"; die Zeitungen brachten am Tage darauf die Notiz: „Der Gefängnisgeistliche Dr. Hoche spendete dem Delinquenten die letzten Tröstungen der Religion." Die Tröstungen, die ich zu bieten hatte, konnten dem Schächer nichts mehr nützen. Es waren dies die beiden einzigen Gelegenheiten, bei denen ich einmal populär wurde, und beide Male war ich es gar nicht.

Um den Schlaf der Bürger.

Macbeth mordet den Schlaf. —
Macbeth.

In Freiburg bestand die alte Sitte, an den drei Prozessionstagen der Bevölkerung durch Böllerschüsse vom Schloßberge her um 5 Uhr kundzutun, daß Gott mit dem gütigen Auge seiner Sonne die Unternehmung zu begünstigen gedenke, und daß man sich zur Prozession rüsten möge. Es war ein schwerer Raub am Morgenschlaf, begangen auch an denen, die ihrer Konfession nach an der Prozession gar kein Interesse hatten; Versuche beim Bezirksamt und beim Ministerium, wenigstens zum besten der Kranken eine Änderung herbeizuführen, waren erfolglos: „alte Einrichtung — das Volk hängt daran — nicht daran rühren — können doch keinen Kulturkampf inszenieren" — usw. Nun fügte der Zufall, daß ich als Rektor der Universität bei einem langen Festessen neben den Erzbischof *Thomas Nörber* zu sitzen kam. Nach der guten Regel, seinen Nächsten zu schmieden, so lange er warm ist, beschloß ich einen Frontangriff. Ich brachte das Gespräch auf die Schlafverhältnisse des geistlichen Herrn — ein Thema, auf das Männer in vorgerückten Jahren anzubeißen pflegen; *Nörber* erzählte mir, wie schlimm es immer sei, wenn er in kleinen Dörfern zur Einweihung einer Kirche oder dergleichen übernachten müsse und die Jungmannschaft es sich nicht nehmen ließe, den Tag um 5 Uhr mit Böllerschüssen um sein Quartier im Pfarrhaus her zu begrüßen. Nun hatte ich ihn da, wo ich ihn haben wollte; ich sagte ihm: „Ja, und gerade das tun Sie den Freiburger Kranken an." Ich setzte ihm näher auseinander, wie die frisch Operierten, wie Fiebernde, Wöchnerinnen usw. gerade in den Morgenstunden noch ein paar Augen voll Schlaf erwischten, falls die Böller nicht dazwischen kämen. Er war willig und wollte auf Abhilfe denken; die Einrichtung ganz fallen lassen — das ginge allerdings nicht wohl an. Ich schlug ihm einen Mittelweg vor: die Kirche möge doch ausnahmsweise einmal nicht früher aufstehen als der Staat und sich damit begnügen, wie zu Kaisers Geburtstag, um 7 Uhr zu schießen. Das sagte er zu, und er hat sein Versprechen gehalten. Von meinem guten Werke berichtet keine Chronik, und keiner der von mir mit Schlaf Beglückten hat es mir gedankt; aber im großen Hauptbuch des Jenseits wird alles verzeichnet; am Jüngsten Tage wird der Engel beim Titel Geschenke und Stiftungen verlesen: „*Hoche, Alfred Erich*, Geschenk an 90000 Einwohner Freiburgs, 10 Jahre lang, jedesmal sechs Stunden Schlaf, macht $5^1/_2$ Millionen Stunden." Die Erzengel werden mich beim Hören dieser Zahlen anerkennend anblicken, aber der advocatus diaboli wird vor sich hinmurmeln — hoffentlich nicht so laut, daß es der ewige Richter hört: „an seinen eigenen Schlaf hat er gedacht." Jawohl, Verehrtester, an den habe ich freilich auch gedacht.

Kirchenrecht.

Vernunft wird Unsinn —
Faust.

Einer meiner Patienten, ein sehr intelligenter, feingebildeter Mann, der seit Jahren geschieden war, wollte wieder heiraten; beide Teile waren katholisch; als sie sich zur kirchlichen Trauung meldeten, wurde ihnen bedeutet, daß ein absolutes Hindernis vorliege. Was stellte sich heraus: die erste Ehe zwischen dem katholischen Mann und einem evangelischen Mädchen war in der evangelischen Kirche gesegnet worden, galt aber für die katholische Kirche — nach dem noch gültigen Beschluß eines Konzils, ich denke des Tridentiners — als katholisch geschlossen und konnte nur durch päpstlichen Dispens gelöst werden. Die Bestimmung galt nur für die in Deutschland Beheimateten; man mußte „natus in Germania" sein. Diese Voraussetzung traf in scherzhaft anmutender Form zu. Der Mann hatte seinerzeit diese Welt an einem für diesen Zweck ungewöhnlichen und ganz ungeeigneten Ort betreten; die Wände, die er zuerst beschrie, waren die des Wartesaales auf dem Bahnhof Rastatt, in den seine Mutter, Ausländerin, auf der Reise in die Schweiz begriffen, noch im letzten Augenblick ausgeladen worden war. Auf diese Art war er natus in Germania, und seine erste Ehe bestand noch fort. Hätte er sich etwas weniger beeilt und mit seinem Debut auf den Wartesaal des Basler Hauptbahnhofs gewartet, wäre er kirchlich nicht mehr verheiratet gewesen. Angesichts dieses Paradebeispieles von formaler Unvernunft versuchte ich beim Erzbischof eine persönliche Intervention zugunsten des Paares. Er war weniger zugänglich als in der Böllerfrage und sagte mit priesterlicher Salbung: „Ja, das bonum generale wird auch einmal zum malum speciale." Mein Einwand, daß dann die beiden wohl aus der Kirche austreten würden, schien vorgesehen zu sein; die Antwort kam wie aus der Pistole geschossen: „An solchen Mitgliedern verliert die Kirche nichts." Nach meiner Erinnerung ist auch der päpstliche Dispens ausgeblieben.

Es ist nicht immer leicht, mit diesen Herren zu verhandeln; ein evangelischer Pfarrer klagte mir einmal seine Not, daß Mönche ihm seine Tochter abspenstig und katholisch gemacht hätten — peinlich in einem kleinen Dorfe, wenn nicht einmal die Familie des Pfarrers bei der Stange bleibt; mein Versuch, den Nachfolger *Thomas Nörbers* für den Fall zu interessieren, mißlang völlig; er war nicht einmal so höflich, zu antworten; ich hätte das voraussehen müssen; in einer so peinlichen Sache wird weder ein Ja noch ein Nein schriftlich gegeben. Mehr Glück hatte ich mit meinen Bemühungen bei dem Bischof von Straßburg. Ein dortiger Pfarrer war wegen Melancholie in der Freiburger Klinik und hatte in krankhaftem Minderwertigskeitsgefühl ein Abschiedsgesuch eingereicht; die Klinik darf Briefe der Kranken, die amtliche Dinge betreffen, nicht zurückhalten; aber sie kennzeichnet sie für den Empfänger mit dem Vermerk: „Gesehen vom Abteilungsarzt", der, zusammen mit dem Stempel der psychiatrischen Klinik normalerweise Anlaß wird, über die Gesundheit des Absenders nachzudenken. Nicht so hier; nach drei Tagen war die Entlassung da; unter der Hand erfuhr ich, daß der Sekretär des Bischofs, der diese Dinge erledigte, einem Freunde die erledigte, begehrte Stelle zugeschoben hatte. Ich begann nun eine Korrespondenz — eingeschrieben und zu eigenen Händen — mit dem Bischof selbst, in der ich darlegte, wie sich, vom Arzte her betrachtet, die christliche Nächstenliebe ausnimmt. Ich erreichte schließlich die Zusage, daß der Kranke nach seiner Genesung jede im Elsaß freiwerdende Stelle, die er wolle, bekommen würde. Er wurde, wie zu erwarten war, gesund und bekam seine Pfarre, von der aus er mir noch wiederholt dankbar geschrieben hat.

Mit *Thomas Nörber* brachte mich der Lauf der Dinge noch einmal in Beziehungen. In seiner Diözese existierte ein noch nicht angestellter junger Priester R., der seiner Struktur nach in dem eigenartigen Gefüge des kirchlichen Baues nicht an seinem Platze war; er hatte ständigen Krakeel mit der geistlichen Obrigkeit, die ihn aber nicht ganz kaltstellen mochte oder konnte; die Anwartschaft auf den „Tischtitel“, 800 Mark im Jahr, kann, soviel mir vorschwebt, nicht einfach durch Verfügung entzogen werden. Dem Faß schlug den Boden aus, daß der junge Mann bei einem ungläubigen Philosophen seine Doktorarbeit gemacht hatte. Die Korrespondenz mit dem erzbischöflichen Ordinariat nahm immer schärfere Töne an. Eines Tages, als das Domkapitel zu einer Sitzung versammelt war, erschien *R.* im Saale und hob sofort einen Revolver mit den Worten: „Ich komme nicht als Angeklagter, ich komme als Richter.“ Die Versammelten flohen; *R.* gab einige Schüsse in den Fußboden ab und behauptete siegreich das Schlachtfeld; er ließ sich ohne Widerstand verhaften. Ich hatte ihn zu begutachten; die Entscheidung: gesund oder krank, war wohl die schwierigste unter den vielen Hunderten, die ich im Strafverfahren im Laufe der Jahrzehnte habe treffen müssen. Sicher war, daß er sich, wenn er krank war, noch im einleitenden Stadium der Störung befand; waren seine Behauptungen über die ihm zugefügte Unbill Wahrheit oder krankhafte Wahngebilde? Der nicht nur dem Taufregister, sondern seiner Geistesbeschaffenheit nach protestantische Mensch hat gewöhnlich ein lebhaftes Vorurteil gegen die katholische Kirche, nicht in ihrer Eigenschaft als religiöses Gebilde, wohl aber als Machtinstanz, die eine gute Hasserin ist und ihren Willen durchsetzt, wo sie kann; es war also auch für mich Vorsicht im Urteil besonders angebracht. Vieles von dem, was er vorbrachte, so z. B. daß die Kirche seinem Bruder zur Strafe für seine Aufsässigkeit die Lieferung von Paramenten entzogen habe, konnte ebensowohl richtig sein wie eine krankhafte Auffassung. Die Beweise häuften sich aber doch so, daß ich ihn für unzurechnungsfähig erklären mußte, sehr zur Erleichterung der kirchlichen Instanzen, denen eine Erörterung der Interna in einer öffentlichen Schwurgerichtsverhandlung höchst unwillkommen gewesen wäre. *R.* ist nach einigen Jahren in einer Irrenanstalt gestorben. Trotz seiner schlimmen Lage vor der Entscheidung seiner Sache äußerte er doch immer wieder seine Freude an dem aufblitzenden Bilde, wie die wohlbeleibten Herren mit wehenden Soutanen sich um die rettende Tür drängten; für einen der Beisitzer, Jurist und Reserveoffizier, hatte die Sache noch ein persönliches Nachspiel; er wurde militärisch zur Rechenschaft gezogen, weil er vor dem Feinde geflohen war.

Musikfreunde.

Der Mensch ist, was er als Mensch sein soll, erst durch Bildung. *Hegel.*

In einem Konzert saß neben mir ein offizieller Mann, der später im Weltkrieg eine gewisse Rolle gespielt hat (ich denke, die Personenbezeichnung ist genügend unbestimmt). Unter den Solisten, die auf dem Zettel verzeichnet waren, befand sich Dr. *Römer* und Dr. *Felix v. Kraus*; nach längerem Sinnen sagte mein Nachbar: „Sagen Sie doch, Herr Professor, Sie müssen das doch wissen, in was werden eigentlich die Sänger im Doktorexamen geprüft?" Der Chor erhob sich und sang die Rhapsodie von *Brahms* zu den Textworten aus *Goethes* Harzreise; beide Autoren konnten zufrieden sein mit ihrer Wirkung auf den Kunstfreund: „Ganz nett, besonders der Text; aber wissen Sie, was mir an dem Stück am besten gefallen hat? Wie der ganze Chor am Anfang so wie ein Mann aufgestanden ist." Das Konzert nahm seinen Fortgang, und *Marteau*, der als Nachfolger *Joachims* von Genf nach Berlin berufen war, spielte; im Knopfloch seines Frackes leuchtete ein kleines rotes Bändchen, das mir nichts besagte, aber die Aufmerksamkeit meines Nachbarn augenscheinlich ganz absorbierte; noch während des Spieles flüsterte er mir zu: „Der hat ja den Roten Adlerorden." Ich nickte stumme Zustimmung; was wußte ich denn von den Bändchen. Der Ausdruck des Gesichtes neben mir verriet angestrengtes Nachdenken über die Frage, wie man diesen Orden einem französischen Schweizer geben könne.

Endlich hatte er des Rätsels Lösung gefunden und sagte abschließend: „Na ja, alles das auswendig zu spielen.“

Ich gedachte seiner viele Jahre später in einer Aufführung von Tristan und Isolde im Charlottenburger Opernhaus; das Haus wurde dunkel, und aus dem Orchesterraum hoben sich die ersten verhauchenden Celloklänge des Vorspiels, als plötzlich hinter mir eine fette Stimme sagte: „Lauter!“

Von den verschiedenen Arten, Musik zu hören, sind mir diese beiden als die sachlichsten und gediegensten in Erinnerung geblieben.

Der kleine Kolb.

Dem Narren gefällt seine Weise wohl.
Sprüche Salomos.

Ich weiß nicht, ob er noch lebt; die Zeit meiner Berührung mit ihm liegt mehr als vierzig Jahre zurück; falls er diese Zeilen zu Gesicht bekommt, möge er mir verzeihen, daß ich ihn — unter verändertem Namen — in diese Galerie einreihe; blickt er schon vom Jenseits auf unser Treiben herab, so lächelt er sowieso über die Dinge, die ihm und uns einmal der Rede wert schienen. Im Katalog wurde er geführt als Dozent für Literatur oder dergleichen; menschlich war er mit dem dreifachen Fluche behaftet, arm, häßlich und Jude zu sein. Sein zu kleines Körpergestell schloß oben mit einem runden, viel zu großen Kopfe ab, an dem das zimmtfarbene Bartgestrüpp hier und da ein Stückchen Gesicht frei ließ. Der dreifache Fluch hatte den sehr gescheiten, selbstbewußten Mann allmählich zu der eigentümlichen Abwehrhaltung geführt, die auch andere in dieser Lage entwickeln, mit grimmiger Selbstironie im Verkehr mit Menschen selber gleich die mißlichen Bemerkungen zu machen, die man im Kopfe des Gegenüber keimen sieht. Er war Pfälzer, geboren in Mutterstadt und pflegte sich vorzustellen: „Mein Name ist Kolb; ich bin ein Jude, meine Vaterstadt ist Mutterstadt.“ Ich war Zeuge, wie er in einer Gesellschaft die Dame des Hauses zu deren sprachloser Bestürzung mit den Worten begrüßte: „Ich danke Ihnen, gnädige Frau, daß Sie mich kleinen, schmutzigen Juden auch eingeladen haben." Er war immer in Geldnöten; ein großer Vorschuß, den er für ein Buch über die Geschichte des deutschen Buchhandels erhalten hatte, war aufgebraucht, das Buch aber ungeschrieben; da traf ihn ein neuer grotesker Kummer: eine 20 Jahre ältere Dame lehnte seinen Heiratsantrag ab. Er verfiel in eine Depression, die mir in meinem jungen psychiatrischen Gewissen so bedrohlich erschien, daß ich einen gemeinsamen Freund veranlaßte, ihm seinen Revolver abzunehmen. Die Art, in der diese Mission ausgeführt wurde, beschleunigte die Katastrophe; der Freund fand den Kleinen im Bett liegend und forderte, nach meinem Rat, in aller Offenheit die Waffe. *Kolb* sagte ganz ruhig: „Hol sie dir, sie liegt nebenan in der oberen Schreibtischschublade." Kaum war er den Mahner los, griff er unter sein Kopfkissen und jagte sich eine Kugel in den Brustkasten, die aber das Herz nicht traf; sie blieb in der Wirbelsäule stecken und veranlaßte eine sich auch wieder ausgleichende Lähmung der Beine; bei diesem Typus von Unglücksmenschen heilt alles. Als ich ihn im Krankenhaus besuchte, sagte er: „Wissen Sie, was mein erster Gedanke war, als ich da in meinem Blute lag? Das ist ein gefundenes Fressen für die Heidelberger Zeitung." Später ging er mit dem Rebus hausieren: „Wer ist der größte Antisemit Heidelbergs? Der kleine *Kolb*, der hat sogar auf einen Juden geschossen." Ich habe ihn später aus den Augen verloren, seine Geschichte des deutschen Buchhandels aber auch nicht zu sehen bekommen.

Rosa.

Ein edles Tun belohnt sich selbst.
Sophokles.

Der Arzt ist nach der Definition seines Wesens zur Aufopferung und zum Idealismus verpflichtet; das Publikum hört es gerne und macht Gebrauch davon; es nimmt den Arzt in Anspruch, wie es ihm gerade einkommt; aber es bezahlt ihn nicht oder selten. Es verlangt auch, daß der

Arzt für nichts auf der Welt Interesse haben soll als für die Medizin; deine Tischdame glaubt, dich ausgezeichnet zu unterhalten, wenn sie die Krankengeschichten ihrer ganzen Sippe in epischer Ausführlichkeit vor dir ausbreitet; wenn es irgend zu machen ist, wird bei dieser Gelegenheit noch eine kleine Gratisberatung herausgeschlagen über Schlafmittel oder über die verehrten Verdauungsverhältnisse.

Wie leuchtend steht vor diesem trüben Hintergrunde die Gestalt der alten *Rosa* vom Feldbergerhof. Welchen Titel sie dort führt, weiß ich nicht; den, der ihr zukommt, der gute Geist des Hauses und der Gäste, kann ihr kein Chef verleihen.

Ich war an einem Sonntag droben gewesen, von *Rosa* betreut, wie immer; am Montagvormittag steht sie in der Klinik vor mir: „Nanu, *Rosa*, wie kommen Sie hierher?" — „Ach, ich wollte mich nur nach dem Befinden von jemand erkundigen, der hier liegt." — „Aber *Rosa*, wir haben uns doch gestern oben gesprochen, warum haben Sie mich nicht gefragt, statt mühsam hierher zu fahren?" — „Ja, Sie waren doch zu Ihrem Vergnügen auf dem Feldberg."

Wo findet man solchen Herzenstakt? Gute *Rosa*, du stehst hier ungern am Pranger der Ehre, aber ich kann dir nicht helfen; die Sache will es. *Shakespeares* Weisheit sagt dir auch, warum:

> die gute Tat, die ungepriesen stirbt,
> würgt tausend andre, die sie zeugen könnte.

Freiwillig Scheidende.

> Quält seinen Geist nicht; laßt ihn ziehn.
> *König Lear.*

Täglich greift der unsichtbare Arm aus der Wolke und führt bald hier, bald dort einen der Teilnehmer an unserem Jahrmarktstreiben auf die Seite; ab und zu schleicht sich aber auch freiwillig der eine und der andere aus dem Kreise fort und verliert sich im Dunkel, verfolgt von verstehenden und mitleidigen, aber auch mißbilligenden und verächtlichen Blicken. Es ist ein sicherer Maßstab für das seelische Niveau eines Menschen, wie er sich zu dem freiwilligen Tode seines Nächsten stellt.

Die christliche Auffassung, mit der ich nicht rechte, muß ihn logischerweise und aus Selbsterhaltungstrieb verurteilen. *Schopenhauer* sah den Grund für die kirchliche Stellung darin, daß derjenige, der dieser Welt aus eigenem Entschluß den Rücken kehrt, den Spruch desavouire: „und siehe, alles war sehr gut.“ Es gibt auch andere dogmatische Zusammenhänge, wobei immerhin beachtenswert ist, daß die acht Selbsttötungen, die sich in der Bibel finden, nur berichtet, aber nicht mit herabsetzenden Redewendungen begleitet werden. Aus Christenmunde hört man heute häufig harte Worte: Abkehr vom Heil, Frucht der Sünde usw.; aber auch die Vertreter der landläufigen Moral, besonders die gesichert und konfliktfrei daherlebenden, sind rasch bei der Hand mit „Fahnenflucht“, „Mangel an Pflichtgefühl“ und besonders mit „Feigheit“.

Wer jahrzehntelang nahe seelische Berührung gehabt hat mit Lebenswanderern, die in tiefster Seelennot mit der Frage rangen: gehen oder bleiben, ist nicht mehr in Versuchung, dem Entschluß, zu dem sie schließlich gelangten, eine Zensur aus dem Vokabularium der Selbstgerechtigkeit zu geben.

Es war ein großer Abschnitt in der Entwicklung der Menschheit — einschneidender als der Moment, da *Kopernikus* die Sonne stillstehen hieß —, als zuerst ein denkendes Wesen dazu kam, nicht mehr alles Leid hinnehmen zu wollen, sondern ihm mit eigener Hand ein Ziel zu setzen. Mag seine Wohnung in kalten Felslöchern oder im feuchten Dschungel gewesen sein, es war kein kleiner Geist, dessen Bewußtheit einen solchen Grad erreichte, daß er imstande war, Bilanz zu ziehen und aus einem ausweglosen Zustande in plötzlich auftauchender Erkenntnis einen neuen Ausweg zu finden.

Seit wir vom Menschengeschlechte Kunde haben, ist der freiwillige Tod sein ständiger Begleiter gewesen, aller Wahrscheinlichkeit nach in dauernd zunehmender Häufigkeit, deren Einzelheiten die moderne Statistik sorgfältig verfolgt; wir wissen heute — von außen her gesehen — einiges von der gesetzmäßigen Abhängigkeit der Ziffern von Jahreszeit, Klima, ethnographischer Zugehörigkeit und Weltenschicksalen. Wir treffen auch hier die Tatsache, daß der einzelne in freier Entschließung zu handeln meint, und daß doch, von einem anderen Standpunkte her, sich alle diese freien Entschließungen zu so regelmäßigen Reihen anordnen wie andere berechenbare Ereignisse kosmischer Art. Aus dem Zusammenprallen einer von Mensch zu Mensch, von Ort zu Ort, von Epoche zu Epoche wechselnden Tragfähigkeit mit wechselnden Gestaltungen der Schwierigkeiten des Daseins ergibt sich die Häufigkeit, mit der Lebensmut und Lebenswille versiegen. Das Schicksal, das uns auf die Reise schickt in eine feindliche Welt, versorgt uns dabei wie *Isoldes* Mutter: zu unterst im Rucksack finden wir, wenn wir suchen, den Todestrank, der alles Leid beendet. Es gibt glückliche Naturen, glücklich nicht wegen ihrer äußeren Lage, sondern wegen der Uranlage ihres Gemütes, die nie von dem Gedanken berührt werden, das Ende ihrer Tage verfrühen zu wollen; es gibt andere, die lebenslänglich geneigt sind, am schärfsten das Trübe und Schwere zu sehen und die daran so sehr leiden, daß der Entschluß zu freiwilligem Abschied eigentlich immer unter der Schwelle schlummert, bereit, jeden Augenblick aufzustehen; es gibt wieder andere, und das ist die Mehrzahl, die wenigstens ab und zu einmal von diesen Gefühlen und Gedanken gestreift werden; welcher sensible, enttäuschte und verratene Mensch, welcher Mensch von Anstand, Rechtsgefühl und Ehre hätte nicht einmal unsicher und schwankend vor den schwarzen und weißen Losen gestanden. Soviel ist gewiß: wenn allein schon der Wunsch, sich aus Sorge und Qual, aus Schmerz und Kummer endgültig lösen zu können, genügend wäre, um ein Leben zu enden, würden wenige Menschen zu Jahren kommen, und es wären nicht die besten. Aber es stehen mächtige Wächter um das Ausgangstor: Scheu vor dem Eingriff in den eigenen Körper, dessen Hütung uns sonst Gesetz ist, Rücksicht auf

Lebende, deren Empfindungen wir nicht verletzen wollen, Pflichtgefühl gegenüber Menschen, deren Ergehen an unserem Dasein hängt, Angst vor dem, was danach kommen mag. Die moraljuristische Behauptung, daß wir nicht das Recht hätten, über unser Leben zu verfügen, wird niemanden halten, der Gründe hat, abzureisen; der natürliche Mensch ist darüber nicht im Zweifel, daß es nichts auf der Welt gibt, auf das er soviel Recht hat, wie das eigene Leben. Eine Volksgemeinschaft, verkörpert im Staatswillen, kann den Satz aufstellen: Es darf kein Mann von Bord, niemand darf sich den Aufgaben der Gesamtheit entziehen, wie früher auch der Wehrpflichtige belangt wurde, der sich durch Selbstverstümmelung dienstuntauglich machte; aber die Gesetzgebung ist weise, wenn sie nicht den Versuch macht, Strafen für Selbsttötung anzudrohen, die keinen Täter mehr vorfinden und die nichts ahnden können als die schlechte Technik derer, denen der Versuch mißlang.

Die Rechtsfrage könnte viel eher lauten: Wie kommen wir dazu, einen Menschen an der Abreise zu hindern, oder ihn, wenn er schon draußen war, wieder in den Pferch dieses Daseins zurückzuholen? Was berechtigt uns zu diesem Eingriff in die Freiheit fremder Entschließungen? Die Legitimation kann der Retter nur darin suchen, daß er sich für reifer, einsichtiger, normaler, für den besseren Menschen hält, der ein abirrendes Exemplar verhindern muß, Torheiten zu begehen, wie man ein Kind vom Abgrunde zurückhält. Etwas Richtiges ist daran: die meisten Selbsttötungen erwachsen auf dem Boden einer vorübergehenden Gemütsschwankung und werden — abgesehen von Zuständen psychischer Störung — nicht wiederholt; wer hindernd eingreift, kann für sein Tun geltend machen, daß er einem erregten, in der Stimmung entgleisten Menschen Gelegenheit geben will, seinen Entschluß noch einmal in Ruhe zu bedenken; leider werden dabei auch unheilbar Leidende zurückgehalten, deren Paß in Ordnung ist.

Der Arzt ist in einer besonderen Schwierigkeit; er ist verpflichtet, gleichviel unter welchen Umständen, Leben zu erhalten und zu verlängern; das öffentliche Bewußtsein ist heute noch nicht so weit, eine höhere Moral, das in Ausnahmelagen gegebene Recht zum Töten, anzuerkennen; es wird kommen, aber noch sind dem Arzte die Hände gebunden. Der Irrenarzt tut meist auch sachlich das Richtige, wenn er bei Geisteskranken die Selbsttötung verhindert, weil die meisten seiner Lebensmüden einen Rechenfehler begehen und eine episodische krankhafte Stimmung für ewig halten; die heilbaren Störungen disponieren weit mehr zu freiwilligem Gehen als diejenigen, bei denen das Ende nur erwünscht wäre. Melancholiker pflegen später, wenn sie gesund geworden sind, anzuerkennen, daß es richtig war, ihnen den Tod noch fernzuhalten.

Die um dies Problem kreisenden Rechtsfragen spielten eine Rolle bei der seltsamsten Konsultation, an der ich jemals teilgenommen habe. In einem ausländischen Sanatorium wurde eine junge Frau behandelt, hochbegabt, feinfühlend, erfüllt von geistigen Interessen jeder Art, aber dem Schicksal ausgeliefert, in kurzen Abständen immer wieder an schweren Depressionen mit Angstzuständen zu erkranken; sie selbst und ihr Mann, der mit ihr in innigster Seelengemeinschaft lebte, wurden sich darüber einig, daß es besser sei, dem gequälten Dasein der Frau ein Ziel zu setzen. Die Beratung der zugezogenen Ärzte galt der Frage, ob das noch ein lebenswertes Leben sei, d. h. ob in absehbarer Zeit eine Änderung in der Krankheitskurve zu erwarten sei; wir mußten die Frage verneinen. Die Frau, die sich gerade in einem leidlich gesunden Intervall befand, reiste mit dem Manne noch im Genusse einiger ungetrübter Tage; dann nahm sie das Gift, das er ihr verschafft hatte, und schlief friedlich ein; seine Beihilfe war nicht strafbar, da die Selbsttötung nicht unter Strafandrohung steht.

Die Angst vor den Folgen im Jenseits bestimmte das Tun einer Lebensmüden, die bewußtlos in die Klinik gebracht, aber dem Dasein erhalten wurde; sie wollte unter allen Umständen fort, scheute aber den Empfang drüben und verfiel auf den originellen Ausweg, das Veronal im Münster einzunehmen und rasch, ehe sie einschlief, die Tat zu beichten und sich absolvieren zu lassen.

Die am sorgfältigsten vorbedachte Selbsttötung vollzog ein Arzt, der auch einmal in meiner Sprechstunde gewesen war, sich aber nicht überzeugen ließ, daß seine nervösen Beschwerden keine Symptome nahender Hirnerweichung seien. Er wollte ganz sicher gehen; er nahm Chloralhydrat und spritzte sich Morphium ein, stellte sich dann auf einen Stuhl in eine an der Wand angeknüpfte Schlinge und schoß sich ins Herz; sein Gedankengang war augenscheinlich: treffe ich mich nicht tödlich, falle ich in die Halsschlinge; reißt der Strick, so habe ich immer noch das Chloralhydrat im Magen, und wenn ich es ausbrechen sollte, bleibt noch das im Blute kreisende Morphium; er wußte Bescheid um die traurigen Fälle des Mißlingens mit Erblindung, Verätzung der Speiseröhre usw., die in trübseliges Siechtum ausgehen.

Einer anderen vorsorglichen Todeskandidatin halfen ihre Maßregeln nichts; sie öffnete sich die Pulsadern, nachdem sie Veronal genommen hatte, lag mehrere Tage im Walde, wo sie, noch ein bißchen lebend, gefunden wurde; während der Verbringung in die Klinik trat eine Frühgeburt im dritten Monat ein. Als sie wieder bei sich war und Auskunft geben konnte, stellte sich heraus, daß man wirklich von Lebenschwierigkeiten, allerdings selbstgeschaffenen, sprechen konnte: sie war verheiratet, mit einem anderen verlobt; mit einem Dritten hatte sie ein Verhältnis; dazu kam die Schwangerschaft; dieser Lage gegenüber hatte ihre weibliche Steuerkunst versagt. Ihr Talent zum Leben, aber auch die Anziehungskraft der reizvollen Persönlichkeit äußerten sich darin, daß sie bald darauf mit einem Vierten eine neue Ehe einging; ich habe nicht erfahren, wie diese ausgefallen ist, vielleicht besser als die früheren Anläufe.

Ärzte, die aus dem Leben gehen wollen, haben manchmal noch den Wunsch, das letzte innere Geschehen in den Dienst der Wissenschaft zu stellen. Einer meiner Freunde, Professor der Physiologie, der sich mit Zyankali vergiftete, protokollierte mit der Sekunden-Uhr in der Hand seinen

Zustand vom Momente des Einnehmens an; die Notizen brachen in jäh ausfahrenden Zügen ab im halb geschriebenen Worte: Schwindel.

Fälle von verletzender priesterlicher Unduldsamkeit gegenüber den Opfern des eigenen Willens sind mir nicht in Erinnerung geblieben, außer einem, in dem sie am wenigsten am Platze war. Eine Studentin aus Schleswig-Holstein, der Provinz, die prozentual die höchsten Ziffern in der Statistik der Selbsttötungen stellt, wollte von dannen gehen; sie wählte den Tod auf den Schienen. In einer frostklaren Mondnacht stand sie auf dem Bahngeleise vor den Toren Freiburgs; ihr Haar hatte sie aufgesteckt und den Hals freigemacht, damit die Räder der Maschine kein Hindernis finden sollten; aber der Schnellzug hatte in diesen Weihnachtstagen eine Stunde Verspätung. Es ist schwer, zu ermessen, wie langsam und qualvoll diese Wartezeit, die schwächere Seelen schwankend gemacht haben würde, verstrichen sein mag, immer mit dem Blick nach den Lichtern, die nicht kommen wollten. Der lutherische Pfarrer, der die Beerdigung vornahm, war von jeder Einfühlung in den Zustand des armen Kindes unberührt und hielt eine so fanatisch-kalte Rede, daß der Prorektor *Himstedt* sich am Grabe zu einer unmittelbaren menschlichen Erwiderung veranlaßt sah.

Wohltuend sticht davon ab die Inschrift, die der Pfarrer von Hinterzarten auf den Grabstein eines Knechtes setzen ließ, der sich erhängt hatte; sie sollte das Motto jeder Betrachtung dieser Dinge sein: „Wer bist du, Mensch, daß du deinen Bruder richtest?“

Vor Gericht.

Wem Gott vertraut des Himmels Schwert,
muß heilig sein und ernstbewährt.

Maß für Maß.

Ich bin zwar nicht vorbestraft, aber einen ganz kleinen Spritzer trägt meine weiße Weste doch; der Heidelberger Studentenrichter, Amtmann *v. Krafft-Ebing*, hat mich einmal mit zwei Mark Geldstrafe belegt wegen Überkneipens. Formal war das vollkommen in Ordnung; aber was wollten wir machen, wenn das Pschorrbräu im Weißen Bock so gut war, daß es sündhaft gewesen wäre, so früh nach Hause zu gehen, wie das die Behörde für richtig hielt. Ich hatte mir den Namen meines Schädigers gemerkt; es war mir eine Art von Befriedigung, nach korsischem Rechtsbrauch, unter dem alle Familienmitglieder für die Taten des einzelnen haften, lange Jahre später seinem gleichnamigen Vetter in Wien, dem bekannten Gönner der Homosexuellen, literarisch an den Wagen fahren zu können.

Eine bedenklichere Strafsache schwebte einmal in Freiburg. Ich bekam eines Tages eine Zustellung mit der Eröffnung einer Untersuchung gegen mich wegen Sachbeschädigung und Diebstahls. Ich glaubte zunächst, es hätte vielleicht, wie in dem Schauspiel von *Lindau*, „der andere" in mir in abgespaltenem Bewußtseinszustande, ohne daß mein bürgerliches Ich davon wußte, etwas ausgefressen, sah dann aber, daß es sich um zwei Hunde handelte, die auf meine Anordnung von dem Jagdhüter unseres Hinterzartener Bezirkes erschossen waren, als er sie beim Wildern antraf; das Töten der Tiere war die Sachbeschädigung, und der Diebstahl bestand darin, daß jener den Kötern vor dem Vergraben die Halsbänder nicht abgenommen hatte.

Ich schrieb dem Staatsanwalt, die Durchführung des Verfahrens würde weder in Baden noch sonstwo in Deutschland einen Jäger bestimmen, wildernde Hunde zu schonen. Er antwortete mit dem Hinweis auf eine Bestimmung, daß die Hunde in solchen Fällen nur eingefangen, aber nicht getötet werden dürften; ich schrieb ihm zurück, dann sei es zunächst erforderlich, für die Jagdhüter Kurse im Lassowerfen einzurichten; wenn er sich selber einmal auf diesem Gebiete versuchen wollte, würde er finden, daß er nicht den bekannten behaglichen Hausgenossen, sondern ein Raubtier vor sich hätte. Das Verfahren gegen mich wurde schließlich eingestellt; ich sprach dem Staatsanwalt mein Bedauern darüber aus mit der Begründung, daß ich das Gerichtsurteil und unsere Korrespondenz gerne in einer unserer Jagdzeitungen veröffentlicht hätte. Ich habe noch viele Jahre später Gelegenheit gehabt, festzustellen, daß auf der Gegenseite eine dauerhafte Verstimmung gegen mich zurückgeblieben war. Ein sentimentales Ende nahm eine im gleichen Bezirke und in der gleichen Rechtssphäre spielende andere Hundegeschichte. Eine am Waldrand wohnende Dame hatte zwei temperamentvolle Dackel, die munter im Revier herumbellten und Rehe jagten. Ich machte die Besitzerin mit Hinweis auf ihre Sachkunde als Witwe eines Oberförsters darauf aufmerksam, daß wir die Hunde eventuell erschießen müßten. Sie sah das willig ein, bat aber, wenn es dazu käme, um die Herausgabe der Leichen; es kam dazu, und sie erhielt ihre Leichen. Jahrelang habe ich im Walde neben dem Höhenweg Scheibenfelsen—Titisee das Hundegrab begrüßt, das im Frühjahr mit Narzissen geschmückt wurde.

Vor Gericht habe ich — als Sachverständiger — mehrere hundertmal gestanden und diese Tätigkeit, trotz vielfacher Langeweile, als psychologisch reizvoll empfunden. Generationen von Richtern verschiedener Bundesstaaten habe ich an mir vorüberziehen sehen; meine allgemeinen Erfahrungen dabei habe ich in meinem Büchlein über das Rechtsgefühl niedergelegt; ich mag mich hier nicht wiederholen. Ich kann sagen, daß ich vorwiegend gute, zum Teil ausgezeichnete Richter kennengelernt habe. Ich möchte wünschen, daß ihre Objektivität und Unantastbarkeit dem Volke erhalten werden möchten; staatliche Auffassungen wechseln, aber das Rechtsgefühl und sein Bedürfnis nach unbeeinflußter Gerechtigkeit bleibt; mit ihr schwände eines der höchsten Güter jeder Volksgemeinschaft.

Eine große Anzahl kriminalistisch und menschlich merkwürdiger Erlebnisse, die der Mitteilung wert wären, sind leider so unpassenden Inhaltes, daß ich sie einem gemischten Leserkreise nicht wagen kann, vorzulegen; aber von einigen präsentablen Einzelfällen mag die Rede sein.

Den berühmten *Hau*-Prozeß, der die vorausgehende Generation stark beschäftigt und die Presse der ganzen Welt in

Bewegung gesetzt hat, habe ich als aktiver Teilnehmer in nächster Nähe miterlebt; niemand kannte *Hau* so genau wie ich, da er sechs Wochen bei mir in der Klinik zur Beobachtung seines (normalen) Geisteszustandes untergebracht war; charakteristisch für ihn war ein an sich kleiner Zug, daß er es in seiner Lage für einer Beschwerde wert hielt, daß er nur gewöhnliche Zigarren, nicht aber Havanna-Importen zu rauchen bekam. An seiner Täterschaft, über die damals auf das heftigste gestritten wurde, habe ich nicht gezweifelt, wohl aber daran, ob das Motiv geklärt war; ein so kalter Rechner wie *Hau* hätte wegen einer bescheidenen Erbschaft seine Schwiegermutter nicht unter so unklug gesteuerten Verhältnissen erschossen; ich mag mich aber, da Beteiligte noch am Leben sind, hierzu nicht näher äußern.

Hau wurde, wie bekannt, zum Tode verurteilt, aber zu lebenslänglichem Zuchthaus begnadigt; einige Zeit nach seiner wiederum auf dem Gnadenwege erfolgenden Entlassung hat er sich in Italien umgebracht. Die Broschüren, die er vorher noch geschrieben hatte, bekunden, daß er weder ein großer Geist noch ein großer Charakter war; das Aufsehen, das seine Sache seinerzeit erregte, war dem Werte seiner Persönlichkeit gar nicht angemessen.

Sein Verteidiger hat ihm in der Hauptverhandlung geschadet; er war nervös gereizt und verlor das Ziel und den Weg aus den Augen, die vor Laienrichtern die gegebenen sind, ihnen die Meinung, zu der man sie kriegen will, als das Ergebnis ihres eigenen überlegenen Nachdenkens erscheinen zu lassen; er erging sich in seinem Plädoyer in sarkastischen Wendungen, die zu hoch waren und verstimmend wirkten.

Auch der Vorsitzende war erregt und dadurch unsicher; den Vorsitz in einer großen Schwurgerichtssache zu führen, ist eine reichlich mit Spannung geladene Leistung; von allen Seiten drohen beim Übersehen formaler Kleinigkeiten Revisionsgründe; im Falle *Hau* hörte außerdem die ganze Welt zu; zwanzig Reporter saßen im Saale, deren Dienst so gut organisiert war, daß ich in Karlsruhe morgens um acht im

Berliner Tageblatt las, was am Nachmittage des Vortages in der Sitzung passiert war.

Die bei tödlicher Sommerhitze sich eine Reihe von Tagen hinziehende Verhandlung bot dem neutralen Beobachter auch einige scherzhafte Momente. Ein alter Geheimer Medizinalrat, der die Sektion der Erschossenen vorgenommen hatte, erging sich ungefragt in lebhaften Betrachtungen: so hat der Täter gestanden, so hielt er den Revolver, so feuerte er, bis der Verteidiger seine Begeisterung dämpfte mit der Frage: „Herr Sachverständiger, haben Sie jemals in Ihrem Leben einen Schuß abgegeben?“ Bestürzt antwortete der alte Herr: „Nein, wie sollte ich“, und gab das Thema auf. Es tauchte die Frage auf, ob *Hau* vom Tatorte aus, von den Lindenstaffeln in Baden-Baden, einen bestimmten Zug hätte erreichen können; die Entfernung bis zum Bahnhof war bekannt; es war also eigentlich leicht auszurechnen; jeder erwachsene gebildete Mann weiß, daß er für den Kilometer 10 bis 11 Minuten braucht, wenn er eilig ist; Richter dürfen das nicht wissen, weil es „privates Wissen“ ist, und so wurde für diese Frage ein Sachverständiger geladen und zwar, weil es sich um einen Weg handelte, ein Wegemeister, d. h. ein Mann, der die Beschotterung der Landstraßen beaufsichtigt. Dieser Biedere bekundete dann, er sei ein rüstiger Fußgänger, und, wenn es darauf ankomme, mache er den Kilometer in 15 Minuten. *Hau* hatte in der Wohnung der Schwiegermutter telephonisch angerufen, um festzustellen, ob sie zu Hause sei; das Mädchen hatte das Gespräch geführt, und es wurde erörtert, ob sie den ihr von früher her bekannten Mann an der Stimme erkennen konnte oder mußte; auch hierfür genügte das jedem geläufige Wissen nicht, und es wurde als Sachverständiger ein Telegraphenmeister geladen, der zuerst meinte, er sei gefragt, ob man jemand, den man noch nie gesehen hat, durchs Telephon erkennen könne.

Hau blieb bei allem, was in der Sitzung geschah, von kalter Ruhe, machte keine Angaben, reizte aber Staatsanwalt und Richter bis aufs Blut, wenn er belastende Tatsachen, zu deren Erhärtung man sich durch ein Dutzend Zeugenaussagen hingequält hatte, am Ende mit ironischem Lächeln wie selbstverständlich zugab. Ich wurde damals, sehr wider meinen Willen, in der Presse der ganzen Welt telegraphisch herumgereicht; ich verließ die Verhandlung vor der Schlußberatung und verabschiedete mich von *Hau*, mit dem ich wochenlang täglich verkehrt hatte, indem ich ihm die Hand gab; eine Demonstration lag mir völlig fern. Der Saal war leer, aber ein Reporter hatte durch die etwas offenstehende Tür den Vorgang beobachtet; ein Telegraphieren hob an: „Der Sachverständige hat dem Angeklagten die Hand gegeben, hält ihn also für unschuldig." Laien wissen ja nicht immer, daß die Schuldfrage den Sachverständigen gar nichts angeht. Ein Landgerichtsdirektor fragte mich später einmal mit sanftem Vorwurf im Ton: „Wie konnten Sie das aber auch tun?" Ich erschreckte ihn stark mit meiner Antwort: „Ich muß oft viel größeren Schweinehunden die Hand geben."

Im Laufe der Zeit habe ich mit mehreren Dutzenden von Mördern und Totschlägern zu tun gehabt; mein Glaube an die Zweckmäßigkeit der Todesstrafe ist dabei gewachsen; ich habe immer wieder gesehen, daß für einfache Geistesstrukturen der Gedanke an den Tod einen weit größeren Schrecken bedeutet, als die Aussicht auf lebenslängliches Zuchthaus. Das Bild, das der Laie sich von einem „Mörder" zu machen pflegt, ist in den meisten Fällen falsch; ich habe sympathische Leute darunter gefunden; es war ein eigentümlicher Kontrast, als ein Raubmörder bei meinem Besuche in seiner Gefängniszelle höflich und sorglich darauf bedacht war, daß ich mit meinem Ärmel nicht an den Kleister geriet, mit dem er Tüten klebte.

In manchen Verhandlungen wegen Verbrechen gegen das Leben erstanden ergreifende Bilder von dem Milieu, dem die Tat entwachsen war. Ein Bauer hatte seit Jahren ein Verhältnis mit der Magd, der er vollkommen hörig geworden war; Hauswesen, Friede und Geld gingen zum Teufel; die Frau härmte sich, unter Mißhandlungen, zusammen mit den

Kindern. Ein eben erwachsener Sohn geriet mit dem Vater in Wortwechsel und Tätlichkeiten, bei denen er ihn tötete; die Magd floh, der Sohn eilte ihr nach, erjagte sie weit draußen auf dem Felde, fing sie an den Zöpfen und schlug ihr mit demselben Hammer, den er gegen den Vater erhoben hatte, den Schädel ein. Konnte bei dem Kampfe mit dem Vater noch die Notwehr in Frage kommen, so ganz gewiß nicht bei der Szene auf dem Felde. Das Schwurgericht, ergriffen von der Seelennot des Täters, verurteilte ihn nur zu einer kurzen Gefängnisstrafe.

Die gleiche Milde wurde gegenüber einem anderen jungen Manne geübt, der seine Geliebte vorsätzlich getötet hatte. Er war ein hübscher junger Kerl, der in wenigen Jahren nachweislich mit 23 Frauen und Mädchen intime Beziehungen unterhalten hatte; sie waren als Zeuginnen geladen, eine grotesk anmutende Sammlung von abgelegten Lieben. Ich kannte sie alle aus den Akten und war gespannt auf das Aussehen der einen, die den Jüngling als Lehrmeisterin in mannigfachen Venusdienst eingeführt hatte. Zu meiner Überraschung antwortete beim Namenaufruf keine raffiniert aussehende, sondern der kindliche Mund einer Madonna mit blondem Scheitel und vergißmeinnichtblauen Gretchenaugen. Sie alle konnten, wenn die frühere Liebe diese Gangart des Gefühls zuließ, zufrieden sein mit der Rache des Himmels an dem Ungetreuen: er fiel in die Hände eines ihn (und andere) faszinierenden ganz jungen Dinges, an dem er, zum ersten Male in seinem Leben, mit ganzem Herzen hing. Sie betrog ihn fleißig, und er versuchte, sie durch eine förmliche Verlobung zu binden und zu heben. Als ihm die Sicherheit wurde, daß sie ihre Schwüre wieder einmal gebrochen hatte, verabredete er noch eine letzte Nacht mit ihr, und als der Tag heraufdämmerte, erwürgte er sie. Bei der Sektion zeigte sich, daß sie in spezifischer Weise gemeingefährlich krank war; in der Verhandlung wurde, wie das beim Schwurgericht üblich ist, um auf das Gefühl der Laienrichter zu wirken, eine photographische Aufnahme der Leiche herumgegeben; der demonstrierende Bezirksarzt machte darauf aufmerksam, daß die kleinen dunklen Punkte auf der Haut Läuse seien, die den erkaltenden Körper verließen.

In die Technik der Ausführung eines Mordes spielten in eigentümlicher Weise, von der weder Täter noch Richter etwas wußten, uralte Vorstellungen aus der *Edda* hinein. Ein junger Mann brachte sein uneheliches Kind um, das ihm lästig war, indem er es aus der Milchflasche durch den Gummischnuller Salzsäure trinken ließ; er glaubte, das Gift wirksamer zu machen, indem er abgeschnittene Fingernägel hineintat. Die Volksmeinung von der Giftigkeit der Nägel ist wohl ein letzter Ausläufer des altnordischen Glaubens an das Totenschiff Naglfar, das aus den Nägeln der Gestorbenen zusammengesetzt wurde; wenn es fertig war, brach das Weltenende herein, und so war es Pflicht, den Toten vor der Bestattung die Nägel zu schneiden. Aus jenem Zusammenhange mag die Überzeugung von den lebenverkürzenden Beziehungen der Fingernägel bis in unsere helle Gegenwart hineingesickert sein.

Das Gebiet des Unerklärlichen streifte ein alltägliches Strafverfahren, in das ein Hellseher, „Professor *Akldar*", verwickelt war, der in Baden-Baden wegen Zechprellerei verhaftet wurde; er wurde auch beschuldigt, dortige Hoteliers dadurch betrogen zu haben, daß er ihnen statt Bezahlung Tipps für die Rennen gegeben hatte — nicht vermöge etwaiger Pferdekenntnisse, sondern dank seiner Gabe, die Zukunft zu wissen. Er verblüffte im Gefängnis durch ungewöhnliche Leistungen, die er dann auch in der Klinik produzierte. Der Abteilungsarzt schrieb z. B. auf seinem Zimmer ohne Zeugen oder Mitwisser kurze Sätze auf Zettel, die er zusammengefaltet in der Tasche behielt; der im Krankensaal befindliche *A.* war nun imstande, den Wortinhalt genau anzugeben: „Auf dem ersten Zettel steht das, auf dem zweiten jenes, auf dem dritten gar nichts, auf dem vierten etwas, was ich nicht verstehe" — es war lateinisch —, „aber es heißt so und so." Bei mir selbst und bei dem damaligen Oberarzt *Bumke* ist es ihm nie geglückt, wohl aber, zu dessen lebhaftem erkenntnistheoretischen Unbehagen bei dem kritischen *v. Kries*, dem *Schottelius*, der aufgeschlossene und vielseitige Mann, den Hellseher vorgeführt hatte. An den Tatsachen selbst war wohl nicht zu zweifeln; eine Erklärung vermag ich nicht zu geben, oder doch nur in dem negativen Sinne, daß die Anordnung der Versuche Taschenspielertricks ausschloß. Verdächtig war vor allem die ganze Art des Zaubermannes; mir schlug er vor, wenn mein Gutachten ihn frei machte, mit ihm nach Monte Carlo zu reisen, wo er mir, zum Danke, die Nummern nennen wolle, die herauskommen würden. Ich konnte ihm nur antworten: „Lieber Mann, wenn Sie das könnten, säßen Sie jetzt nicht wegen Zechprellerei im Loch."

Am meisten Befriedigung in meiner gerichtlichen Tätigkeit haben mir die Fälle gewährt, in denen ich dazu beitragen konnte, ein Wiederaufnahmeverfahren in Gang zu bringen, durch das ein Fehlurteil korrigiert werden konnte; die Möglichkeiten dazu sind prozessual sehr beschränkt, und dem Gelingen stemmte sich neben einigen Paragraphen der damals noch sehr empfindliche Korpsgeist der Richter in deprimierender Weise entgegen; aber ab und zu glückt es doch.

Gefühlsmäßig am unangenehmsten ist die Befassung mit Ehescheidungssachen. Eine Ehe ist rasch geschieden, wenn ein präziser Tatbestand der Untreue vorliegt oder mit Einverständnis beider Teile wenigstens behauptet wird; in letzterem Falle verweigert der beschuldigte Teil die Aussage, was, aus Paragraphengründen, als Eingeständnis bewertet wird, und alles ist in Ordnung.

Eine Qual ohne Gnade und ohne Ende bedeuten dagegen Ehescheidungsprozesse, wenn der eine Teil nicht will und der andere den Nachweis der Zerrüttung der Ehe durch jenen zu führen hat; der Fernerstehende macht sich keine Vorstellung von den Ladungen von Schmutz, die dann durch eifrige Anwälte in den Akten abgeladen werden; die intime Bekanntschaft zwischen den Ehegatten hat zudem die Stellen kennengelehrt, an denen der andere am tiefsten verletzlich ist; enttäuschte Liebe ist der giftigste Feind; *Shakespeare* hat schon recht: nichts riecht so schnöde, wie eine verfaulte Lilie.

Eine wohltuende Ausnahme machte eine — nicht für die Beteiligten, aber für den Zuschauer — mit Humor durchsetzte Ehescheidung, mit der ich zu tun hatte. Eine junge Frau brachte in die Ehe einen Dackel mit, an dem ihr Herz hing, und der insbesondere das verbriefte Vorrecht hatte, bei seiner Herrin im Bette zu schlafen. An diesem Tier zerbrach die Ehe, nicht wegen Meinungsverschiedenheiten über die Reinheit seiner Rasse, sondern weil der Ehemann gelegentlich auch einmal mit seiner Frau allein sein wollte und das nicht durchsetzen konnte; der Dackel war Tag und Nacht, immer und überall dabei. Ich habe das Ende des Prozesses nicht erlebt — das ist gewöhnlich so; aber ich denke, die Richter haben sich die Auffassung des enttäuschten jungen Mannes zu eigen gemacht, daß Heiraten zu einem Risiko wird, wenn die Unbefangenheit der legitimen Zärtlichkeiten durch das eifersüchtige Gebiß eines gereizten Dackels in Frage gestellt wird.

Briefe.

Briefe von Geisteskranken sind kein Evangelium.
Was Ihr wollt.

Der ganz ergebenst Unterzeichnete bittet gütigst entschuldigen zu wollen, wenn er sich nachfolgende Mitteilung gestattet, die für die Herrn Physiker von Interesse sein dürfte. Ich hörte bereit seit über 40 Jahren deutlich hörbare Zurufe aus der Ferne, die nur ein einzelner hören kann und fühlte eine schädliche körperliche Beeinflussung, in dem beständig ein Luftdruck aus der Ferne ausgeübt wird und durch Zutreiben schlechter Atmosphäre in die Atmungsorgane, um die Augen und Gehirnnerven zu schwächen. Auch haben diese Leute einen optischen Apparat, mit dem man aus der Ferne die Bilder in den Augen eines Menschen wahrnehmen kann und sind vielleicht mittels eines Kinematographen imstande, aus der Ferne künstliche Bilder in den Augen und künstliche Träume zu erzeugen. Ich machte in früheren Jahren einige Male ohne Erfolg Anzeige, da die Zurufe ärztlicherseits als Sinnestäuschung bezeichnet wurden, was aber ausgeschlossen ist. Da in den Händen schlechter Leute, die namentlich auch dem weiblichen Geschlechte nachzustellen scheinen, mit solchen Mitteln viel Unheil bewirkt werden kann, wäre es Zeit, diesem Treiben auf die Spur zu kommen und ein Ende zu machen, und erlaube ich mir, Euer Hochwohlgeboren als Autorität auf physikalischem Gebiete davon Mitteilung zu machen.

Ihre werte Unterschrift ist unläserlich, ja werter Herr. Will nochmals die Zeit und Geduld nehmen und Ihnen klipp und Klar das vor Augen führen, ich glaube, die seelische Ruhe geht über alles über Geld und Gut. Was nützt mir alles, ja lieber guter Arzt, gerupft ist gleich aber die Federn wieder zusammen lesen. So hat mans mir in ihrem Hause das Sie unter sich haben gemacht. Durch Ihre schlechte Behandlung ohne Grund, ja lieber Arzt, das hätt ich in der Tat nicht geglaubt aus der schönen Stadt Freiburg, wo der größte Teil katholisch ist. Meine Schwester schildert in einem ihrer Briefe wie es mit Europa steht, Herr Erzbischof von Freiburg schrieb öfters Bettelbriefe an Ihren Beichtvater, der sagte er hätte schon mehrere hundert Dolare hinausgeschickt von seinem ersparten Gelde, ja ich hätte gerne gegeben wenn man nichts hat. Sie können keine unentgeltliche Sprechstunde abhalten, das Studium kostet Geld, vergessen kann ich meine schlechte Behandlung nicht, aber so viel ich verstehe ist mein Leiden melangolisch, ich kann meine Behandlung nur vergleichen mit einem Schüler, der Schlege nichts als Schlege, und weiß nicht warum, aber ich denke, wo doch meine armen Eltern ihre Bemühungen bezahlt haben und meine geheimsten Fehler offenbarten. Gehört denn das zur Gerechtigkeit, solange die Fehler geheim sind, müssen sie geheim bleiben, sind die aber öffentlich dann ist es anderst, was nützen Ehrensalven wenn man die Seele getötet hat, Ausschweifungen habe ich keine geübt war heiter und froh wir sind doch alle fehlerhafte Menschen.

Geehrter Herr

Ein Aufsatz der D. Med. Zeitschrift betitelt: Der Schlaf oder die Schlaflosigkeit hat den Weg auch in unsere Blätter gefunden und mein Interesse stark geweckt. Namentlich der Schluß Ihres Aufsatzes, daß in China einst die Todesstrafe mittels Entzug des Schlafes vollzogen wurde, drückte mir die Feder in die Hand, Ihnen zu schreiben.

Als Pächter einer Kundenmühle wohnte ich allein im dritten Stock, während der zweite und erste Stock des Hauses von der Familie des Eigentümers bewohnt war. Wir lebten nicht gut neben einander und hatten viel Streit. Da alles, was diese Leute gegen mich aussagten, nichts nützte, und mein Geschäft sich trotzdem immer verbesserte, wurde ein anderes Mittel probiert oder ausgeführt, die nächtlichen Störungen meines Schlafes. Ich fühlte, daß ich im Bette von unten her gerüttelt wurde bald am Kopfe, bald mehr in der Mitte.

Im Glauben, dieses Manipulieren geschehe auf elektrischem Wege mit einem Draht, kroch ich unter das Bette, um nachzusehen, bemerkte jedoch nichts. Dann tat ich ganze Bögen Zeitungen unter die Bettfüße, nachher Korkunterlagen, alles umsonst, ja das Schütteln wurde immer kräftiger. Nun probierte ich das Schlafen in einem anderen Zimmer, in einem anderen Bett, dann auf dem Divan; nach kurzem Unterbruch immer wieder die gleichen Störungen auf mir unerklärliche Weise. Dann probierte ich das Schlafen in der Mühle auf Spreusäcken und Teppichen, es nützte alles nichts; die Sache wurde immer gefährlicher. Ich reichte Klage ein beim Statthalteramt, wurde aber schnöde abgewiesen. Nun verfertigte ich eine Hängematte und schlief darin so tief, daß es mich wunderte, wenn es beim Erwachen schon heller Tag war. Nach einigen Monaten fühlte ich mich wieder sicher, machte ein Bett zurecht in der Mühle, damit das lästige Ein- und Aussteigen in die Hängematte wegfalle. Nach kurzer Zeit wurde ich wieder gequält wie früher, da ergriff mich ein mächtiger Zorn, nahm den Revolver und gab zwei Schüsse in die Mauer, um die Ruhestörer zu erschrecken. Nun wurde ich verklagt, in das Irrenhaus verbracht aber bald wieder entlassen. Das sind die Erlebnisse eines Jahres und bin ich dadurch schwer geschädigt worden. Was soll ich tun? Können Sie mir sagen, wie man dieses Teufelswerk abstellt, um nicht als Narr verlacht zu werden. Ich ersuche Sie höflichst, mir Ihre Ansicht sowie Ihre Meinung und Ratschläge in dieser gefährlichen, geheimnisvollen Entziehung des Schlafes kundzutun. Ich bin fest überzeugt, daß ich in kurzer Zeit der Marter erlegen wäre. Schreiben Sie mir einen Brief, nehmen Sie Nachnahme für Ihre Mühe und namentlich für Ihre Wissenschaft. Nachher bin ich Ihnen ewig dankbar.

Lieber Herr Geheimrat ich habe heute morgen etwas gefunden, das ich Ihnen gerne zeigen möchte. Es ist mir schon lange im Sinn gelegen, ich habe nur nicht den richtigen Ausdruck dafür gefunden.

Wir stehen einander gegenüber, zwei Menschen, jeder in seiner Art gewiß groß. Wir kennen und erfassen uns, und so, daß wir uns lieben und bewundern. Du wie ich halten die größten Stücke auf uns selbst und fordern sie vom Leben für uns. Wir leben nicht um jeden Preis, sondern nur um den uns gefälligen hohen, nicht wahr? Ein jedes von uns wächst von sich aus lotrecht in die Höhe und mußte sich im Unendlichen erst zu sich zurückfinden, wenn es nicht im endlichen dem ihm Entgegenneigenden begegnete.

Man trifft auf ein paar Augen, die sich in die unseren senken, und sagen: das bist Du. Aber man ist nicht nur Auge und leicht zufriedener Sinn, man ist auch Mißtrauen und Vorsicht, das eine gegen sich, das andere gegen das andere und — in unserem Bunde — für das Andere. Denn wir lieben nicht nur uns, sonder auch es, und wir lieben es oder wollen uns zur Liebe seiner erziehen. Kurz wir stehen uns gegenüber, offenäugig und freimütig, und messen uns an uns selbst und an dem Seelengebilde, das ein jedes von dem unbekannten anderen in sich trägt. Wir messen uns und fühlen uns an, und siehe da, noch fühlen wir durch das andere hindurch uns selbst; ein jedes ist noch unverschlungen vom anderen und unverloren sein ich und steht noch einem Du gegenüber, vertraut, bewundert, geliebt, aber noch immer ist es ein Du, nicht fremd und feindselig, leuchtenden aber doch noch fragenden Auges. Bist Du ich? Sind wir füreinander? Fließt kein tiefes Wasser zwischen uns? Trennt kein kaltes scharfes Schwert unser Leben?; wenn wir uns zur Vollendung unseres Wesens suchen, so fragen sich unsere Augen, aber sie trüben sich nicht dabei, und wenn die Herzen eine Pressung spüren oder etwas schneidendes wie ein Weh, so haben sie doch keinen Unwillen voreinander. Nein, der Blick wird um eine Lohe heißer, und die Herzen schlagen einen Takt lauter und höher, denn sie haben noch einen Schmerz in Liebe und Glück zu verwandeln und können es nur in Vermehrung der Glut. Sieh also! ob wir uns haben oder nicht, wir sind uns dieselben. Um das, was wir uns weniger haben, sind wir durch die Art, wie wir es tragen, uns nur mehr. Oder, um es scherzhaft zu wenden: Wenn wir uns nicht mit haben konjugieren dürfen, tun wir es mit sein, und so stehen wir uns gegenüber, sehen uns an, sind glücklich aneinander, unvergeben und unverloren, und dies in einer Lage, in der andere sich vor Schmerz am Boden krümmen und Gift und Galle auf sich und das Leben und auf einander speien würden.

Ich bin mit vielen herzlichen Grüßen Ihre

Briefe Geistesgesunder.

Geliebte Herren!

Ich möchte sie liebe Herren biten daß sie so gut sind, Und mir die Kleider von Herrn L. welcher bei euch gestorben ist, mir zurückschicken indem die Hemden und Hosen und Hut mir aufgenommen sind und ich sie noch einmal Kaufen muß, so möchte ich sie bitten daß sie mir sie schicken werden, und da ich gesehen habe daß mein lieber Mann die neuen Hoßen nicht an hat im Grabe, so möchte ich sie für meine Kinder als Andenken von ihrem Vatter aufbewahren. ———

P. P.

Obwohl nun 10 Jahre verflossen sind, so sind immer noch nicht die Gemeinheiten verwischt heute noch lebender Kreaturen, die sich dazu hergegeben haben in schweren Zeiten gänzlich unbescholtene Menschen zu Verbrechern zu stempeln, sie mit rohem Gesindel gleichzustellen und zusammen zu sperren. *Sie* haben dies getan mit *mir* und ich werde es Ihnen auf den Grabstein schreiben, wenn Sie Ihr Unrecht nicht eingestehen. Es ist ein Unterschied ob Sie Weißer und Genossen zum Tode verurteilen oder ob Sie einen unantastbaren Menschen anfassen der es mit Ihnen aufnehmen kann, und der dumme Trottel, der damals den Vorsitz führte und der mit seinem engstirnigen Paragraphenhirn glaubte mir das Lachen verbieten zu müssen soll auch nicht vergessen werden. Gibt es noch einen größeren Pfundhammel als so eine hochnasige Juristenseele die einem gewöhnlichen bezw. einem anderen Sterblichen den Humor dämpfen will, „er wollte mir auch etwas zeigen", wo habt Ihr denn das Vaterland verteidigt wohl die ganze Zeit im Gerichtssaal fern vom Schuß und Ihr wollt uns was zeigen. Sie sehen daß Sie mit Ihrer Scharfmacherei Übles getan haben. Ich lasse mit mir reden und hoffe daß ich Ihnen solch einen Brief nicht mehr zu schreiben brauche und daß ich auch einmal wie üblich

„hochachtungsvoll"

darunter schreiben kann.

Da mein Mann wieder in den gleichen Rückfall gekommen ist so möchte ich Sie bitten ihn nach Emmendingen zu bringen sobald wie möglich. Er leidet an Verfolgungswahnsinn und Hausfriedensbruch, aber schwer.

Bitte und Anfrage.

Wenn ich mir erlauben darf, bei Ihnen anzufragen wie es geht bei meinem Mann ob er noch längere Zeit geisteskrank ist oder ob er einer Besserung entgegensieht. Ich habe die Absicht, mich von meinem Manne getrennt zu halten, da man nicht bei ihm wohnen kann. Ich habe die Absicht mich von ihm scheiden zu lassen, einer Besserung sieht man schwer entgegen. In dem man in Gefahr leben mußte, bin ich mit meinem 9 Jahre alten Töchterchen abgereist da ich mein Kind 1919 mit in die Ehe gebracht habe. Freude war mir ferngeblieben, nur Leid durfte ich mit ihm teilen, und Kummer und Sorgen war mein Los geworden. In Armut und Not hatte er uns versenkt, eine gute Ernte wird ihm in der Ewigkeit nicht als Belohnung dastehen. Ich will mein Schreiben schließen und erwarte Aufschluß über sein Benehmen. Mit herzlichem Gruße zeichnet ergebenst

---

den 27ten Aprill 1909!

Geertheste Herrn Ärzte, Docktors, Professer und Direktors, der Verwaltung der Pischjaterischen Klinik.

Da nun mein Sohn Peter den 7ten Aprill dorthin verbracht wurde, und seine Krankheit wahrscheinlich herrührt, von dem Kranksein, seiner am 3ten Aprill $^1/_2$ nach 12 Uhr Morgens verstorbenen Mutter, und meiner Frau Katharina. Am 4ten Aprill wurde dann seine Krankheit wahrgenommen, an demselben Tage, wo Sie sollte Beerdigt werden. Hier werden die Abgestorbenen so beerdigt, daß die Wurzeln von den Bäumen die Abgestorbenen oder Beerdigten nicht erreichen. Ich war aber noch, in keiner Stadt, und auch nicht auf dem Lande also noch nirgends, wo die Abgestorbenen in einer gewissen Entfernung, zwischen jungen gesetzten Bäumen so Beerdigt werden, daß die Wurzeln von Zier- und Schattenbäume, oder auch von Obst und Fruchttragenden Bäumen zu den Abgestorbenen, oder Beerdigten sollten nach einer Zeit von etlichen Jahren dahin gelangen. Ob dan eine solche Anordnung, oder Eintheilung schon irgendwo besteht auf Erden, oder schon auf Erden war oder komen wird, ist auch eine Frage wo ich auch nicht Beandworten kann.

Auf der Gräber Saat und Feld,
reift die Erndte jener Welt.

Mein Sohn R. befindet sich hier der Nervenklinik und ist Nervenkrank im Felde geworden. Da er jetzt an Nervenstörung leidet sind die Nerven daher auch sehr geschwächt solch ein Mensch, kann leider nichts mehr vertragen. Ich möchte daher den Herrn Geheimrath freundlig Bitten ob mein Sohn nicht mehr ins Feld zu gehen braucht. Vieleicht könnte er in der Garnison leicht beschäftigt werden sonst muß er wider ins Feld, denn ist es sein Todt. Wenn er den Kannon Donner hört fällt er leicht in Ohnmacht Und ist doch zu nichts mehr fähig.

Es handelt sich um den Otto K. Es heißt immer, er komme wieder heim. Da ist alles aufrüstig und glaubt bald Niemand mehr, daß ein Gott im Himmel ist, wenn dieser Otto wieder käme. Denn er kann tanzen wie kein zweiter, Harmonika spielen, Radfahren Singen Pfeiffen kurzum alles, was es heißt, er war schon zweimal der Aiazzo an Faßnacht und da kann man gewiß keine Dummen brauchen. Wenn man ihn ansieht, könnte man denken, er wäre der größte Dakel, ist aber nur alles verstellt. Sein Vater hat immer gepralt, mit seinen Blau-Scheken, seinem vielen Geld, könne er alles machen. Andere arme Teufel müssen ja auch fort, warum soll der, weil er Geld hat, nicht fortmüssen, der gehört gehörig dressiert und nichts geglaubt. Ist es nicht genug, daß er das Deutsche Reich schon $1^1/_2$ Jahre für Narren hält.

So ist sein Bruder weggeschnuggelt worden, der ist bei

einer Bank angestellt, dieser war im Herbst da auf Besuch mit seiner Frau ist aber erst 28—29 Jahre alt, da hatte er einen selbst gekaufte Montur an, wie die Kinder sie tragen, nur um die Leute für Narren zu halten er sei auch Soldat. Sein Vater ist der größte Spitzbube der Welt, der verschmiert alles mit seinem Geld.

Wenn ihr es nicht glauben wollt was wir hier schreiben, so schikt dieses Schreiben dem Herr Pfarrer u. dem Herr Bürgermeister die müssen es beglaubigen.

Dem Herr Lehrer nicht, denn der hilft zu der Lumperei, weil er ihr nächster Nachbar ist und auch verschmiert wird.

Aus einem Gendarmen-Bericht:

... sonst war in dem Zimmer außer einem zerbrochenen Spiegel kein Zeichen geistiger Störung wahrzunehmen.

Hochgeehrterster Herr Professer

Glückliche Feier Tage und ein Glück Seeliges Neues Jahr Wünsche ich Ihnen von Herzen, daß Sie und wir an Jahren so auch an Weisheit Zunehmen vor Gott und den Menschen. Sei HEut und Ewig Ihnen gedankt und alle die mich noch kennen

---

Hochgeehrter Herr Geheimrat.

Teile Ihnen mit, daß meine liebe Frau mir am 22. d. Monats einen Knaben geboren hat. Ich bin nun soweit ganz glücklich und danke Ihnen von Herzen für die Gabe die Sie mir gesandt haben. Es grüßt Sie achtungsvollst meine liebe Frau und ich.

Ich bin genötigt Ihnen mitzuteilen, daß ich eine Rechnung erhielt für meine Frau wegen Behandlung der Zähne. Ich bitte Sie meiner Frau in Zukunft derartige Einfälle zu verhindern zu suchen und ihr die Vorstellung zu machen, daß es doch himmelschreiend sei, Zähne einsetzen zu lassen zum ruhigen Hinsitzen während der Mann und Kinder bei harter Arbeit in dürftigen Verhältnissen leben.

Meine Tochter klagte nur wegen trägen Stuhlgangs und Schlaflosigkeit, welcher immer um Mitternacht in Erscheinung trat, außerdem hat sich so ein schwatzhafter Preuße in sie verliebt. Dieser hat ihr mit seinen vielen Sprüchen und Redensarten den Verstand geraubt.

Ich gebe nachstehend noch einige Beispiele der Verunstaltungen, denen das schwierige Wort „psychiatrisch" ausgesetzt ist; wer Gelegenheit gehabt hat, zu sehen, daß Medizin-Studierende dank der heutigen Vorbildung damit nicht fertig werden, Studierende, die es gelegentlich schon schwierig finden, epileptisch und elliptisch zu unterscheiden, ist duldsam gegen das sprachliche Stolpern ungebildeter Angehöriger.

Psisarchische Glinig.

An die Tierektzion
Visychiatische Klinik.

Herrn
Hoche
in der Kirosischen Kline.

An
Herrn
Geheimnisrat
in der Ptschl. Klinig.

Pfesedarisde Klinick,
Freiburg.

An den Herrn Professor
der asyatischen
Nerven Heilanstalt.

An die
Fiskalische Klinik.

An
die Phsichiatesiseh Klinick.

Apfiartische Nervenklinick.

An die wohllebiche Direction
der psychiatrischen Klinik.

Bsichriadis Klinik.

An
die servatische Klinik.

Herrn Geheimrat
Schöpfarzt
Nervenklinget.

Beschluß!

In der Strafsache gegen den Mechaniker Johann wegen Urkundenfälschung soll der *Gastwirt Dr. Hoche*, Direktor der psysietischen Klinick in Freiburg i. B. als Sachverständiger durch einen ersuchten Richter vernommen werden.

Amtsgericht Charlottenburg.

Die letzten Fragen.

Der liebe Gott.

> Wir haben keinen
> lieben Vater im Himmel,
> sei mit Dir im Reinen;
> man muß aushalten im Weltgetümmel
> auch ohne das — *F. Th. Vischer.*

Ich war zehn Jahre alt, als ich bewußtermaßen meine Beziehungen zu Gott gelöst habe.

Ich entsinne mich genau aller Einzelheiten des Vorganges, wenn ich auch nicht mehr weiß, welche besonderen betrüblichen Erlebnisse mich gegen den himmlischen Vater verstimmt hatten; es war Abend, ich stand allein am offenen Fenster des Pfarrhauses angesichts des Sternenhimmels, streckte die kleine Faust in die Höhe und kündigte das Verhältnis, ja, mehr als das, ich fluchte Gott. In der Nacht erwachte ich von blauen Blitzen, die das Zimmer erhellten, und von schweren Donnerschlägen; ich konnte nicht wohl anders, als Beziehungen zwischen diesen Zornesausbrüchen und meiner kindlichen Revolte zu wittern, und überlegte mit bangem Herzen, ob es wohl klug gewesen sei, mit dieser finsteren Macht Händel anzufangen; aber ich war doch zu eigensinnig, um mich so leicht wieder einfangen zu lassen und ließ es darauf ankommen.

Die persönliche Entwicklung eines Menschen durchmißt, nach einer mit einigen Vorbehalten wohl zutreffenden Lehre, Stufen, die von der Menschheit als Ganzem in ihrem allmählichen Heranwachsen durchlaufen wurden; ich zweifle nicht daran, daß jenes seelische Kindererlebnis eine Wiederholung millionenfachen primitiven Geschehens gewesen ist: Kündigung gegenüber irgendeinem höchsten Wesen wegen Mißgeschickes, das wider Erwarten und Bitten von ihm nicht abgewendet wurde, und dann doch wieder Angst vor den Folgen dieser Aufsässigkeit. Ich glaube, daß gerade die schreckensvolle Erscheinung des Gewitters in allen Menschheitsphasen geeignet war, den Respekt vor irgendwelchen bedenklichen Mächten zu erzeugen und zu erneuern: nach sonnigen Tagen der lastende Druck eines brütenden Himmels, die zornige Stimme aus den Wolken, der zündende und vernichtende Strahl, der Hagelsturm und der Wolkenbruch, die alle Ergebnisse mühevoller Arbeit in Minuten vernichten und wegschwemmen; auch der wissende Mensch bedarf immer einmal wieder bei schweren Wettern eines bewußten Willensaufwandes, um ein dunkles Gefühl unheimlicher, nicht rein physikalischer Drohung nicht in sich hochkommen zu lassen.

Aus ihrer Angst haben die Menschen zu allen Zeiten ihre Götter erschaffen, mag es nun in den primitiven Formen des Aberglaubens oder in denen organisierter Religionen geschehen sein — ein weites Feld, das ich hier nicht zu betreten gedenke.

Ein Verhältnis zu einem persönlichen Gott hat sich bei mir nicht wieder entwickelt; ich habe, nach meiner Erinnerung, allenfalls noch gelegentliche Rückfälle ins Abendgebet erlebt, wenn das Geheimbleiben irgendwelcher kindlicher Übeltaten das Ziel der Bitte war, nicht anders, als wenn erwachsene laue Beter nur in irgendeiner Not daran denken, die Hände zu falten. Auch die Konfirmationszeit hat mir nichts gegeben, nicht einmal die in den unklaren Stimmungen der Pubertätszeit für viele sonst wirksamen Abendmahlsschauer, auf deren Macht *Richard Wagner* die Wirkung seines Parsifal aufgebaut hat. Der Gebrauch des gemeinsamen Kelches löste bei mir Ekelempfindungen aus, und der symbolische Gehalt versagte sich mir; mich störte die Furchtbarkeit der Lehre, der Gedanke an einen Gott, der uns Geschöpfe so armselig zu Sündern erschaffen hat und dann seinem eigenen Werke nicht verzeihen kann, ohne das Blut seines Sohnes als Opfer zu fordern und anzunehmen; es erschien mir als eine unmenschliche Zumutung, gegenüber einer Instanz, die solcher Dinge fähig ist, Liebe, Vertrauen und Dankbarkeit empfinden zu sollen.

Das Nachdenken reiferer Jahre hat mich solche Lösungen der Frage als zu billig und zu gradlinig erkennen lassen gegenüber den viel allgemeineren Gedankengängen, die das Problem umkreisen, welche Beziehungen überhaupt zwischen

Menschen und etwaigen höheren Wesen bestehen mögen. Die Tatsache, daß die Menschen zu allen Zeiten, von denen wir Kunde haben, an irgendwelche oberen Mächte persönlicher Art geglaubt haben, hält als Beweismittel für denjenigen nicht lange vor, der erkannt hat, daß das Dauerhafteste auf dieser Welt die menschlichen Irrtümer darstellen, die schicksalsmäßig aus gegebner Geistesstruktur erwachsen; wie klein ist z. B. heute noch, gemessen an der Summe von fast zwei Milliarden Erdbewohnern, die Zahl der Menschen, die sich nicht von dem Anscheine des Umlaufes der Sonne um die Erde täuschen lassen. Noch heute wird auch von Gebildeten, die etwas vom Kausalgesetz gehört haben, in der Diskussion aus der Tatsache der Existenz der Welt die logische Notwendigkeit eines Schöpfers abgeleitet; natürlich, wo ein Topf ist, muß auch ein Töpfer sein — eine Schlußfolgerung, auf das Weltganze übertragen, würdig eines Töpfers.

Für die Mehrzahl der Menschen greift unsere Einschätzung zu hoch, wenn man annimmt, daß ihre Vorstellungen über die letzten Dinge auf dem Boden eigenen Nachdenkens erwachsen seien; ihre Meinungen laufen auf den durch Gefühl, Gewohnheit, Trägheit und die Macht des Beispiels festgelegten Bahnen. Der Begriff Gottes gehört zu dem feststehenden Weltinventar, mit dem das Kind vom ersten Hauche des Denkens an vertraut gemacht wird; Gott ist so selbstverständlich dabei, wie Vater und Mutter und der Weihnachtsmann. Ein einfacher Mensch, der sich über die Herkunft seiner inneren Bilder nicht klar ist, kann dank diesem Erziehungsverfahren auf die Meinung kommen, die Gottvorstellung sei ein angeborener, nicht weiter der Erörterung bedürftiger Begriff. Es ist sehr die Frage, ob ein völlig einsam aufwachsender Mensch, der als begabt und nachdenklich vorauszusetzen wäre, aus seinen Wahrnehmungen in dieser Welt auf den Gedanken eines lieben Vaters im Himmel kommen würde.

Die Zahl der Gebildeten, die sich ernsten Nachdenkens über solche Fragen befleißigen, ist sehr klein, und noch seltener sind diejenigen, die wirklich bis zu Ende denken und nicht abstoppen, wenn die Ergebnisse anfangen, unbequem und unangenehm zu werden; die meisten haben augenscheinlich kein rechtes Zutrauen zu ihrem eigenen Denkapparat, und viele haben wohl auch Grund dazu. Der Versuch einer sachlichen, ernsthaften Erörterung über Gott, Unsterblichkeit und dergleichen mit einem Gesprächspartner von durchschnittlicher Fassungskraft hat eine typische Kurve: eine Weile geht er interessiert mit, ein weiteres Stückchen aus Höflichkeit, dann aber setzt die Phase der Ablehnung ein, begleitet von einem überlegenen Lächeln; das Wort gleitet ab von der gepanzerten Haltung: rede du, was du willst, ich kann dich nicht widerlegen, aber mein Inneres sagt etwas anderes.

Das ist der entscheidende Punkt; die Kraft der religiösen Überzeugung ruht nicht auf Tatsachen oder logischen Gründen, sondern in der Energie eines Gefühles, und damit rückt sie aus dem Schußfeld verstandesmäßiger Beweismittel heraus: es wird an dieser Stelle die Gabelung des Weges deutlich, die Sonderung der Menschen in solche, die nur das glauben, was ihnen bewiesen oder doch höchst wahrscheinlich gemacht wird, und in diejenigen, die das glauben, was ihr Wünschen und Hoffen befriedigt. So gesehen ist die Religion eine Sache des persönlichen Bedürfnisses: es gibt angeborenermaßen religiös und irreligiös gestimmte Geister. Die volle Ausbildung der einen oder der anderen Disposition ist nicht die Regel, ebensowenig, wie etwa bei der Begabung für Musik; die Mehrzahl der Menschen verharrt in einem unklaren Zwischenzustande, läßt die Dinge sein, wie sie wollen, und wird allenfalls einmal durch besondere Schicksale zu einer Stellungnahme aufgerüttelt; viele, die innerlich gar kein Talent zum Glauben haben, scheuen sich doch aus Vorsicht, mit dem Himmel zu brechen — man kann ja nie wissen...

Starken religiösen Empfindungen zugänglich zu sein, das ganze Dasein von dem Bewußtsein ewiger Geborgenheit durchtränkt zu fühlen, ist ein großes Glück, wohl das höchste, das uns armen Erdenwürmern zuteil werden kann. Die Meinung des danebenstehenden, davon ausgeschlossenen Ungläubigen, daß es sich um Illusionen handelt, ändert nichts an dem Tatbestande jenes Glücksempfindens; es sind ja Überzeugungen, deren illusionärer Charakter, wenn sie diesen haben, nicht mehr erlebt wird; die katholische Schwester, die ein halbes Jahrhundert in selbstloser Aufopferung für andere verbringt, gehalten immer von der sicheren Erwartung einer überschwänglichen Vergeltung im Jenseits, wird nicht enttäuscht, wenn es nichts damit ist; aber sie hat in diesem Leben das unvergleichliche Gut des Friedens in sich selbst vor anderen vorausgehabt, auch wenn ihr Bewußtsein mit dem Tode endgültig erlischt.

Die Behauptung, daß die irreligiösen Menschen unglücklich sein müßten, ist ein Ausfluß überheblicher Unduldsamkeit; es gibt Menschen, die ein Medusenhaupt erblicken können, ohne zu erstarren, und für die z. B. der Gedanke, nach dem Tode dasselbe zu sein wie vor der Geburt, d. h. nichts, keinen Schrecken, sondern eine Beruhigung bedeutet.

Das Furchtbare an diesem Menschengeschlecht ist seine Unfähigkeit, einen Mitmenschen in einer abweichenden Überzeugung zu sehen; die ganze Geschichte ist durchsetzt von den gewaltsamen Versuchen, anderen die eigene Meinung aufzuzwingen, mag diese nun politisch, religiös oder sonstwie gefärbt sein; es ist eine entsetzliche Summe von Untaten, die der einzelne gegen einzelne, Volk gegen Volk, eine Mehrheit gegen das Individuum verübt hat, bloß, weil eine von der eigenen abweichende Auffassung von Dingen dieser oder jener Welt nicht leben sollte.

Welche groteske Anmaßung liegt darin, wenn dieses Geschlecht den Mut hat, irgendeine Überzeugung für den alleinigen Spiegel der Wahrheit auszugeben! Man erwäge nur einmal die wirkliche Lage: In einem ganz untergeordneten Winkel des Weltalls, auf einem kümmerlichen Brocken von Materie, geduldet von den Elementen für einige Zeit, entwickelt sich, wie anderswo bei gleichen Verhältnissen auch, organisches Leben, das in seinen höchsten Gestaltungen bis zu der unglücklichen Fähigkeit des Nachdenkens gedeiht; kaum erworben, wird diese sogleich benützt, um aus den paar ihr beschiedenen Fetzen von Erkenntnis ein für endgültig gehaltenes Weltbild zusammenzusetzen, ein „Weltbild", beruhend auf der Auswahl von Wahrnehmungen, die der Zufall der beschränkten Zahl von Sinnesfühlfäden erlaubt; was die nur auf das praktische Bedürfnis der Selbsterhaltung zugeschnittenen Sinnesorgane an Feststellungen zu liefern vermögen, wird dann noch vermöge der Denkmöglichkeiten vergänglicher Gehirne modelliert und geordnet. Wir erfahren nichts von einer vermutlich riesengroßen Zahl von kosmischen Beziehungen, weil unser Organismus auf seiner heutigen Entwicklungsstufe nicht auf sie anspricht, und haben doch die Kühnheit, von den letzten Gründen des Seins und Werdens mit autoritativer Miene daherzureden. Seien wir doch bescheiden; wir wissen nichts davon und können nichts davon erfahren.

Das Weltgeschehen *deuten* zu wollen, ist von uns eine ebenso sinnlose Anmaßung, als wenn die Regenwürmer meines Gartens versuchten, von ihren nun einmal gegebenen Voraussetzungen aus von meinem Tun etwas zu begreifen; wenn sie eine Meinung entwickelten, würde es eine Regenwurm-Meinung sein, ebenso wertlos für den wirklichen Sachverhalt, wie die menschliche Meinung über den Sinn des Weltalls. Unser Bewußtsein ist so wenig imstande, davon etwas zu begreifen, wie etwa ein vernunftbegabtes Wasserstoffatom vom Wesen der Welle; es wird von ihr getragen zwischen gleichen und ähnlichen Bestandteilen, führt sein chemisches Dasein in allerhand möglichen Beziehungen, die sein Leben ausmachen und in denen es sich auskennt, aber wo fände es in seinen Grenzen irgendwo die Kategorien, von denen aus es die Gesetze des Windes auch nur ahnen könnte?

Der menschliche Dünkel sträubt sich dagegen, solche Parallelen auf die Erhabenheit des Menschen angewandt zu sehen; das Gefühl findet den Standpunkt voller Resignation unerträglich, trostlos; und wenn es schon so wäre, wann und wo ist denn ein weitergehender Anspruch verbrieft? Es ist natürlich, daß unser nach allen Richtungen strebender Erkenntnisdrang vor einer verschlossenen Türe nicht auf den

Wunsch verzichtet, zu erfahren, was dahinter sein mag; aber es ist ein müßiges Spiel, das dunkle Gebiet mit Bildern zu beleben, die von einer unseren Wünschen gefügigen Phantasie erzeugt werden, und es ist Überhebung, mit harten Worten die zu belegen, die sich an diesem Spiele nicht beteiligen wollen.

Den letzten Fragen erweist derjenige mehr Ehrfurcht, der ihre dunkle Größe schweigend zu ahnen versucht, als der interessierte Eifer, der das Unfaßbare in die zufälligen Schubfächer des Denkens einer zeitgebundenen Geistesphase einsperren möchte.

Ich für meine Person habe in dem gelassenen Verzichte des Nichtwissens und in der Ablehnung billiger Surrogate alles gefunden, was für meinen Seelenfrieden nötig ist.

Vom Sinn des Lebens.

Und da ging das Licht aus
und wir saßen im Dunkeln.
König Lear.

Sinn des Lebens? törichte Frage! den wissen wir selber ganz genau" — wohl euch! Ich weiß, daß ihr ihn wißt: Du suchst ihn darin, möglichst viel Geld zu verdienen und gut zu leben, du möchtest einmal Regierungspräsident werden, du träumst davon, als Tristan ein ganzes Haus voll Menschen zum Beifall hinzureißen, du willst die Welt nach deinen Ideen umformen, du willst das große ewige Kunstwerk schaffen, du, holdes Kind, möchtest dich eine Weile amüsieren und dann den besten Mann der Welt bekommen, du, frommer Denker, betrachtest dies Dasein als Auftakt, als Sprungbrett zu einem besseren Leben — so wechselt in tausend Gestalten das, was ihr den Sinn eures Lebens nennt. Aber von euch ist gar nicht die Rede; was euch erfüllt, sind Bilder, Wünsche, Bestrebungen, Ziele, die nur für den einzelnen Bedeutung haben; die ernstere Frage gilt dem Sinn dieses Daseins überhaupt; sie läßt keinen mehr los, dem sie einmal aufgegangen ist. Rasch bei der Hand mit einer sicheren Antwort ist die christliche Auffassung: die unsterbliche Seele für eine Weile in dies Gehäuse aus Erdenstaub eingesperrt, ihre Aufgabe, hier eine Probezeit durchzumachen, von deren Ergebnis ihr weiteres Ewigkeitsschicksal abhängt (schon als Knabe ist mir das unbillige Mißverhältnis in der Länge der beiden Phasen störend gewesen). Nur ein kleiner Teil der Erdenbürger ruht wirklich in dieser Überzeugung, die freilich, wenn sie ernst und fest ist, das Dasein entgiftet und leicht macht; wir anderen, weniger beglückten, müssen sehen, wie wir uns so durchschlagen.

Sinn des Lebens — das ist etwas Gedachtes, setzt also ein Bewußtsein voraus, das es denkt; wessen Bewußtsein soll das sein? Eines Schöpfers? Eines Weltenlenkers? Dann haben wir ja nicht nötig, uns den Kopf darüber zu zerbrechen; oder das Bewußtsein in einem Menschenhirn, im Schädel eines Hohenpriesters, eines Königs, eines Philosophen, eines Geschichtsschreibers? Diese beiden letzteren haben berufsmäßig die Pflicht, über den Sinn des Geschehens in der Menschheit nachzudenken, und sie haben uns eine Fülle von Antworten gegeben: Entwicklung zu dem Ziele des Glückes möglichst vieler, Fortschritt in der Richtung auf die Humanität, Walten einer objektiven Vernunft, Entfaltung eines an sich seienden Ideenreiches, Offenbarung des Geistes, Erfüllung der Zwecke einer ewigen Weisheit und dergleichen mehr; in diesem Strauße schöner Formeln von *Hegel*, *Herder* und anderen stört wie eine Distel der Titel des *Lessing*schen Buches, der wirksamer ist als der Inhalt: „Geschichte als Sinngebung des Sinnlosen"; es erklingen auch sonstwo disharmonische Betrachtungen, daß alles nur ein dem Zufall ausgeliefertes, regelloses Kreisen der Atome sei. Wir haben wirklich die Auswahl.

Das am meisten Verführerische an diesen Vorstellungen ist ganz gewiß die Idee des Fortschritts; aber „Fortschritt" setzt ein Ziel voraus, auf das die Weiser des Weges, den die Menschheit wandert, hinzeigen, und wer setzt das Ziel? Gott? Der Weltgeist? Eine ewige Vernunft? Da sind wir so weit wie zuvor.

Und ist es denn überhaupt wahr, daß im Gange der Geschichte ein Fortschritt erkennbar ist? Gewiß, vom *Neandertaler* bis zu *Kant* ist ein weiter Weg in der Vervollkommnung der Hirnqualitäten zurückgelegt worden; die Beherrschung der Natur ist in die Breite und Tiefe gedrungen, die Erkenntnis der Gesetze, die in den kosmischen Beziehungen walten, ist in Sprüngen vorwärts gegangen; aber das alles trifft nur den Inhalt des Gefäßes, Art und Zahl der Bälle, mit denen der Geist in zunehmender Virtuosität jongliert, nicht den Menschen selbst; eine merkwürdige Brille, wie die in *Hoffmanns* Erzählungen, müßte der tragen, der aus der Geschichte der letzten dreitausend Jahre einen Fortschritt im tiefsten Wesen des Menschengeschlechts herauslesen wollte. Und möge es so sein, möge einmal eine Zeit kommen, in der z. B. das Rechtsgefühl sich zu der Höhe entwickelte wie Chemie und Elektrotechnik, in der es so beherrschend wäre, wie es heute kraftlos und verachtet ist — wir wollen in 10000 Jahren einmal wieder anfragen — was wäre auf die Dauer gewonnen?

So weit wir heute in die Zukunft blicken können, geht ja die gute, alte Mutter Erde (— mehr alt als gut —) irgendwann einmal rettungslos zugrunde, sie wird dem allgemeinsten Weltenschicksal ewigen Wechsels der Form ganz gewiß nicht entgehen; es ist für uns heute und für die Teilnehmer jener Phase auch in der Endwirkung, unerheblich, ob sie vereist, vertrocknet oder bei dem Zusammenstoß mit einem anderen kosmischen Gebilde in Flammen aufgeht; sicher ist nur, daß es dann mit dem, heute schon nur geduldeten, organischen Leben und allen Herrlichkeiten unseres Geschlechtes ein Ende hat. Was wird daraus? Wird dann der Rapport mit anderen Weltkörpern so weit organisiert sein, daß die Ergebnisse der Denkarbeit von einer Milliarde von Jahren dorthin, wo sie auch nur ein flüchtiges Asyl finden, gerettet werden können, oder versinkt alles geistige Wesen mit seinen stolzen Früchten spurlos ins Nichts? Wozu dann die Hast, die Gier, der Zorn, das gegenseitige Abschneiden der Hälse, wozu das schmerzvolle Herumquälen der Besten mit den Rätseln des Daseins, wenn es nichts anderes war, als ein Flimmern in Menschenköpfen, das sich eine Weile wichtig nahm? Gewiß ist das wieder eine trostlose Auffassung; aber es fließen für denjenigen, der sie nicht verträgt, vielerorten gern gebotene Schlummersäfte, freundliche Illusionen, die den Geist einlullen und die Schärfe des wirklichen Weltbildes runden und glätten.

Auch den skeptischen Menschen weht es in auserlesenen, seltenen Stunden an wie eine Ahnung, daß der Sinn des Lebens mit dem für uns greifbaren und sichtbaren Geschehen nicht erschöpft sein möchte: vor dem Schweigen des Sternenhimmels, beim Treiben auf den Klängen von *Beethoven* oder *Schubert*, beim Anblick der Schönheit unsterblicher Kunstwerke, beim Aufgehen einer neuen glücklichen Einsicht; es ist dann wohl, als ob die schwere Gebundenheit der Kreatur, die aus dem Pferch der Materie herausdrängt, sich für einen Augenblick löste, als ob ein Vorhang sich eine Handbreit höbe, hinter dem eine Welt ohne Wunsch, ohne Qual und Sorge in reinem Glanze ruht; aber das sind flüchtige Momente ohne Frucht, zerstiebende Funken ohne Dauer, die alsbald wieder von der Einsicht verschluckt werden, daß alles das, was wir in solcher Stimmung als erhaben empfinden, nicht den Dingen, nicht den Wellen von Licht und Schall anhaftet, sondern von uns aus eigenem dazugetan wird. Das reine Erkennen wird von unserem Geiste als beglückend empfunden, weil er sich dabei des freien Gebrauches gelöster Schwingen bewußt wird, und die Schönheit in jeder Form, in der sie uns entgegentreten mag, ist immer nur ein Geschenk, das der Mensch selbst seiner Seele macht; von außen kann es nicht kommen, denn dort existiert es nicht; wir wissen ja, daß Schönheit nur für einen kleinen Teil der Menschen vorhanden ist, für diejenigen, die reich genug sind, um sich selber so zu beschenken.

Jede Betrachtung, wenn wir es nicht lassen können, nach einem Sinn des Lebens zu suchen, weist auf uns selbst zurück, auf uns selbst, gesehen ohne Pathos, ohne Dünkel, als Geschöpf unter Geschöpfen. Für mich hat es nie etwas

Bedrückendes oder Herabsetzendes gehabt, mich nur so zu fühlen, Tiere und Pflanzen als meine Brüder und Schwestern zu empfinden, mit denen mich alles verbindet, und von denen mich der Drang und die Fähigkeit, mich selbst zum Gegenstand des Nachdenkens zu machen, nur scheinbar trennt; denn sie sind Vorstufen meiner Daseinsform. Wir sind den gleichen Gesetzen des Werdens unterworfen, abgeborgte Splitter der Zeit, getragen von demselben Lichte, genährt von der gleichen Erde; über uns allen schwebt jeden Augenblick die Möglichkeit, weggewischt zu werden, die in tausend Drohungen uns so nahe umringt, daß nicht der Untergang eines Wesens, sondern sein Fortbestehen merkwürdig und erwähnenswert ist. Welchen Sinn hat denn das Dasein der Tiere? Wir lächeln über die naiven Schulbuchlösungen, in denen die Weisheit des Schöpfers gepriesen wird: die Fische sind dazu da, um die Larven der Mücken zu verzehren, damit diese nicht allzusehr überhandnehmen, und die Mückenlarven sind dazu da, um die Fische zu ernähren; aber wir lächeln nicht über die Absichtlichkeit, mit der die Tatsache unterschlagen wird, daß das Leben überall nur von Vernichtung lebt, und daß die Summe von Angst, Not und Schmerz in der fühlenden Welt unendlich viel größer ist als die von Frieden und Glück.

Von unserem Standpunkte aus gesehen dienen Pflanze und Tier dem Sinne ihres Daseins, wenn sie sich in freier Entfaltung zu der ihnen zugemessenen höchsten Stufe zu erheben vermögen; für uns wird es, wenn wir auch der Meinung sind, ein Stockwerk höher zu wohnen, vermutlich nicht anders sein; wir leben nicht zu einem bestimmten Zwecke, jedenfalls nicht zu irgendeinem von uns erfaßbaren; was darüber hinausgeht, ist Sache der Phantasie, nicht des Erkennens; wir sind eines Tages da, durchlaufen am rotierenden Bande der Zeit die uns zufallende Wegstrecke vom Eingang bis zum Ausgang und erfüllen den Sinn unserer Existenz — falls man es uns erlaubt — in der Entwicklung der in uns liegenden Möglichkeiten nach den Gesetzen unserer Anlage. Für einen draußen stehenden Beobachter höherer Wesensart ist ein solches

Menschenleben ein ebenso sinnvoller und wohlgefälliger Anblick, wie für uns eine blühende Rose oder eine Schwalbe, die ihre Jungen füttert.

Das ist eine bescheidene Auffassung, vielleicht auch eine resignierte; eine solche Deutung des Lebenssinnes kann niemals den Beifall der Philosophen finden, die sich für befugt halten, das Unfaßbare zu fassen und das Grenzenlose zu umgrenzen; vom Standpunkte der „Wertphilosophie" aus, die derzeit die Krönung des Denkgebäudes bedeutet, ist sie frivol; sie ist auch nicht „bedeutend"; denn sie versagt sich alle mystisch verschleiernden Wendungen, und sie ist nicht „tief", denn sie ist durchsichtig bis zum Grunde; aber sie hat einen Vorzug: es ist eine ehrliche Art, die Zusammenhänge zu sehen, und nur darauf kommt es für mich vor mir selber an.

Es ist nicht wahr, daß auf dem Boden solcher Überzeugungen Moral nicht möglich sei; gewiß, die landläufige Moral, die aus lauter Warnungstafeln besteht, wächst hier nicht; aber wer sich wirklich als Geschöpf zwischen Geschöpfen fühlt, hat im Mitleid und im Rechtsgefühl die zwei untrüglichen Wegweiser seines Handelns.

Glücksbilanz.

> O Menschenherz, was ist Dein Glück?
> ein rätselhaft geborener
> und, kaum gegrüßt, verlorener
> unwiederholter Augenblick.
>
> *Lenau.*

Wir wissen, wieviel Millimeter Niederschläge im Jahresdurchschnitt auf dem Feldberg, in der Oase Biskra oder in Petersburg fallen, wir kennen die Monatstemperaturen und die vorherrschenden Windrichtungen von Kairo, Nizza und Helgoland; die Bevölkerungsdichte und die konfessionelle Schichtung in allen Teilen der Kulturwelt wird uns in graphischen Darstellungen vorgeführt, aber von der

Verteilung des Glückes auf diesem Erdball erzählt uns keine Farbentafel.

Es wäre eine Aufgabe würdig einer statistisch gelaunten höheren Weisheit, sich diese für uns arme Menschenkinder so einschneidenden Verhältnisse einmal selber zur Anschauung zu bringen, z. B. so — um ihr einen Vorschlag zu machen — daß überall, wo ein wahres Glücksempfinden lebt, ein Lichtpunkt angeht und so lange glüht, wie jenes Gefühl dauert, oder in einer abgestuften Farbenskala, die den Glücksdurchschnitt geographischer Bezirke oder ganzer Epochen mit einem Blicke erkennen ließe.

Vielleicht würde sogar die höhere Weisheit durch die Ergebnisse überrascht werden; wir wären es ganz gewiß, wenn uns dieses Material zugänglich gemacht würde, das unsere vorläufigen Vermutungen in der mannigfachsten Weise über den Haufen werfen könnte. Wir würden auch in den dunkelgefärbten Partien im Verborgenen überall noch ein sanftes Flimmern von kleinem Glück erkennen; wir würden Bezirke und Epochen wahrnehmen, die in der Helligkeit der Farbe weit hinter dem allgemeinen Durchschnitt zurückbleiben, z. B. das „sonnige" Hellas in den Jahrhunderten nach seiner klassischen Blüte, Deutschland im Dreißigjährigen Kriege, die Stätten des Sklavenelends in Haiti und Kuba oder das heutige Rußland. Im ganzen würden die Farbenunterschiede nicht ganz so groß sein, wie wir sie uns vorstellen, dank den von der höheren Weisheit für das Glücksempfinden geschaffenen Gesetzen. Jene Instanz würde, wenn sie das Bedürfnis nach wissenschaftlicher Ehrlichkeit empfände, ihrer Statistik in einer Fußnote auch die Anmerkung beigeben müssen, daß all unser Meinen und Wissen von Glück oder Unglück vergangener Zeitphasen eine unheilbare Fehlerquelle in sich birgt: alle Einzelberichte, die als kleine Rinnsale in den großen Strom der Überlieferung eingehen, stammen von denen, die gut davongekommen sind, von den Überlebenden der Kriege, der Revolutionen, der klimatischen Unglückszeiten, der Erdkatastrophen; die Toten kommen nicht zu Worte; die Stimme der Verhungerten, der

Hingerichteten, Gefolterten, Verschütteten, Verbrannten, einsam in Angst und Not Vernichteten dringt nicht zu uns. Käme auch ihr Empfinden in der Glückstafel zur Darstellung, so würde ihre Grundfarbe stark ins Dunkle absinken.

Ich weiß so gut wie der Leser, daß der Gedanke an eine solche Statistik utopisch ist; seelische Erscheinungen dieser Art lassen sich nicht in Zahlen fassen; sie sind für jede Betrachtung nur eine Addition des millionenfachen Einzelerlebens; zugänglich ist uns nur das seelische Geschehen im Individuum und schließlich nur in demjenigen, in das wir unmittelbare Einsicht haben, im eigenen Ich.

Lust zu suchen und der Unlust nach Möglichkeit aus dem Wege zu gehen, das ist das allgemeinste Bestreben jeden lebenden Wesens, gleichviel, in welcher Rangstufe der Entwicklung es sich befinden mag; es ist eine heuchlerische Entstellung der Wahrheit, wenn die Selbstgerechten aus ihrer Moral die Forderung ableiten, daß der Mensch diesen elementaren Regungen nicht unterworfen sein dürfe. Er *kann* ja gar nicht anders, so lange er nicht geisteskrank ist. Gewiß bestehen die größten Abstufungen in dem, *was* als lustvoll empfunden wird: Anschauung Gottes, gute Werke, Forschung und Kunst, Herrschen, Demut, Pflichterfüllung, Müßiggang oder verbrecherische Handlungen. Das sind Unterschiede im Gegenstande, aber die innere Formel ist immer dieselbe, das zu tun, was die größere Lust gewährt — Lust in jedem Sinne — oder in Aussicht stellt. Die sittliche Rangskala der Menschen liegt nicht darin, daß die einen Lust suchen, die besseren aber nicht, sondern in der Wertreihe dessen, *was* dem Einzelnen zum Motive wird; die seelische Mechanik ist immer dieselbe. Das Prinzip, das den gehobenen Regungen des Menschen zugrunde liegt, geht durch die ganze organische Welt; Pflanze und Tier streben von den Urformen an nach dem, was ihr Dasein erhält und fördert, widerstreben dem Schädlichen, Tödlichen. In dem Bewußtsein, das poetisches Empfinden in die Pflanze verlegen möchte, existiert das nur in dumpfster Form; wir glauben, aus den Blumengesichtern ein Gefühl des Gedeihens und Kränkelns ablesen zu können; aber schon das am niedrigsten stehende Tier hat in dem Gefühl von Lust und Unlust die Wegweiser zu dem, was ihm frommt.

Das menschliche Bewußtsein hat sich, nachdem einmal der Weg der Entwicklung beschritten war, von dieser einfachen Formel weit entfernt, vor allem in der Vervielfachung der Beziehungen; Lust und Unlust sind für den Menschen nicht mehr im einzelnen die Führer zum Zweckmäßigen; er hat auch gelernt, zwecklose Lust um ihrer selbst willen zu suchen.

Was wir „Glück" nennen, besteht nicht in einzelnen Lustgefühlen; sie sind nur die Quellen, die Bausteine, die Wurzeln eines zusammengesetzten seelischen Zustandes, der glücklichen Stimmung, die man nur erleben, aber nicht erschöpfend beschreiben oder definieren kann. Unser Geist vollzieht bei der Betrachtung vergangener Lebensepochen unbewußt eine Art von Durchschnittsberechnung und nennt glücklich diejenigen Zeiten, in denen die Stimmung vorwiegend von Lustgefühlen gespeist wurde; völliges Freisein von Unlusterlebnissen verlangt kein denkender Erdenwanderer. Gelingt es einmal unter besonderen Umständen, das jetzige innere Bild einer verflossenen Stimmungsphase mit der Wirklichkeit des damaligen Erlebens zu konfrontieren, so stellt sich regelmäßig heraus, daß die Erinnerung zu rosig färbt; dies Gesetz gilt auch für denjenigen, der seine Bedingungen durchschaut; auch die Menschheit als Ganzes unterliegt dem vergoldenden Einfluß des Rückblicks; er ist ebenso wirksam bei der Entstehung der Träume von einem goldenen Zeitalter, wie bei der romantischen Deutung mittelalterlichen Kloster- und Ritterwesens oder dem Aufdämmern der Bilder von einem Kinderparadies, das uns allen verlorengegangen ist. Die Stimmung früherer Zeitabschnitte des eigenen Lebens, wenn sie an sich gefühlsmäßig nur wenig gefärbt war, wirkt doch als eine glückliche, sofern nur gröberer Kummer ausblieb, und auch von diesem unterschlägt die Erinnerung ein gutes Teil. Dieser rückwärts gewendete Optimismus, eine nicht weiter erklärbare Mitgift unserer Uranlage, die für die Erkenntnis eine Fehlerquelle bedeutet, ist auf dem Pluskonto jeder gefühlsmäßigen Glücksbilanz zu buchen.

Für die Größenempfindung von Glück und Unglück ist noch ein anderes Moment in Rechnung zu setzen: eine bei Gesunden vorhandene Elastizität des menschlichen Gemütes, die bewirkt, daß es von seinen Schwankungen immer wieder in eine mittlere Ruhelage der Stimmung zurückfedert; wir gewinnen dabei für das Tragen des Unglücks ebensoviel wie wir am Genusse des Glückes verlieren. Es ist erstaunlich, zu erleben — unsere Generation hat dazu Gelegenheit im großen Stile gehabt —, daß Wandlungen des Daseins, die zunächst wie durchsetzt von Dauerschmerz erschienen, nach einiger Zeit der Anpassung doch wieder die Möglichkeit einer nicht frohen, aber doch tragbaren Existenz zulassen. Dieses Zurückschwingen — mit umgekehrtem Vorzeichen — entwertet alle glücklichen Gestaltungen, die uns zuteil werden; nach kurzer Frist vergraut das goldene Glücksgefühl in Kraftlosigkeit.

So verläuft unser Gemütsdasein, bildlich gesehen, in Terrassenform; das Erreichen einer neuen Stufe ist mit Gefühl durchtränkt, aber wenn wir auf der ebenen Fläche weiterwandern, verfällt unsere Stimmung der Nivellierung; ganz besonders gilt dies nach Erreichung solcher Ziele, wie sie Ehrgeiz und Eitelkeit sich setzen; geht unser Weg abwärts, so beobachten wir mit Erstaunen, wie bald, wenn es uns noch schlechter geht, eine vorausgehende schon genügend schlimme Stufe uns als leidlich glücklich erscheint.

Diese allgemeinen Gesetzmäßigkeiten unterliegen persönlichen Schwankungen, die in der Verschiedenheit der angeborenen Gabe liegen, vorwiegend die glücklichen oder die unglücklichen Momente zu empfinden und zu verzeichnen. Die Summe des einem Lebenslaufe beschiedenen Glückes liegt nicht in der zählbaren Reihe äußerer Tatsachen, sondern in dem Gefühle dessen, der sie erlebt. Glück haben, heißt noch lange nicht, glücklich sein, und auch ein Pechvogel kann zu einem durchschnittlichen Quantum von Glücksgefühl kommen. Darüber, daß es mit dem Glück der Menschenkinder nicht weit her ist, besteht in der überlieferten Weisheit von *Salomo* über die Griechen und Inder bis zu *Schopenhauer* und den Neuesten nicht der geringste Zweifel; Jugendfreunde, die sich nach fünfzig Jahren wiedersehen, tauschen ihr „Weißt du noch?“ von vorneherein auf der keiner Erörterung mehr bedürftigen Grundlage aus, daß es mit dem Leben nichts Rechtes war. Jeder Alternde, der des Nachdenkens fähig ist, weiß, daß er nicht viel verliert, wenn er diesen Schauplatz verläßt.

Wer unser irdisches Geschehen in das Licht einer Zweckbetrachtung rückt und sich die Frage vorlegt: Kann es nach dem, was wir sehen, im Weltenplan gelegen haben, diesen Erdball mit einem glücklichen Geschlecht zu bevölkern?, muß sie mit Bestimmtheit verneinen; die große Flut des Unglücks deckt für Tier und Mensch die wenigen flachen Inselpunkte des Glückes völlig zu; man hat den Eindruck, daß der in dieser Betrachtungsart einen Augenblick vorausgesetzte Schöpfer an so etwas gar nicht gedacht hat; es ist von seiten jener Instanz gerade nur soviel Lust bewilligt worden, als notwendig ist, um den Betrieb in Gang zu halten; die Erwägung, wie sich die jeweiligen Träger des Geschehens dabei befinden möchten, macht sich nirgends bemerkbar. Die Geschöpfe sollen am Leben bleiben, bis sie das Leben weitergegeben haben; also war es nützlich, für den Dienst an diesem Zwecke, für Ernährung und Fortpflanzung, Lustprämien auszusetzen. Für das Tier hat es mit der Lust bei Stillung des Hungers und des Geschlechtsbedürfnisses überhaupt sein Bewenden; allenfalls kommt bei den höchsten Formen noch die Freude am Spiel dazu; beim Menschen erhebt sich über jenen elementaren Regungen, die auch bei ihm die beherrschenden bleiben, ein reich gegliedertes Stockwerk gehobener Gefühle, die manchmal den ursprünglichen Kern kaum mehr durchschimmern lassen. Aus dem primitiven Fortpflanzungsdrang hat sich der Eros entwickelt, in dem wir nicht nur den Ursprung aller um den Begriff der Familie kreisenden Glücksgefühle, sondern auch die verborgene Quelle jeden künstlerischen und geistigen Schaffens zu verehren haben; den an sich ärmlichen und monotonen Hunger hat der Mensch benutzt, um den Vorgang der Ernährung ästhetisch reizvoll auszubauen und zum Kerne der Geselligkeit und festlichen Erlebens zu machen. *Von dem Glücke, das der Mensch sich selber schenkt*, von den Gefühlen, die er bei zweckfreiem Treiben zu empfinden gelernt hat, wird noch die Rede sein. Es ist aber sehr die Frage, ob der Gang der menschlichen Entwicklung, der von außen gesehen, etwas Großes bedeutet, eine Mehrung des Glückes gebracht hat; die Verletzlichkeit steigt parallel der Feinheit des Empfindens, und so bleibt die Bilanz auf jeder Stufe, die erreicht werden mag, dieselbe.

Gegenüber dem Tier, das er so entscheidend überholt hat, ist der Mensch in der Glücksfrage nach zwei Richtungen im Nachteil. Das Tier lebt ohne Reflexion ganz im Augenblicke, es wird sich überhaupt der Zeit nicht bewußt; der Mensch ist damit gestraft, in der Vergangenheit und, in Gestalt von Sorge und Furcht, auch in der Zukunft zu leben, und in der Gegenwart ist er der Langenweile ausgeliefert, die sich in allen Durchschnittsexemplaren einstellt, sobald sie nicht Schauplatz irgendeines mit ihren Interessen verbundenen Strebens sind; es ist ein grotesker Anblick, wie ein Teil der Menschheit seinen ganzen disponiblen Geist daransetzen muß, um für den anderen Teil Ablenkungen von der Langenweile zu schaffen.

Wer sich das Karussell des Menschentreibens aus einiger Höhe ansieht, erkennt das durchgehende, meist unbewußte Bemühen, jene Glücksbilanz irgendwie zu verbessern; auf den verschiedensten Wegen wird versucht, aus der spärlich gefüllten Schale für den Bedarf des eigenen Ich ein paar Tropfen Glück mehr herauszuzwängen.

Den elementarsten, nächstliegenden Versuch stellt der Genuß aller als Rauschgifte einzuordnenden Stoffe dar. An keiner anderen Stelle des Weltgefüges erkennt man so scharf die unerbittliche Bilanzsicherheit des Geschehens als hier. Die Menschheit ist, seit Zufall und interessiertes Nachdenken ihr narkotische Genußmittel zugänglich gemacht hat, ihnen in den mannigfachsten Formen verfallen; sie erwartet davon Hebung der Stimmung, Linderung schmerzlichen Empfindens, Vergessen der Gegenwart, rosige Färbung der Zukunft, und alles dieses wird ihr im Augenblick zuteil; aber die Natur läßt ihrer nicht spotten. Es herrscht das unverbrüchliche Gesetz: jede künstlich herbeigezwungene Lust, die gegenüber dem Sparsamkeitssystem im Weltall eine Mogelei bedeutet, wird bestraft; sie beruht auf einer falschen Kalkulation, weil sie nur eine Anleihe darstellt, eine Anleihe bei zukünftigem Befinden, die unter allen Umständen heimgezahlt werden muß. Die Natur erweist sich bei dem Eintreiben dieser Schuld als der schlimmste Wucherer; sie nimmt übermäßige Zinsen, mag es sich nun um den augenblicklichen Glückszuwachs durch Alkohol, Opium, Morphium, Kokain, Haschisch oder ähnliche Dinge handeln. Wer klug und seiner selbst sicher ist, vermag bis zu einem gewissen Grade seine Betrugsversuche so einzurichten, daß er wie ein geschickter Reisender an der Grenze einiges durchbringt, ohne Zoll zu bezahlen; der Raucher genießt vielfach die sanfte und leichte Narkose des Nikotins, ohne allzu grob gestraft zu werden, und wer mit dem Weine umzugehen versteht, kann der hohen Gnaden, die er uns zu geben vermag, teilhaftig werden, ohne durch Katzenjammer oder Dauerfolgen auf die Genauigkeit der himmlischen Buchführung gestoßen zu werden. So gesehen gehört der Trank im Römerglase des Weisen zu den positiven Glücksgütern, ein Gesichtspunkt, der den normalen Fanatikern der Totalabstinenz verschlossen ist. Mit *Kraepelin*, einem der Führer jener Bewegung, habe ich öfters vergeblich versucht, in Gelassenheit über diese Dinge zu sprechen; das humorlose, sittliche Dauerpathos, von dem er beherrscht wurde, führte alsbald zu gereizten Ausfällen. In einer Stunde der Zugänglichkeit fragte ich ihn einmal, ob er denn jene Alkoholwirkung so gering einschätze, daß er uns ein Stockwerk höher ziehen läßt, uns aufdämmernde Einsichten und eine gesteigerte Empfänglichkeit für alles schenkt, was ästhetisch reizvoll ist: Landschaft, Dichterwerke, Musik: „Nein“, sagte er, „das kenne ich nicht; das habe ich nie erlebt." Ja, dann ist man freilich, trotz aller Energie der Überzeugungen, noch im Vorhofe der Frage. Ein armer, kranker Mensch, *Claude Tillier*, hat in seinem Onkel Benjamin das Hohelied der Edel-Trunkenheit gesungen; es ist das deutscheste Buch, das in französischer Sprache geschrieben wurde. Wer seinerseits in Bewertung und Behandlung seiner Lebensgüter bilanzsicher ist, wird sich in seinem Umgange mit dem Wein nicht von der behaupteten statistischen Möglichkeit irremachen lassen, ein paar Monate kürzer zu leben; als ob es für den weise Gewordenen auf die Dauer dieses Daseins ankäme! Mein alter Lehrer *Erb* hat das einmal so hübsch formuliert, als eine Rundfrage an die deutschen Ärzte erging, um einen Querschnitt durch ihre Meinungen vom Trinken und seinen Wirkungen zu gewinnen; im Anschluß an die Ausführungen des Zirkulars antwortete *Erb*: „Es mag sein, daß der Alkohol, den ich trinke, mein Leben verkürzt; ich will das gar nicht bestreiten; aber eines ist dabei sicher: er nimmt mir nur am Ende etwas weg, und auf dieses letzte schlechte Stück lege ich sowieso keinen Wert." (Ich weiß, sehr verehrte gnädige Frau, daß solche Auffassungen des sittlichen Ernstes entbehren.)

Für die chemischen Stoffe der Opium-Morphium-Gruppe und für das Kokain gilt, daß es kein Durchschmuggeln gibt; wer sie sich gewohnheitsmäßig genusseshalber zuführt, muß immer Strafe zahlen bis zur Höhe qualvoller Jahre und schweren Siechtums; ich selbst, der ich mich jahrzehntelang mit den furchtbaren Folgen des Morphiummißbrauches bei immer neuen Unglücksmenschen habe herumschlagen müssen, habe niemals, auch als es mir ärztlich verordnet wurde, Morphium genommen; ich kenne die subjektive Wirkung nicht, obgleich sie mich berufsmäßig dringend interessierte; sie hätte mir ja vielleicht gefallen können, und der Teufel ist in uns allen mächtig — ich will wieder vorsichtig sein: beinahe in uns allen.

Eine paradoxe Form geistiger Entgiftung des Bewußtseins von der Ärmlichkeit des Daseins ist die von *Schopenhauer* am virtuosesten geübte: Befriedigung zu finden bei der in immer neuen Wendungen durchgeführten Konstatierung jenes unbefriedigenden Tatbestandes; eine alltägliche Art wird instinktiv und anlagegemäß von zahlreichen Leuten geübt, die sich von dem stumpfen Trott des Rundlaufes im Göpelwerk des Lebens so hinnehmen lassen, daß jedes Nachdenken nach und nach einschläft; aber das kann man sich nicht geben, wenn man nicht dafür begabt ist. Die religiöse und die philosophische Methode der Entgiftung stehen sich im Hergange am nächsten; jene findet in der Ergebung in Gottes Willen oder in der Hoffnung auf ein glücklicheres Jenseits die erwünschte Ruhe; dieser wird in der Einsicht in die Unabänderlichkeit jeden Schicksals die Fähigkeit zur Resignation zuteil; das eigentlich Quälende für uns arme Geschöpfe sind ja nicht nur die Empfindungen des Glücksmangels, sondern die immer wieder aufflammenden inneren Revolten gegen ein System, das dies über uns verhängt.

Zum Heile derer, die davon Gebrauch zu machen wissen, ist mit diesen Verhaltungsweisen, bei denen es ohne Gewaltsamkeit nicht abgeht, die Reihe der Möglichkeiten nicht erschöpft; in einer gewissen Höhe der persönlichen Entwicklung ist der Mensch imstande, aus seinem Menschsein an sich Glücksgefühl zu entwickeln; er erfährt, daß es Freuden gibt, die dem Gesetze der Aufeinanderfolge von Glück, Kater und Reue nicht unterworfen sind.

Diese Formen von Glück kommen uns eigentlich erst im Rückblick als solche zum Bewußtsein: das friedliche Dasein ruhiger Zeiten, das, wie im Erlebnis des *Elias*, nur ein stilles sanftes Sausen bedeutet, Gesundheit, harmonisches Zusammenleben mit Menschen, die man liebt, Arbeit, die den Anlagen und Neigungen entspricht, dazwischen auch Müßiggang, der letzte Rest unserer Gottähnlichkeit im Paradiese, vor allem aber Freiheit, Freiheit, zu sein, wie man ist, Freiheit des Gedankens und des Wortes, Freiheit des Lebens in einem Rechtsstaat, im Genusse der verfassungsmäßigen Rechte. Allen diesen Glücksgütern ist gemeinsam, daß man sie, wie die Atemluft, erst richtig schätzt, wenn sie knapp werden oder versiegen.

Zum reuelosen Glück gehört auch die Tätigkeit im Dienste einer Idee, die wir anerkennen oder hochstellen, z. B. die Idee des Rechtes und der Gerechtigkeit, des Vaterlandes, der wissenschaftlichen Wahrheit; es gehört dazu der ästhetische Genuß, der wohl der reinste Vertreter des sanften Glückes ist, die Freude an Landschaft, Musik, bildenden Künsten und an den Werken der Dichter.

Ein Teil dieser Freuden ist, solange uns Verstand und Sinne treu bleiben, dem Zugriffe Dritter und den Launen des Schicksals nicht zugänglich.

Aus diesem stillen Geschehen, dessen Pflege und Sicherung Aufgabe der wissenden Lebenskunst darstellt, heben sich vereinzelte Höhepunkte heraus, Steigerungen, bestürzend und vergänglich, die als seltene leuchtende Punkte ein paarmal nur in jedem Leben aufblitzen. Sie bedeuten einen Ausnahmezustand der Seele, der von besonderen körperlichen Empfindungen begleitet wird: die Atmung wird plötzlich frei und tief, das Gefühl der Erdenschwere verschwindet, der Gang wird leicht und federnd.

Am unmittelbarsten erleben wir das wohl beim überraschenden Ausbleiben eines Unglücks, das uns schon aus drohender Nähe überschattete. Vielleicht ist ein volles Auskosten dieses Zustandes nur denen beschieden, die überhaupt als Techniker der Selbstbeobachtung einen höheren Grad von Bewußtheit in sich entwickelt haben.

In meinem Leben, das, von außen und von innen gesehen, reich erscheint, bin ich, im Traume sehr häufig, im wachen Zustande nur einige Male solcher Anfälle von Glücksgefühl teilhaftig geworden; die Aneinanderreihung der auslösenden Umstände wirkt komisch durch ihre innere Verschiedenheit: überraschende Erfüllungen auf Liebeswegen, die erste Tracheotomie, der erste akademische Ruf, der erste Auerhahn.

Vom Sterben.

Du steige fest ins dunkle Haus.
Vischer.

Die ersten Nachtstunden des Aschermittwochs 1887 verbrachte ich in einem Keller der Petristraße in Berlin C; von draußen drang der abebbende Lärm des Fastnachttreibens, das trappelnde Geräusch der Füße in den Raum, in dem ich mich als Praktikant der Frauenklinik um eine frisch Entbundene bemühte. Zwei praktische Ärzte hatten bei einer Querlage eine Wendung gemacht und dabei die Wand der Gebärmutter durchrissen; an der unzugänglichen Wunde verblutete die Frau innerlich; die beiden Verantwortlichen hatten sich aus dem Staube gemacht und das weitere der Klinik zugeschoben. Zu helfen war an Ort und Stelle nicht; zu einem Transport reichten die Kräfte längst nicht mehr aus; ich mußte untätig dem Sterben beiwohnen; es war das erste Totenbett, an dem ich beruflich saß. Vom Zimmer her, wenn man den Aufenthaltsort so nennen will, fiel das Licht durch das im Niveau des Trottoirs liegende Fenster auf die Straße; in seinem Strahlenkegel leuchtete für einen Augenblick auf, was seinen Bereich passierte: vor dem Winde schräg treibende Schneeflocken, weiße Harlekinshosen mit roten Rosetten und die bis zum Knie sichtbaren schwarzen Strümpfe von Kolombinen; ab und zu drückte sich ein neugieriges Gesicht an die Scheiben, oder eine Schweinsblase knallte an das Fenster; die Sterbende nahm nichts davon wahr; sie verging in der Weise der Verblutenden mit schweren Angstgefühlen, die noch in die Bewußtseinstrübung hineinwirkten, und unaufhörlichem Gähnen. Ich habe im Laufe meines Lebens an Hunderten von Totenbetten gestanden; die grotesk-schaurigen Kontraste jener Stunde habe ich nie vergessen.

Auch ein anderes Sterbelager ist mir bis in alle Einzelheiten der Szene in Erinnerung geblieben. Im Kinderspital in Heidelberg starb ein neunjähriges Mädchen an einer rätselhaften Hirnstörung; das Kind war völlig bewußtlos;

nach dem Puls usw. war das Ende innerhalb der nächsten Stunden zu erwarten. Es bestand ein dringendes wissenschaftliches Interesse an der Möglichkeit, durch die Sektion die Art des Krankheitsvorganges feststellen zu können; da erschien der Vater und verlangte die Herausgabe der Kleinen, wozu er natürlich berechtigt war, so sinnlos der Wunsch auch angesichts ihres Zustandes sein mochte. Lebte sie noch bei seinem auf die nächste Stunde festgesetzten Wiederkommen, mußte ich sie hergeben; starb sie vorher, so konnten wir die Autopsie vornehmen. Ich war jung und eifrig und erwog den Gedanken, durch eine kleine Morphiumeinspritzung — viel wäre nicht nötig gewesen — das nur noch flackernde Lebenslicht völlig zu löschen. Während die Saalschwester beim Essen war, saß ich an dem Bettchen mit einer gefüllten Spritze in der Hand und schwankte — soll ich — soll ich nicht. Ich habe das Problem, das sich mir hier zum ersten Male stellte, später zusammen mit *Binding* in einer viel umschrienen Schrift behandelt; ich lehne den Standpunkt ab, daß der Arzt die bedingungslose Pflicht hat, Leben zu verlängern; ich bin überzeugt, daß sich, allen selbstsicheren Inhabern der Moral zum Trotz, die höhere Auffassung durchsetzen wird: es gibt Umstände, unter denen für den Arzt das Töten kein Verbrechen bedeutet. In jenem Falle habe ich nicht getötet; unser wissenschaftlich berechtigter Wunsch nach Aufklärung eines dunklen Krankheitsfalles schien mir nicht genügend, um die Gegengründe zum Schweigen zu bringen. Etwas anderes wäre es gewesen, wenn durch Verkürzung dieses einen verlorenen Lebens unmittelbare Einsichten hätten erwachsen können, die andere bessere Leben retteten; aber so lagen die Dinge nicht. Das Kind starb auf der Bahn.

Je öfter man dem Sterben eines Menschen beiwohnt, um so mehr verliert der Vorgang an Schrecken, nicht wegen der Gewöhnung, sondern weil man erkennt, daß Sterben in der weit überwiegenden Zahl der Fälle nichts Schlimmes ist; krank sein — das ist ganz etwas anderes; aber das letzte ist von so vielen wohltätigen inneren Hilfen des Organismus umhegt, daß es nur selten noch Leiden bedeutet. Die Umneblung der Auffassung durch die der Krankheit entstammenden Gifte — Kohlensäure, Produkte der Mikroorganismen, durch Fieber usw. — ist so stark, daß die Schlußphase nicht in ihrer Bedeutung erkannt wird, ja, daß auch die Empfindung der körperlichen Vorgänge, die das Ende herbeiführen, nicht zum Bewußtsein durchdringt. Der Laie ist, wenn ihn nahe Gefühlsbeziehungen mit dem Sterbenden verbinden, in einer emphatischen Stimmung, die ihn falsch sehen läßt; insbesondere ist er immer geneigt, die nicht mehr von Bewußtsein begleiteten Veränderungen der Atmung und der Mimik als seelisch bedingt, als Ausdruck von Gefühlen zu deuten, ebenso wie er dazu neigt, aus abgebrochenen Lauten letzte Einsichten, letzte Willensäußerungen herauszuhören; die meisten sinnvollen „letzten Worte", auch die bekannten von *Goethe* und dem alten Kaiser, halten einer kritischen Prüfung nicht stand.

Wer sich vor dem Tode fürchtet, weil er für ihn das Ende dieses Daseins oder die ewige Vernichtung oder das Fegefeuer bedeutet, braucht sich jedenfalls vor dem Erleben des Überganges in den anderen Zustand nicht zu ängstigen; Sterben ist nicht schwer. Kritiker, die im glücklichen Besitze absoluter Maßstäbe sind, haben mir einen Satz, den ich in einer Abhandlung über die Todesstrafe ausgesprochen habe, als frivol angekreidet, daß, vom Standpunkte des subjektiven Leidens aus gesehen, Zahnarzt schlimmer sei als Guillotine; wenn es darauf ankommt, in wissenschaftlichen Arbeiten die Wahrheit zu sagen, so besteht diese Feststellung unbedingt zu Recht; der Tod durch das Fallbeil ist völlig schmerzlos; der Delinquent empfindet nicht einmal mehr den Schlag des Beiles, weil sein Bewußtsein durch das rapide Sinken des Blutdrucks im Gehirn infolge der Durchtrennung der Halsgefäße entschwunden ist, ehe jene Empfindung bei ihm anlangt. Auch das unnatürliche Sterben beim Ertrinken, Erhängen und bei der Gasvergiftung (im Frieden) wird von denen, die davonkommen, nicht als unangenehm geschildert; nicht immer freilich erfährt man etwas bei diesen Gelegenheiten, da gerade bei den erwähnten Todesarten die Erinnerung auch an die der Bewußtlosigkeit vorausgehenden Minuten häufig mit ausgelöscht wird.

Bei den Betrachtungen über das Sterben wird oft der Denkfehler begangen, daß man die Todesangst als einen zum Vorgange gehörigen Bestandteil mit einbezieht; Todesangst ist gewöhnlich Erstickungsangst und wird in dieser Form auch vom Tiere erlebt, das den Tod in seinem Denken nicht kennt. Todesangst als Vorspiel des Todes, auch ohne daß er selber kommt, wird in den höchsten Graden bei gewissen Formen von Herzkrankheiten und bei manchen Vergiftungen empfunden, aber, berechnet auf die Zahl der Sterbenden überhaupt, ist sie nicht häufig. Man darf sie nicht verwechseln mit der Todesfurcht, deren Vorhandensein oder Fehlen von dem inneren Verhältnis abhängt, das der Mensch gegenüber Leben und Sterben in sich entwickelt hat.

Auf *Sokrates*, der uns ein anständiges Sterben vorgelebt hat, wird die Formulierung zurückgeführt, warum der Tod kein Übel sei: Entweder bin ich, dann ist er nicht; oder er ist, dann bin ich nicht, also — was schiert er mich! *Sokrates*, der von der Macht der Einsicht im seelischen Gefüge überhaupt eine zu optimistische Meinung hatte, der z. B. glaubte, das Gute wissen und das Gute tun sei eins, mag für seine Person in jenem logisch unanfechtbaren Satze etwas Tröstliches gefunden haben; das natürliche Gefühl des Menschen hat nicht viel davon; es lehnt sich, mit oder ohne Nachdenken, auch trotz Vernunft und Vorsatz, gegen die Vernichtung auf, solange nicht die Leiden, gleichviel welcher Art, unerträgliche Grade erreichen. Es ist ein eigentümliches Schauspiel, daß der Mensch, der das Aufhören jeden Lebens um sich her und rückwärts in jede Ferne als oberstes, unerbittliches Gesetz kennt, es für seine Person so schwer findet, sich zu fügen; der Gedanke dünkt ihm unerträglich, daß diese ungeheure subjektive Welt, die er in sich trägt, und die in dieser Gestalt nur einmal lebt, einfach weggewischt werden soll, unerträglich, einsam am

Wegesrande zusammenzusinken, während die anderen weitergehen, plaudernd, als wäre nichts geschehen. In der Energie dieses Gefühls, das jeder Logik spottet, spricht sich aus, daß Lebensdrang und Todesfurcht, die nur verschiedene Facetten desselben Geschehens sind, nicht Früchte der spät erwachenden Vernunft bedeuten, sondern den ältesten, mächtigsten Tendenzen der Materie entstammen. Von ihren organischen Urformen an setzt diese alles daran, sich in einer Umwelt, die ihr nicht freundlich gesinnt ist, zu behaupten, und nur weil dieses Streben so gewaltig ist, hat sie sich behaupten können. Beim Menschen wird, wie sonst auch auf dem Gebiete organischer Betätigungen, dieser dumpfe Drang ins Bewußtsein hinauf reflektiert. Hier im Spiele der seelischen Kräfte übt es eine solche Macht, daß es das Übergewicht über alle anderen Regungen behält.

Viele Menschen, denen das Erreichen voller Klarheit in sich selbst kein Ziel ist, gewinnen lebenslänglich kein präzises Verhältnis zum Tode; sie gehen dem unangenehmen Gedanken aus dem Wege, soviel sie können. Es gibt nicht wenige, die es vermeiden, an Beerdigungen teilzunehmen oder einen Kirchhof auch nur zu betreten, die kein Testament machen, um nicht an die Voraussetzungen seines Wirksamwerdens erinnert zu werden; man darf in Gesellschaft den Gesprächspartner wohl auf seine Absicht, nach Amerika auszuwandern, anreden; aber es würde als zudringliche Taktlosigkeit verzeichnet werden, wenn man das Thema seiner Auswanderung in das Schattenreich anschneiden wollte. Seltsamer Gefühlszwang, der uns den vernünftigen Satz: Es gibt nichts, was uns weniger angeht als der Tod, in sein Gegenteil umhören läßt: Es gibt nichts, was uns mehr anginge als unser Ende.

In gewissem Sinne bleibt diese Formel auch für den Weisen ein Wegeszeichen; von dem Augenblicke an, in dem man den Schlußpunkt fest ins Auge faßt, gruppieren sich alle Erlebnisse in eigentümlicher Weise; wer sich gewöhnt, allem, was ihn trifft, nur noch so viel Wert beizulegen, als es einmal, vom Lebensende rückwärts gesehen, noch haben wird, erfährt eine sehr heilsame Wandlung seiner inneren Bilanz; wie vieles wird belanglos — Enttäuschungen, Verlust von Hab und Gut, Mißgeschicke aller Art, und wie wertvoll wird anderes, das dem gewöhnlichen, auf greifbaren Genuß versessenen Streben nicht als Ziel erscheint. Anfangs leben wir breit daher; denn es eilt ja nicht; später, wenn der Tag sich neigt, lernt man, nur noch mit Auswahl zu leben, und den Jahren, die, wie das Geld, ihren rechten Wert erst erhalten, wenn sie gezählt sind, den Inhalt zu geben, der unserem Wesen und dem Bewußtsein unserer kurzen Einmaligkeit entspricht.

Nicht wenige Menschen gehen dem Ende in derselben Haltung entgegen, in der sie gelebt haben; ich habe die Befriedigung der Diener Gottes über Bekehrungen auf dem Totenbette nie verstanden. Was für eine armselige Vorstellung macht man sich von einem Himmelsherrn, wenn man meint, er werde das Wertlose einer aus Angst und Vernichtungsgefühl geborenen Wandlung nicht durchschauen; darf man in sein Bewußtsein das des Bekehrers hineinvermuten, der sich freut, den Sterbenden, den trübseligen Überrest dessen, was einmal stolz und aufrecht im Lichte wandelte, doch noch unter seinen Willen zu beugen?

Ich denke, daß ich, wenn das Gewicht meiner Uhr am Boden aufstößt, dem Fährmann beim Einsteigen in sein Boot eine Hand reichen werde, die nicht zittert.

Namen-Verzeichnis.